DAS BUCH VOM
KAFFEE
DAS BUCH VOM

DAS BUCH VOM

Alain Stella

KAFFEE

Vorwort von

Carlo Fruttero und Franco Lucentini

arsEdition

Redaktion
GHISLAINE BAVOILLOT

Gestaltung
MARC WALTER – Bela Vista

Bilder
ANNE SOTO

Realisation PAO
Octavo Editions

Fotografien
Colourscan France

Titel der Originalausgabe:
Le Livre du Café
Aus dem Französischen
von Fred Kipka
Redaktion der deutschen
Ausgabe: Paxmann/Teutsch –
Buchprojekte
Nach den Regeln
der neuen Rechtschreibung

01 00 99 98 97 5 4 3 2 1

Printed in Italy by
G. Canale & C. S.p.A. - Borgaro T.se - TURIN
3-7607-1736-5

Inhalt

DER KAFFEE *SOSPESO*

von Carlo Fruttero und Franco Lucentini

Die Kirche, das Rathaus, die Schule – alles das macht noch keine Stadt, kein Viertel aus. Vollständig wird das Bild erst mit einem Café. Vorzugsweise mit einer Terrasse, wo man während der warmen Jahreszeit in alten Stühlen sitzt, seien sie auch unbequem und die Farbe abgeblättert. Von dort aus, im Schatten einer gestreiften Markise, oder, besser noch, einer Platane, hat man die anderen drei Kardinalpunkte im Auge: die Kirche mit dem Glockenturm (XIV. Jahrhundert), das Rathaus (XVI. Jahrhundert, aber ganz offensichtlich im XIX. restauriert) und die Schule (Anfang XX.). Stimmengewirr: Man bewundert, kritisiert, man schwatzt: Müßiggang, Friedlichkeit.

Wie könnte man es besser ausdrücken als Paul Valéry am Beginn einer seiner Erzählungen:

»Am Abend lassen die Tiere ihren naturgegebenen Krieg ruhen – fressen und gefressen werden –, nun kommen sie ans Wasser, um zu trinken. Und nach dem Trinken (der Löwe neben der Gazelle usw.) stellt sich, dank der Zufriedenheit, die ihnen dieser Akt einflößt, der Waffenstillstand ein. Das Leben (welches die Summe der lebenden Tiere in einem bestimmten Augenblick ist) versammelt sich um den König des Abends und es kehrt Friede ein – sie tauschen Blicke. Das erste Café ist geboren.« (Sujets in Cahiers I, Gallimard, Paris, 1973)

Die Vorstellung von Ruhe und Frieden, die uns der Anblick eines Cafés sofort vermittelt, wird manchmal durch traditionelle, aber seltene Ausnahmen gestört: zwei Trunkenbolde, die aneinandergeraten und sich auf dem Boden wälzen; oder ein Duell zwischen Cowboys (aber das geschah nur in weit entfernten, zwischen Kakteen verlorenen Saloons), oder die Salven der mit Maschinenpistolen ballernden Mafiosi (obwohl sich auf dem Tischtuch eher Blutspritzer als übergeschwappter Kaffee ausbreiteten). Die Tat des Terroristen, der eine Bombe in ein vollbesetztes Café schleudert, wird als ein verdammenswertes Sakrileg verurteilt, geradeso als habe der Anschlag eine Kirche oder Moschee getroffen.

Die Institution Café hat allem getrotzt, hat Monarchien und Republiken, Kriege und Revolutionen überlebt – deren Keim übrigens gar nicht so selten in einem kleinen, lauten und verräucherten Gastraum gelegt wurde . . .

»Und ich sage, man muss den König köpfen!

– Und die Königin?

– Die Königin auch, wieso nicht? Ober, noch ein Stück Zucker!«

Schreckliche Diktaturen, Konzentrationslager, apokalyptische Massaker, Deportationen ganzer Bevölkerungen von der Stadt auf das Land oder umgekehrt, alles das wurde bei Mokka oder Filterkaffee besprochen und geplant. Und nachdem alles vorüber war, in den Trümmern aller

»Die Caféterrasse ersetzt alle Freibühnen, die wir uns nur ausdenken können, um die Menschen zu unterhalten. Sie ist die erste Stufe der großen Treppe, auf der wir uns alle frei, berühmt, reich, geliebt oder wenigstens im Einklang mit dem Rest der Welt fühlen dürfen.« (Leon Paul Fargue, *Poisons*). Auf der gegenüberliegenden Seite das Café Deux Magots in Paris, gesehen vom amerikanischen Photographen Ralph Gibson, 1986.

Revolutionen war es stets zugegen: das Café, freundlich, menschlich, wohltuend.

Wieviele Stunden seines Lebens verbringt der Mensch im Café?

Es gibt zwei Extremfälle:

»Ach, Herr Kommissar, den finden Sie bestimmt nicht zu Hause! Der ist immer im Café!«

Und das Gegenteil:

»Ach, Herr Kommissar, wenn er mich nur ein einziges Mal ausgeführt hätte! Wenigstens nur ins Café! Aber nein, nichts, keinmal, der Schuft!«

Zwischen »immer« und »nie« sind die Abstufungen unendlich. Aber man kann wohl behaupten, dass für die meisten von uns Bewohnern des Okzidents und Orients das Café als Ort der Begegnung immer schon seine Bedeutung hatte und hat. Das Alter spielt dabei keine Rolle. Schon als Kind zieht es einen hin. »Bravo, Kleiner, du hast den Zahnarzt nicht gebissen! Jetzt gehen wir ins Café und lassen uns einen Kuchen schmecken!« Der Mund wird einem wässrig. Dann darf man den Tisch aussuchen. Und schon kommt der lange Ober, schief über den Tisch gebeugt, wie der Turm von Pisa, oder die kleine Serviererin, die immer gerade anderswo hinsieht. Und wenn dann der Kakao und die Torte auf dem Tisch stehen, möchte man am liebsten die Gabel in die cremige, süße Masse senken und mit archäologischer Akribie Höhlen und Gänge graben, bis man dem innersten Geheimnis der Leckerei auf den Grund kommt.

Das Café der Heranwachsenden wird vom Interesse am anderen Geschlecht beherrscht: Man schätzt ab, stellt sich zur Schau, rätselt, spekuliert, Legenden werden geboren.

»Hübsch, die da!

– Welche von den dreien? Der Punk oder die andere, die mit …

– Nein, der Rotschopf mit den großen Titten.

– Mmh … na ja, aber die hat Spinnenbeine und so einen Gang hat sie auch. Mir gefällt die in der Mitte besser, mit den weißen Stiefeln.«

Bei dem weiblichen Geschlecht ist es nicht anders:

»Der ist nicht übel.

– Welcher von den dreien? Der Haarige, der Blonde mit dem Ohrring oder der …

– Nein, ich meine den Breitschultrigen mit der Baseballkappe.

– Zuviel Muskeln … ich mag lieber bleichgesichtige, spindeldürre Männer, ein bisschen wie Dracula, verstehst du?«

Und über den Kaffeetassen werden gute Ratschläge ausgetauscht:

»Nach diesem Abend hat er sich nicht mehr gemeldet. Was meinst du, soll ich ihn anrufen?

– Bloß nicht. Niemals den Kerl anrufen, das ist eine internationale Regel, von der UNO anerkannt.

– Auch, wenn er im Sterben liegt?

– Logisch. Du kannst immer noch auf seiner Beerdigung weinen.«

Dann gibt es natürlich auch noch die tiefergehenden, praktischen Auskünfte, gedankenverloren in der Tasse rührend:

»Den Mädels muss man kalten Kaffee den Rücken lang tröpfeln, Wirbel für Wirbel, mit einem Strohhalm. Scheint sie völlig verrückt zu machen. Muss aber stark gezuckert sein.«

»Die Nummer mit dem Kaffee? Nichts einfacher als das. Du nimmst eine Kaffeebohne zwischen die Zähne und zerbeißt sie im richtigen Moment. Man hat mir versichert, dass das Knacken einen Tiger aus dir macht!«

Und dann, ein paar Monate oder Jahre später: die Cafés der Liebe, die so wundertätig wie die Grotte von Lourdes wirken.

»Es war ein angenehmes Café, sauber, warm und gastfreundlich und ich hing meinen alten Regenmantel an die Garderobe, um ihn zu trocknen, stülpte meinen ausgebeulten, verblichenen Hut auf einen Haken über der Bank und bestellte einen Milchkaffee. Der Ober brachte ihn, ich nahm mein Heft und einen Stift aus der Tasche und begann zu schreiben.« (Ernest Hemingway, *Paris est une fête*). Auf der gegenüberliegenden Seite Studenten auf einer Caféterrasse am Boulevard Saint-Michel, 1935.

Endlich steht er (sie) in der Tür, schiebt sich zwischen den Tischchen hindurch, sucht mit den Augen, lächelt, und das Herz beginnt zu hämmern, als hätte man zehn doppelte Espressi getrunken. Diese arabico-amourösen Mischungen kriegt die Industrie nicht hin. Wie war das Café? Abstoßend, mittelmäßig, wunderschön? Wer will das schon wissen? In jedem Fall war es einzigartig.

Unwichtig, ob sich hinter den Scheiben des Cafés die Piazza Navona oder der Marienplatz weiteten, ob sich Notre Dame erhob oder eher Manhattan erstreckte, oder vielleicht die Lagune von Venedig, wenn nicht sogar der Atlantik … Ach, dieses Café des ersten Rendezvous, wo man fast nichts sprach, wo man sich nur ansah! Und dann das Café des letzten Treffens, wo man sich schreckliche Dinge sagte …

Was brauchen wir dann – Trost im Café, beim Treffen mit den Freunden:

»Kopf hoch, jetzt trinken wir eine schöne Tasse Kaffee und du redest dir alles von der Seele, das wird dir gut tun! Die Liebe ist auch nicht alles auf der Welt, das wirst du schon merken.«

Stimmt, es gibt auch die Arbeit. Gott, was haben wir im Café schon über Kollegen gelästert, Probleme gewälzt, Pläne geschmiedet – die Beine lässig unter das Tischchen gestreckt:

»Ich hab da die Idee, in London einen Laden für Taschenlampen aus den Jahren 1940 bis 1950 aufzumachen. Verstehst du?«

»Ich bin im Gespräch mit einem freien Produzenten wegen eines biographischen Films: Das Leben der Frau des Doubles von John Wayne. Eine außergewöhnliche Frau.«

»Was mich am Café anzieht? Es ist ein Ort der Gleichgültigkeit, wo die anderen existieren, ohne sich um mich zu sorgen und ohne dass ich mich um sie kümmere (…). Die Tür geht auf, eine hübsche Frau durchquert den Raum, setzt sich: Ich folge ihr mit den Augen und kehre ohne Anstrengung zu meinem weißen Blatt zurück: Sie ist vorbei wie eine Bewusstseinsregung, nicht mehr.« (Jean-Paul Sartre)
Oben: die Mokka Bar, Soho, London, 1945. Gegenüber das Café Pedrochi in Padua.

SAIP
CHASSEUR

»In Italien gibt es so viele erloschene Vulkane und zusammen mit einem Freund werden wir sie wieder zum Leben erwecken – mit künstlichem Rauch, für die Touristen. Einige Gemeinden sind schon interessiert.«

Aber das Café ist nicht nur der geeignete Ort für Träume, wo man Luftschlösser baut, sondern auch ein günstiger Umschlagplatz: gebrauchte Mopeds kaufen und verkaufen, Katzen, Pelze, Doktorarbeiten, falsche Dollars, winzige Wohnungen von acht Quadratmetern mit und ohne Dusche; eine Stellung als Co-Archivar bei der Gesellschaft zum amoralischen Schutz der Jugend ergattern ...

Was wären die Wetten, ob auf Pferde, Hunde oder Boxer, ohne die wohlige Wärme und menschliche Atmosphäre eines Cafés?

Das Gleiche gilt für das Kartenspiel in den kleinen Cafés der Vorstädte und der Provinz, die ständig bedroht sind von Sozialzentren oder anderen offiziellen Einrichtungen. Hier finden wir noch die Rentnerrunde, die in einer Ecke auf dem Resopaltischchen ihren Skat drischt, von Fliegen umschwirrt, während der Wirt am Tresen leise mit seiner Freundin telefoniert. Genau hier, im Café an der Ecke, überlebt die letzte Freiheit des gemeinen Sterblichen: die kleinen Geschäftchen, die kleinen Tratschereien.

Einen einzigartigen Brauch erlebt man in Neapel, dieser skeptischen und weisen Stadt, wo der beste Espresso der Welt gebrüht wird. Hier passiert es häufig, dass ein Kunde an der Kasse beim Bezahlen seines Kaffees hinzufügt: »E un sospeso« (wörtlich: und einen in der Schwebe). Ein paar Minuten, ein paar Stunden später fragt irgendein Bettler an der Tür:

»Gibt's vielleicht einen *sospeso* für mich?

– Ja, ist einer da«, antwortet die Kassiererin.

Dann kommt er an den Tresen und holt sich die kleine Tasse »in der Schwebe« ab und nimmt so an einem Ritual teil: eine Gemeinsamkeit zwischen zwei völlig Unbekannten, die uns genauso bezaubert, wie sie Paul Valéry bezaubert hätte.

»Man wechselt leichter die Religion als das Café. Deshalb teilt sich die Welt auch in zwei Klassen: die, welche ins Café gehen, und jene, welche es nicht tun. Daraus resultieren zwei völlig verschiedene Geisteshaltungen, von denen die eine – diejenigen, die ins Café gehen – der anderen recht überlegen scheint.« (Georges Courteline). Gegenüber die Brasserie de l'Isle Saint-Louis in Paris, gesehen von Bruno Barby (oben), und Pariser Cafékellner, 1925 (unten). In der Hitze eines italienischen Sommertages wird der Eiskaffee bedeckt von einer feuchten Serviette serviert (oben auf dieser Seite): So wird er die Kunden auf der anderen Straßenseite beleben.

Die Ära der Pioniere

Schwarz wie die Nacht, Instrument der Wahrsager, geboren in einem geheimnisvollen Land und ehemals im Reich der Wunderlampen verbreitet, tauchte Kaffee in der Geschichte als ein von Geheimnissen und Legenden umwobenes Getränk auf. In solchem Maße – enthüllt Fernand Braudel –, dass »die Geschichte des Kaffees uns leicht in die Irre führt. Der Anekdotenreichtum, das Märchenhafte, das Hörensagen nimmt einen beträchtlichen Platz ein.« Diese Pflanze hat von ihrem kleinen äthiopischen Geburtsort aus in vier Jahrhunderten den Planeten erobert. Ihr fulminanter Aufstieg vom einfachen Gebräu abessinischer Hirten, das nach Wasser zum meist konsumierten Getränk wurde, ist kaum nachzuvollziehen. Wie hätte sich eine solche Entwicklung ohne Abenteuer, ohne Leidenschaften, ohne große Leistungen vollenden lassen? Seit dem XV. Jahrhundert sind Händler, Seeleute und Pflanzer, fasziniert vom Kaffee, wie andere es vom Gold waren, die Helden dieses höchst anregenden Epos gewesen.

DER ORIENT, DAS LAND DER KARAWANEN

Zu früheren Zeiten erregten die Erzähler in den kleinen Cafés von Damaskus oder Istanbul die Aufmerksamkeit ihrer Zuhörer mit der schönen Geschichte von Kaldi, dem jemenitischen Hirten. Es handelt sich dabei um eine alte Legende in zahlreichen Versionen. Der Hirte Kaldi, der seine Ziegen in den Bergen weidete, beklagte sich: Seine Tiere sprangen nachts wie tags fröhlich umher und hinderten ihn am Schlafen. Er schilderte dieses Phänomen den Derwischen, die sich entschlossen, sich die Sache aus der Nähe anzusehen. Sie stellten fest, dass die Ziegen sich an den kleinen roten Früchten eines Busches labten, der in dieser Region im Überfluss wuchs. Sie kosteten die Früchte und fühlten sich alsgleich so von Energie durchströmt, dass sie reichlich davon mitnahmen: Der Kaffee half ihnen künftig bei ihren religiösen Exerzitien und Gebeten.

Die Legende vom Hirten Kaldi ist eine von Dutzenden über die Entstehung des Kaffees und sicher falsch, denn heute ist man sich einig, dass die erste kultivierte Kaffeepflanze in Äthiopien wuchs und dort auch zuerst konsumiert wurde. Aber es ist auch wahr, dass der wirkliche Aufstieg des Kaffees am anderen Ufer des Roten Meeres, im Jemen, begann. Wer auch immer den Kaffee im Jemen einführte, nachdem er ihn in Äthiopien kennenlernte, war die erste wichtige Figur in der Geschichte des Kaffees. Wer war dieser Mensch? Die Volksmeinung in Arabien schließt sich der Auffassung der klassischen Autoren an, nach der es sich um den Großmeister des mystischen Ordens der Sufis, Ali ben Omar al-Shadili gehandelt habe, auch der »Heilige von Mokka« genannt. Er lebte in Äthiopien, ehe er nahe dem jemenitischen Hafen, wo später die Stadt Mokka entstand, seine Gemeinschaft gründete. Hier vereint sich seine Geschichte mit der des Hirten Kaldi: Den religiösen Anhängern Ali ben Omars half der Kaffee, sich während der frommen Exerzitien nachts wachzuhalten, besonders bei der Zeremonie des *dhikr*, die durch Gebete und Beschwörungen zur mystischen Ekstase führen sollte. Eines Tages – so eine jemenitische Sage – bot der heilige Mann einem durchreisenden indischen Kapitän, der von einem Schwächeanfall geplagt wurde, einen Kaffee an. Fortan verbreitete sich der Ruf des Gebräus rasch im ganzen Orient.

»Ein Kamel- oder Ziegenhirte beschwerte sich bei arabischen Mönchen, dass seine Kamele oder Ziegen nachts nicht ruhten und, ganz gegen ihre Gewohnheit, umhersprangen. Der Prior, neugierig zu erfahren, weshalb die Tiere so wach und fröhlich waren, machte sich mit einem Gefährten die Mühe, sie zu beobachten (...). Als er bemerkte, dass sie gewisse Früchte eines bestimmten Busches fraßen, kochte er diese Frucht in Wasser und fand heraus, dass das Trinken des Gebräus sie zum Wachen anregte.« So beginnt in *Tausendundeine Nacht* die Sage von der Erfindung des Kaffees im Jemen (gegenüber). Auf den vorhergehenden Seiten werden Bohnen in Äthiopien sortiert und wir sehen eine brasilianische Kaffeepflanzung Ende des vergangenen Jahrhunderts.

In dem kleinen, verschlafenen und halb versandeten Hafen, wo früher die Welthauptstadt des Kaffees war, erinnern heute eine Quelle, ein Tor und eine Moschee auf seinem Grab, die alle seinen Namen tragen, an den »Heiligen von Mokka«, Schutzpatron der Kaffeepflanzer und -genießer. Alles, was man von ihm mit Sicherheit weiß, ist, dass er im Jahr 1418 starb.

Zu diesem Zeitpunkt hatte Mokka noch nicht einem der besten Kaffees der Welt seinen Namen gegeben. Damals entsprang dort nur eine Quelle, umgeben von einigen Palmen und Lehmhütten unter der sengenden Sonne, nahe dem sandigen Ufer des Roten Meeres, in der Enge von Bab el-Mandeb. Eine Bergkette schied es von den grünen Hochebenen des *Arabia Felix* ab, jenes »glücklichen Arabiens«, von dem bereits die Menschen der Antike träumten. Seeleute und Händler kamen auf der Suche nach Weihrauch, Alabaster und Myrrhe. Im kleinen Hafen von Mokka – »Muza« sagten die Alten – beluden sie ihre Schiffe mit diesen Stoffen, kostbarer als Gold. Trotzdem dauerte es noch bis ins XVI. Jahrhundert hinein, ehe der Hafen eine bemerkenswerte Entwicklung erfuhr. Ursache dieses Aufschwungs war der Handel zwischen den verschiedenen Regionen des mittleren Orients und Indien.

Um 1550, mehr als ein halbes Jahrhundert, bevor erstmals europäische Händler den Hafen von Mokka anliefen, war hier bereits eine blühende Stadt mit mehreren tausend Einwohnern entstanden, belebt durch die ständige Ankunft von Schiffen und Karawanen, durch Handel und Wandel. Die Händler kamen aus ganz Nahost und sogar aus dem fernen Indien, um außer Weihrauch und Myrrhe, Aloe, Elfenbein und Perlmutt Gold zu kaufen. Inder und Araber segelten auf den traditionellen Schiffen, die man heute noch im Roten Meer sehen kann und welche Henry de Monfreid so treffend beschrieb, mit ihren graziösen dreieckigen Segeln und dem geneigten Mast.

Was den Kaffee anbelangt, so machte er seinen Weg über die arabische Halbinsel, ohne dabei unbedingt über Mokka zu gehen, auf dem Kamelrücken oder über das Meer zwischen den Produktionsgebieten und den großen Städten Arabiens. Der Konsum von gebrühtem Kaffee kam zuerst Ende des XV. Jahrhunderts in der heiligen Stadt Mekka auf, zunächst, wie erwähnt, in dem Sufi-Orden, um sich bei Exerzitien zu stimulieren. Bald entstanden die ersten Kaffeehäuser. Der Kaffee erreichte Medina und, in den ersten Jahren des XVI. Jahrhunderts, die Umgebung der Moschee *al-Azhar* in Kairo, wo sich die Sufis versammelten, ehe er schließlich in der ganzen Stadt bekannt wurde. Die alten Handelsverbindungen zwischen Ägypten, Syrien, Persien und der Türkei brachten den Kaffee rasch auch nach Damaskus, Aleppo und schließlich nach Konstantinopel, wo zwei Syrer 1554 die ersten Kaffeehäuser eröffneten. So hatte sich der Kaffee in weniger als einem Jahrhundert im ganzen Mittleren Orient verbreitet.

Ein etwas späterer Bericht, der eines malwinischen Händlers zu Beginn des XVIII. Jahr-

Von Jemen bis Mekka, von Ägypten bis Persien wurde die kostbare Bohne entlang der Küsten der arabischen Halbinsel mit den traditionellen Dhaus transportiert, wie man sie heute noch im Roten Meer antrifft (Photo oben). Die Bohnen kamen damals aus der Wiege des Kaffees, die man hier auf einer Karte des Jemen und Äthiopiens aus dem XVIII. Jahrhundert sehen kann (gegenüber, oben). Nach Europa gebracht, war er im XVII. Jahrhundert Anlass für viele wissenschaftliche Traktate: *Traitez nombreux et curieux du Cafe, du The et du Chocolate* von Philippe Sylvestre Dufour, reich illustriert (gegenüber, unten), erschienen 1671, wurde in vielen Auflagen gedruckt und in zahlreiche Sprachen übersetzt.

HAUTE
ETHIOPIE,
ou l'
ABYSSINIE,
ordinairement l'Empire du
PRESTE JAN,
dans
L'AFRIQUE,
publiée par
PIERRE VANDER AA,
Marchand Libraire a LEIDE.
NUBIA REGNUM
ARABIÆ
OCEANUS
ORIENTALIS.
AETHIOPICI
LOANGO REGNUM
MACOCO REGNUM
BENIN REGNUM
BIAFARA REGNUM
Sub Tropico Cancri
Linea Æquinoctialis
Sub Circulo Æquinoctiali

Ibriq ou Pot Pour Faire Cuire le Café

hunderts (nacherzählt von Jean de la Roque in seinem *Voyage de l'Arabie Heureuse*, erschienen 1716), beschreibt präzise, wie dieser Handel organisiert war: »In Betelfaguy wird der Kaffee für die ganze Türkei eingekauft; die ägyptischen und türkischen Händler laden große Mengen auf Kamele, welche zwei Ladungen tragen, von denen jede etwa zweihundertsiebzig Pfund wiegt und die sie zu einem kleinen Hafen am Roten Meer bringen, der etwa auf der Höhe dieser Stadt in zehn Meilen Entfernung liegt. Dort laden sie sie auf Schiffe, welche sie sechzig Meilen weit den Golf hinaufbringen zu einem größeren Hafen namens Gedda oder Zieden (Dschidda), der eigentlich der Hafen von Mekka ist. Dort wird der Kaffee auf türkische Schiffe umgeladen, welche ihn bis Suez bringen, dem letzten Hafen am Roten Meer, der dem Großkalifen gehört; dort wird er wiederum auf Kamele geladen und nach Ägypten und anderen Provinzen des türkischen Reiches transportiert, entweder von verschiedenen Karawanen oder über das Mittelmeer. Kameltreiber aus dem Jemen oder Ägypten, Seeleute wie Sindbad aus Arabien oder der Levante waren somit im XVI. Jahrhundert die ersten Botschafter eines Getränkes, das bald weltweit bekannt sein sollte.

HÄNDLER UND FREIBEUTER IN MOKKA

Mit Beginn des nächsten Jahrhunderts, als in Europa Reiseberichte von Botanikern über die Pflanze und das köstliche Getränk, das sich daraus machen lässt, zirkulierten, folgten den orientalischen Händlern die Kaufleute der großen europäischen Handelsgesellschaften.

Im Jahre 1600 in London gegründet, war die East India Company die erste, die ihre Schiffe auf die Indienroute schickte. Neun Jahre später landete sie auch als erste in Mokka, um die

1635, aus dem Orient zurückgekehrt, gibt uns der Edelmann La Boullaye-Le Gouz in seinem *Voyages et observations* eine Inhaltsbeschreibung des Gepäcks eines Karawanenreisenden: »...ein Ledersäckchen für den Kaffee, ein kleiner Kocher, um ihn zu brühen, ein Behälter für die Porzellantassen, aus denen man ihn trinkt...« Diese Utensilien begleiteten wohl die Mitglieder der türkischen Karawane in einer Landschaft (oben), die Jan Van Huchtenberg zugeschrieben wird (1647–1733). Musiker, Gespräche, Brettspiel, Lektüre und kleine, aus China importierte Porzellantassen: Die großartige türkische Miniatur aus der Mitte des XVI. Jahrhunderts (gegenüber) gibt uns eine recht lebendige Vorstellung von den ersten Kaffeehäusern in Istanbul.

kommerziellen Aspekte dieser Küste auszuloten. Der Empfang durch die ottomanischen Behörden, besorgt um ihr Handelsmonopol, war eher kühl. Im Jahre 1610 wurde ein Kapitän der Kompanie, Sir Henry Middleton, sogar verhaftet und eingesperrt. Es gelang ihm zu fliehen und er rächte sich für die Beleidigung durch eine Blockade des Hafens.

Die Händler der Holländischen Ostindischen Handelsgesellschaft, gegründet 1602, stellten sich geschickter an und gewannen das Vertrauen der Behörden von Mokka. Der Händler Pieter van der Broecke, sehr interessiert am Kaffee, bekam 1615 hervorragende Konditionen für den Kauf von Kaffeebohnen eingeräumt und es gelang ihm vor allem, einige Pflanzen zu stehlen, die er nach Amsterdam mitnahm, wo sie mit Erfolg im Botanischen Garten angepflanzt wurden. Für die Geschichte des Kaffees war dieses anscheinend harmlose und lange unbeachtete Ereignis in Wirklichkeit von beachtlicher Bedeutung.

Tatsache ist, dass bis zur Mitte des XVII. Jahrhunderts kein Kaffee außerhalb Äthiopiens oder des Jemen produziert wurde und, mit wenigen Ausnahmen, auch nicht außerhalb Äthiopiens, des Mittleren Ostens und Indiens getrunken wurde. Um ihr Monopol zu sichern und den Export von Pflanzen oder Samen zu verhindern, hatten die jemenitischen Herrscher drakonische Maßnahmen ergriffen: Alle Bohnen, die in Häfen des Roten Meeres verladen wurden, mussten vorher geröstet oder gekocht werden, damit sie, für den Fall, dass jemand auf die Idee kam, sie anderswo einzupflanzen, nicht keimen konnten. Eine der zahlreichen Legenden über Kaffee besagt, dass ein indischer Pilger namens *Baba ud-din* zu Beginn des XVII. Jahrhunderts als erster das Monopol brach, indem er in Mekka sieben fruchtbare Kaffeebohnen stahl und sie zu Hause, in den Bergen von Mysore, einpflanzte.

Verlässlichere Quellen bestätigen den holländischen Erfolg: Die aus den vierzig Jahre früher

Im Hafen von Amsterdam (gegenüber, aus dem Jahre 1666, von L. Backhuysen) gewann das Geschäft mit dem Transport und Handel von Kaffee im XVII. und XVIII. Jahrhundert große Bedeutung: Hier wurden die Schiffe aus dem Jemen oder den fernen asiatischen Kolonien entladen, hier fanden die Versteigerungen statt, hier baute man die großen Schiffe der mächtigen Holländischen Ostindischen Handelsgesellschaft (oben, Gravur von 1647). Über die Kap-Route konnte die Seereise vom Jemen nach Holland ein volles Jahr dauern.

in Mokka gestohlenen Kaffeebohnen hervorgegangenen Pflanzen, die der Naturwissenschaftler Linné bald *Coffea arabica* taufte (man nannte sie allgemein »Arabica«), gediehen in den Gewächshäusern des Botanischen Gartens in Amsterdam. Im Jahr 1658 bauten sie die Holländer auf Ceylon, dem heutigen Sri Lanka, später in Südindien an. Der Kommandant der Küste von Malabar, Adrian van Ommeren, brachte 1696 die Bohnen, die als Grundlage ausgedehnter holländischer Pflanzungen im indonesischen Archipel dienen sollten, von der indischen Stadt Cannanore bis Batavia, dem späteren Jakarta. Zu Beginn des XVIII. Jahrhunderts, als die großen europäischen Städte schon seit Jahrzehnten den jemenitischen Kaffee kannten (aus Alexandrien oder Konstantinopel von Kaufleuten aus Marseille und Venedig importiert oder von den englischen und holländischen Handelsgesellschaften eingeführt), kam ein neuer Kaffee aus Asien, von den Holländern importiert, auf den Markt.

In Mokka dachte man noch an nichts Böses. Die Stadt erlebte ihre Blütezeit und das ganze kaffeetrinkende Abendland nannte das Getränk meist »Mokka«. Holland erhielt im Jahre 1663 die erste große Lieferung direkt aus dem Jemen. Seitdem hatte die Ostindische Handelsgesellschaft ein Büro in der Stadt eingerichtet und exportierte jedes Jahr zollfrei (nur die Verkäufer zahlten Steuern) zwischen 80 und 200 Tonnen Kaffee, sowohl nach Holland als auch in die neuen asiatischen Besitzungen. Die Engländer kauften im Jemen noch größer ein, von 22 Tonnen im Jahre 1664 über 100 Tonnen 1690 bis zu 600 Tonnen im Jahre 1726. Die Franzosen, die sich bisher bei türkischen, englischen oder holländischen Händlern eingedeckt hatten, kauften ab 1709 ebenfalls direkt in Mokka ein, gefolgt von den Kaufleuten aus Oostende im Jahre 1720. Man kann sich leicht vorstellen, wie lebendig es in Mokka damals zuging: Auf der Reede ankerten die großen europäischen Dreimaster neben den arabischen Dhaus, dazwischen pendelten ohne Unterlass Schaluppen zwischen ihnen und dem Kai, die Straßen des Hafens verstopft mit Kamelen und Eseln, die Kaffeehäuser voller Matrosen aus Holland, Persien, der Türkei oder Frankreich, tosende Geschäftshäuser, in denen endlos verhandelt und gefeilscht wurde.

Der Sohn des Händlers Pierre de La Roque – der 1644 einige auserwählte Marseiller mit dem Kaffee bekannt gemacht hatte – schildert in *Voyage de l'Arabie Heureuse* die beiden ersten von französischen Händlern zwischen 1708 und 1710 sowie zwischen 1711 und 1713 organisierten Reisen nach Mokka. Der Bericht hatte großen Erfolg, animierte viele zu Reisen in den Orient und war Mitauslöser für die Orientalismus-Welle in Frankreich. Er legt ein fesselndes Zeugnis über die Stadt Mokka und den jemenitischen Kaffee ab und schildert anschaulich das Abenteuer, das die Seefahrten nach Arabien rund um Afrika damals für die europäischen Seefahrts-Gesellschaften bedeuteten.

Alles begann im Jahr 1707, als eine Handvoll Reeder und Händler aus Saint-Malo für 7000 Francs das bisher von der französischen Ostindischen Handelsgesellschaft gehaltene Privileg zum Handel mit arabischem Kaffee erwarben. Sie rüsteten zwei schnelle Schiffe aus oder, anders gesagt, zwei Freibeuterschiffe mit der Erlaubnis zur Piraterie. Ausgerüstet waren die *Le Curieux* und die *Le Diligent* mit je fünfzig Kanonen.

Unter dem Kommando der Kapitäne Walsh und Lebrun de Champloret und der wirtschaft-

Im Februar 1679 legte ein gewisser Claude Colomb in Marseille die Zulassungsprüfung als Arzt ab und musste Fragen über die »Schädlichen Auswirkungen des Kaffeegenusses auf die Einwohner von Marseille« beantworten. Die Ärzte der Stadt beargwöhnten die Begeisterung der Bürger für den seit kurzem importierten Kaffee und waren mit der bestätigenden Antwort des Kandidaten zufrieden … Der Hafen von Marseille (gegenüber, oben, von Joseph Vernet, 1754) hielt das Monopol für den Import der Kaffeebohnen nach Frankreich, solange er noch ausschließlich aus Mokka kam. Der Kaffee machte diese Stadt im Jemen eine Zeit lang reich und berühmt. (gegenüber unten, Gravur aus dem XVII. Jahrhundert)

La grande Ville de MOCHA, dans l'Arabie heureuse.
DE stadt MOCHA

lichen Verantwortung des Herrn de La Merveille (der das Abenteuer später Jean de La Roque erzählte), stachen sie am 6. Januar 1708 in See. Nachdem sie vor der Küste Portugals zwei englische Schiffe um Lösegeld erpresst hatten, griffen sie ein holländisches Schiff, *Le Grand Vainqueur*, an. Die zweihundert Mann starke Besatzung erwies sich widerspenstiger als vermutet. Sie hatten Gold und Silber an Bord und ergaben sich erst nach schwerem Kanonenbeschuss. Gezwungenermaßen wurden sie in die Mannschaft der Freibeuter eingegliedert. Am 7. Juli passierten die drei Schiffe das Kap der Guten Hoffnung. Im August litten die Besatzungen unter Skorbut, schließlich entschieden die Kapitäne und der Bevollmächtigte der Reeder, Madagaskar anzulaufen, wo bald darauf Kapitän Walsh verstarb. Am 13. Dezember, nach mancherlei Umwegen und Abenteuern, landeten sie in Abessinien, um dort Ambra zu kaufen. Am Strand wurden sie von Einheimischen angegriffen und sechs Seeleute fanden den Tod. Wieder auf See, durchquerten sie die Meerenge von Bab el-Mandeb und gelangten nach Aden, wo sie Weihnachten verbrachten und vom Gouverneur empfangen wurden. Dann schifften sie sich nach Mokka ein, wo sie am 3. Januar 1709 ankamen. »Wir entdecken diese schöne Stadt mit ihren hohen Türmen und Moscheen, alle blendend weiß. Der Anblick muntert uns wieder auf, schließlich ist Mokka das Ziel, für das wir aus Europa aufgebrochen und neun Monate zur See gefahren sind. Wir sehen viele Palmen, die das Ufer bis zur Stadt zu säumen scheinen und auch viele in der Umgebung; das Bild ist äußerst angenehm.«

Die Franzosen verweilten fast sieben Monate in Mokka. Offiziere und Bevollmächtigter beziehen ein schönes Haus. Herr de La Merveille macht sich rasch mit den Besonderheiten des Kaffeehandels vertraut, worin ihn einige indische Händler unterstützen. Er begibt sich persönlich nach Bayt al-Fakih, dem großen Kaffeemarkt in der Nähe der Pflanzungen: »In der Mitte und am Ende des Basaars steht ein Divan, auf dem sich die Zolloffiziere oder manchmal auch der Gouverneur niederlassen. Diese Offiziere registrieren das Gewicht und den Preis des gesamten verkauften Kaffees, um die Steuern für den König festzusetzen. Das Abwiegen erfolgt auf großen Waagen und in Leintuch eingenähten Steinen, die das Gegengewicht bilden. Der Verkäufer zahlt eine Abgabe von einem Sol pro Piaster auf den Verkaufspreis. Man muss stets bar bezahlen, die Arabischen geben keinen Kredit. Gezahlt wird in mexikanischen Piastern, denn die Piaster-Währung aus Peru und Sevilla ist fast nichts wert...«

Während seines Aufenthaltes kauft Herr de Merveille Kaffee für mehr als zweihunderttausend Piaster. Er und die Offiziere entdecken außerdem einen anderen Aspekt des märchenhaften Orients. Sie sind fasziniert von den verschleierten Tänzerinnen im Nachbarhaus, deren Schüchternheit nachlässt und die deshalb hin und wieder auch den Schleier heben: »Schließlich tanzten sie zum Klang ihrer Tamboure, die sie mit ihrem süßen Gesang begleiteten. Langsam an den Anblick der Ausländer gewöhnt und an die Tatsache, gesehen zu werden, öffneten sie ihre Jalousien am hellen Tag, so dass wir von unserer tiefer gelegenen Terrasse alles, was sich in ihren Räumen auf der gleichen Höhe zutrug, sehen konnten.

Ich ließ auf dieser Terrasse eine kleine Behausung mit Flechtdach errichten, dort war es angenehm kühl, während man im Haus vor Hitze erstickte.«

Bis zu Beginn des XVIII. Jahrhunderts, als die neuen Kaffeesorten aus Asien oder von den Antillen importiert wurden, trank man in ganz Europa nichts anderes als »Mokka«, also den Kaffee aus dem Jemen. In seinem Bericht *Voyage de l'Arabie Heureuse* beschreibt Jean de La Roque den Kaffeehandel in Bayt al-Fakih, dem Produktionszentrum, wo europäische, türkische, arabische und indische Händler einkaufen: »Hierher bringen die arabischen Bauern ihre geflochtenen Säcke voller Kaffee; jedes Kamel trägt zwei Säcke.« Die Kaffeehändler im heutigen Jemen (gegenüber) erinnern noch an den Handel von einst.

Die Rückreise nach Frankreich, beinahe ebenso turbulent wie die Hinfahrt, wurde zum Glück durch die Kaperung eines zweiten holländischen Schiffes vor den Malediven verschönt, mit Gold- und Silberbarren im Wert von zweihunderttausend Ecus an Bord! Die Matrosen tauschte man auf Mauritius, damals in holländischem Besitz, gegen Lebensmittel aus. Dann kaperten die Franzosen ein dänisches Schiff, auf dem sie Berichte an die holländische und englische Regierung fanden, »in denen man sich über die französischen Reeder und besonders über uns beschwerte und behauptete, dass drei malwinische Schiffe den Handel der beiden Nationen im Indischen Ozean stören würden.« Am 8. Mai 1710 erreichen sie die Reede von Saint-Malo. Mehr als zufrieden mit dem Ergebnis, organisieren die Reeder zum Beginn des nächsten Jahres eine neue Expedition der Freibeuter, die in beinahe der gleichen Weise abläuft.

Das goldene Zeitalter Mokkas dauert bis etwa 1750. In diesem Zeitraum beginnen die holländischen Plantagenverwalter in Indonesien und die französischen auf den Antillen, die Händler dieser beiden Nationen aus Arabien abzuziehen. In den Jahren um 1760 kam nur alle zwei Jahre ein einziges Schiff der Ostindischen Handelsgesellschaft nach Mokka, um Kaffee zu laden. Was Ägypter, Araber oder Türken betraf, so zogen sie es noch immer vor, ihren jemenitischen Kaffee in Hodeidah zu laden. Außerdem tranken sie gerne den neuen Kaffee von den Antillen, der billiger als der aus Mokka war. Die Stadt, deren Name den Duft von Kaffee in sich birgt, verfiel in einen tiefen Schlaf und langsam nahm der Sand von ihren Straßen und verlassenen Häusern immer mehr Besitz.

DIE EROBERUNG DER NEUEN WELT

Als Jean de La Roque 1715 sein *Voyage de l'Arabie Heureuse* publiziert, ist der Kaffee bereits fest im Leben Frankreichs verankert, besonders in Paris mit seinen mehr als dreihundert Kaffeehäusern. Der Verbrauch steigt stetig und so kommen natürlich einige, die mit Neid die Gewinne der holländischen Pflanzungen in Indien verfolgen, auf die Idee, Kaffee auf den französischen Inseln Amerikas und des Orients anzupflanzen. Im Jahre 1715 schenkt der Sultan von Jemen Ludwig dem XIV. sechzig Kaffeepflanzen, als Dank für die Heilung eines Abszesses am Ohr durch den Schiffsarzt eines der Freibeuterschiffe, Herrn de la Grelaudiere. Der Kapitän Dufresne d'Amel, Kommandant der *Le Chasseur*, eines Schiffes der Ostindienflotte, wurde beauftragt, die Pflanzen zu holen und nach der Ile de Bourbon, dem künftigen Réunion, zu bringen. Vierzig Kaffeesträucher überlebten die Reise nicht. Die zwanzig anderen erreichten die Insel wenige Tage nach dem Tode Ludwigs des XIV. Nur ein einziger Kaffeestrauch gedieh und wurde Stammvater einer schönen Plantage. Der Bourbon-Kaffee wurde ab 1726 exportiert, fiel aber 1850 den vielen Wirbelstürmen und dem massiven Anbau von Zuckerrohr zum Opfer.

Auf den Antillen hatten die Franzosen mehr Glück. Der aus Dieppe stammende Chevalier Gabriel de Clieu, Hauptmann der Infanterie auf Martinique, erhält 1720 – dank der Fürsprache des Herrn de Chirac, Arzt des Königs – die Erlaubnis, zwei Kaffeepflanzen auf seine Insel zu bringen.

Hervorgegangen aus einem Strauch, den der Bürgermeister von Amsterdam vor einigen Jah-

Im Jahre 1715 auf die Insel Réunion (damals Bourbon) gebracht, wuchs dort eine Kaffeepflanze aus dem Jemen heran, aus der später, gemischt mit Sträuchern aus dem Botanischen Garten, die ersten französischen Plantagen wurden. (gegenüber: In der ersten Hälfte des XVIII. Jahrhunderts, Kaffeeanbau auf der Insel Bourbon und beweglicher Steg zur Kaffeeverladung auf der Insel Réunion) Der »Bourbon« war bis zur Mitte des XIX. Jahrhunderts eine der meistgetrunkenen Kaffeesorten in Frankreich, bis der Kaffeeanbau auf der Insel seinem Untergang entgegenging und schließlich ganz verschwand. Die Sorte wurde allerdings in Kenia und Brasilien eingeführt und wird dort immer noch angebaut.

ren dem König von Frankreich geschenkt hatte, verließen die beiden Pflanzen den *Jardin des Plantes* in Richtung Botanischer Garten der Marine in Rochefort, wo sie akklimatisiert wurden. Im Oktober schiffte sich Gabriel de Clieu mit seinen Pflänzchen auf der *Dromadaire* ein, einem großen Lastschiff mit flachem Boden und rundem Bug. Denen, die ihm den Schatz anvertraut hatten und ihm rieten, sie jeden Tag zu bewässern, schwor der Hauptmann angeblich, er stürbe lieber selbst vor Durst, sollte es an Wasser mangeln. Die ersten Tage verliefen ohne Zwischenfall. Die Sträucher »verbrachten« den Tag an Deck, in einem kleinen tragbaren Gewächshaus aus Eiche, mit einer Scheibe bedeckt, und die Nächte in der warmen Kabine des Hauptmanns. Eines Nachts, auf der Höhe der Malediven, griff ein tunesisches Piratenschiff die *Dromedaire* an, zog es aber nach einem Feuergefecht vor, sich zu entfernen. Wenig später eine neue Gefahr: Ein Passagier aus Batavia, der die Fracht des Hauptmanns wohl mit scheelen Augen beobachtet hatte, konnte sie doch auf Dauer den Holländern Konkurrenz schaffen, wurde dabei überrascht, als er die Sträucher zerstören wollte. Zum Glück hatte er nur einen einzigen Ast knicken können.

Einige hundert Meilen vor Martinique geschah dann das Drama: Ein heftiger Sturm warf das Schiff auf ein Riff, wodurch ein Wassereinbruch verursacht wurde. Um vom Riff loszukommen, musste alles Überflüssige über Bord geworfen werden, darunter die Fässer mit Süßwasser, die nicht unbedingt zum Überleben der Mannschaft notwendig waren. Der Sturm legte sich, und die *Dromedaire* setzte ihre Reise fort. Doch auf das schwere Wetter folgte eine Windstille. Während das Schiff fünfzehn Tage in tropischer Hitze dahin dümpelte, musste das Wasser rationiert werden. Gabriel de Clieu teilte seine stetig schrumpfende Ration heldenhaft mit seinen Pflanzen, das gegebene Versprechen haltend. Eine der Pflanzen verdurstete bald; aber als endlich wieder Wind aufkam, war die andere immer noch am Leben, liebevoll umsorgt von Gabriel de Clieu. Bald kam Saint-Pierre in Sicht.

Der Edelmann pflanzte die übrig gebliebene Pflanze auf seinem Besitz an. Schon wenige Monate später konnte er Kaffeebohnen an Klöster und an einige Einwohner von Martinique verteilen. Der Kaffee akklimatisierte sich perfekt auf der Insel und vermehrte sich schnell. Später breiteten sich die Plantagen bis Guadeloupe und Santo Domingo aus, später auch auf der dominikanischen Insel. Im Jahre 1726 trugen bereits zweihundert Kaffeepflanzen auf Martinique Früchte und zweitausend andere wuchsen heran. Ein halbes Jahrhundert später zählte die Insel zwei Millionen Kaffeesträucher. Zehn Jahre nach Clieus Abenteuer, 1730, exportierte Martinique erstmals Kaffee, nicht nach Frankreich – dort übte die Ostindische Handelsgesellschaft noch ihr Monopol aus –, sondern nach Irland und Dänemark. In den Genuss des Kaffees von den Antillen kamen die Franzosen erst im Jahr 1736. Ein Jahr später lieferte man bereits siebentausend Tonnen in die Hauptstadt. Im gleichen Jahr 1737 wurde der Chevalier de Clieu zum Gouverneur von Guadeloupe ernannt. Im folgenden

Piraten, ein missgünstiger Holländer, ein Sturm, Tage ohne Wind und Trinkwasser – das waren nur einige Gefahren, die de Clieu 1720 an Bord der *Dromedaire* zu überstehen hatte (oben eine Gravur aus dem XVIII. Jahrhundert). Seine Aufgabe? Zwei Pflanzen, Coffea arabica (gegenüber), auf die Antillen zu bringen und den Kaffeeanbau zu beginnen. Später wurde er Gouverneur von Guadeloupe (gegenüber, um 1750).

COFFEA.
Branch of the Arabian, or Eastern Coffee-Tree.

Jahrhundert taufte man eine neue Kaffeesorte ihm zu Ehren, für seinen tapferen Einsatz auf der *Dromedaire:* Coffea declieuxias.

Als die französischen Antillen den ersten Kaffeestrauch heranwachsen sahen, wurde die Pflanze bereits seit fünf oder sechs Jahren auf dem südamerikanischen Kontinent, in Suriname, kultiviert. Der Bürgermeister von Amsterdam hatte nämlich im Jahre 1714 etliche Sträucher *Coffea arabica* einem flämischen Freibeuter anvertraut, der sie bis in diese holländische Kolonie brachte. Die dort entstehenden Plantagen wurden gemäß den Anordnungen des holländischen Gouverneurs streng bewacht: Keine Pflanze, kein Samen dürfe das Territorium verlassen, um nicht das Schicksal der Franzosen zu haben, die sich auf Guyana und den angrenzenden Inseln niedergelassen hatten. Keinen Moment dachte dieser Gouverneur daran, dass sein kostbarer Schatz, selbst hervorgegangen von vor einem Jahrhundert aus dem Jemen gestohlenen Pflanzen, in Wirklichkeit bei einem anderen Nachbarn, Brasilien, Früchte tragen würde. Es half nichts, Brasilien wurde der größte Kaffeeproduzent der Erde. Auch diese Geschichte verdient es, erzählt zu werden.

Auf Suriname, wohin er sich geflüchtet hatte, lebte im Jahre 1719 ein gewisser Mourgues, ein ehemaliger Soldat, der aus der französischen Armee desertiert war. Nach seiner Begnadigung kehrte er nach Cayenne zurück, nicht ohne in sein schmales Gepäck, trotz der Überwachung der holländischen Behörden, ein paar Kaffeebohnen geschmuggelt zu haben. Ein oder zwei Monate später brachen Dutzende kräftiger Pflanzen aus der Erde und das Jahr 1722 sah die erste Kaffeeernte auf Französisch Guyana. Im folgenden Jahr wuchsen bereits zwanzigtausend Kaffeesträucher in der Kolonie. Wie in Suriname, wurden sie scharf bewacht, damit nicht ein Samenkorn geschmuggelt würde ... aber im Lauf der Geschichte wiederholen sich Dinge häufig.

Unter dem Vorwand, einen Grenzkonflikt regeln zu sollen, schickt 1727 der portugiesische Gouverneur von Para (heute Belem, Brasilien) den forschen Leutnant Francisco de Melo Palheta als Botschafter zum französischen Gouverneur Claude de Guillonet d'Orvilliers nach Cayenne. In Wirklichkeit ist der Zweck der Reise des jungen Offiziers weniger die kleine territoriale Meinungsverschiedenheit unter den Nachbarländern, sondern die Aneignung einer unschätzbaren Kostbarkeit: »Bewerkstelligen Sie es« – so der Befehl, gefunden in brasilianischen Archiven –, »in einen Garten mit Kaffeepflanzen zu gelangen, und versuchen Sie, unter dem Vorwand, eine Frucht kosten zu wollen, ein paar Bohnen verschwinden zu lassen. Kehren Sie dann sofort zurück, ohne mit den Franzosen zu verhandeln.« Aber der Leutnant war ohne Zweifel ein Ehrenmann und die Vorstellung eines gemeinen Diebstahls widerstrebte ihm. Außerdem stellte sich beim Empfang durch den Gouverneur in Cayenne heraus, dass Madame de Guillonet fraglos bereit war, ihm größere Gunst zu erweisen, als es die Gesetze der Gastfreundschaft erfordern. Der Offizier fand eine Möglichkeit, seinen Auftrag auf angenehmste Weise zu erfüllen. Unglücklicherweise sind die Details dieses galanten Abenteuers bekannt geworden, so dass jeder seiner Phantasie freien Lauf lassen konnte. In Brasilien berichtet der Volksmund, dass sich die Gattin des Gouverneurs und ihr Gast nach dem Souper lange im Park ergingen, in dem auch einige Kaffeesträucher wuchsen. Am nächsten Tag kehrte der portugiesische Offizier nach Brasilien

Auf den großen Besitzungen der Antillen bilden Kreolen, Mulatten und schwarze Sklaven eine mehr oder weniger grausame hierarchische Ordnung. Kaffee spielt dabei eine große Rolle, von der Bohne bis zur Tasse... Le Masurier malte dieses Bild 1775 mit dem Titel: *Mulatte mit weißem Mädchen besucht Schwarze in ihrer Hütte auf Martinique* (gegenüber). Zu dieser Zeit war Frankreich der größte Kaffeeproduzent der Welt, dank seiner Plantagen auf Martinique und Santo Domingo, wo Tausende von Sklaven arbeiteten.

zurück, mit einem üppigen Blumenstrauß in der Hand, überreicht von der leichtfertigen Ehefrau und mit ein paar versteckten Kaffebohnen veredelt...

Die Samen wurden nach seiner Rückkehr in Para gepflanzt. Den Sträuchern behagte das Mündungsgebiet des Amazonas, aber sie verbreiteten sich ebenso langsam, wie die Portugiesen das riesige Brasilien kolonisierten: Erst 1761 begann der Kaffeeanbau in der Gegend um Rio de Janeiro, mit den Ablegern der Pflanzen aus Para. Später sollte Brasilien neun Zehntel der Welternte produzieren.

SKLAVEN UND PFLANZER BRASILIENS

Nachdem der Kaffee den Arabern zu Beginn des XVII. Jahrhunderts gestohlen worden war, pflanzte man ihn Ende des nächsten Jahrhunderts überall auf der Welt zwischen den beiden Wendekreisen an (außer in Australien, wo er um 1880 eingeführt wurde). Von den verschiedenen Kolonialmächten verbreitet, bauten ihn spanische Jesuiten in Kolumbien, Zentralamerika oder auf den Philippinen an, ebenso wie die Engländer auf Jamaika, die Franzosen auf den Antillen, die Holländer in Indonesien und die Portugiesen in Brasilien und Indien. Letztere hatten außerdem in Westafrika (im heutigen Angola) wilde Kaffeesträucher entdeckt und kultiviert. Es handelte sich um eine andere Sorte als Arabica, höher und robuster. Man taufte ihn *Coffea canephora*, der später unter dem Namen seiner Hauptgattung, *Robusta*, berühmt wurde.

Diese Ausbreitung trug einem beträchtlichen Anstieg der Nachfrage in Europa Rechnung. Das Getränk war eng mit der Lebensart von Reich und Arm verbunden. Doch nur wenige Europäer hatten eine Ahnung von der Mühe und den Leiden, die ihre Tasse Kaffee kosteten. Zuerst entwickelten die Holländer Ende des XVII. Jahr-

Die Holländer waren ausgezeichnete Pflanzer, sie schufen aber auch die grauenvollste Kolonialherrschaft, versklavten Ende des XVII. Jahrhunderts die javanischen Bauern und deportierten Tausende Afrikaner nach Suriname. (oben: Schwarze Sklaven beim Kaffee mahlen auf Suriname, Mitte des XIX. Jahrhunderts nach einer Skizze von Th. Bray) Auf Indonesien wird der Kaffee aus Java um den Preis großer Leiden – obwohl die meisten Holländer dies entrüstet zurückweisen – zu einem der besten weltweit gemacht. (gegenüber und folgende Doppelseite: das Sortieren des Kaffees und die Gebäude einer Plantage auf Java um 1900)

hunderts ihre Plantagen auf Java mit Hilfe der Zwangsarbeit von versklavten Bauern. Zu Beginn des nächsten Jahrhunderts organisierten sie den Sklavenhandel, um die Pflanzer von Guyana praktisch gratis mit Arbeitskräften zu versorgen. In dieser Kolonie, 1728, also zehn Jahre nach Beginn des Kaffeeanbaus, trieben die besonders unmenschlichen Lebensbedingungen die Sklaven erstmals zum Aufstand. Hunderttausende Männer, Frauen und Kinder wurden aus Afrika entführt, um auf den Kaffeeplantagen, aber auch im Zuckerrohr-, Tabak- oder Kakaoanbau von den Antillen bis Brasilien zu schuften.

Um aus Santo Domingo und damit aus Frankreich den größten Kaffeeproduzenten der Welt zu machen (mit vierzigtausend Tonnen jährlich vor 1790), zögerte die französische Kolonialverwaltung nicht, ab 1730 jährlich dreißigtausend Sklaven aus Afrika zu holen. Die Hälfte überlebte die ersten drei Jahre auf der Insel nicht. Fünfhunderttausend arbeiteten dort, als 1791 die Revolution, angeführt von dem freigelassenen Toussaint-Louverture, ausbrach. Die Rebellen legten Feuer auf zahlreichen Plantagen und gewannen langsam die Kontrolle über die Insel, die im Jahre 1804 der erste unabhängige schwarze Staat wurde. Frankreich verlor damit seine Bedeutung als weltgrößter Kaffeeproduzent.

Holland war dann bis zur Mitte des XIX. Jahrhunderts die Nummer eins unter den Kaffee produzierenden Ländern, um dann von Brasilien verdrängt zu werden, das am Vorabend des XX. Jahrhunderts 90 % der Weltkaffeeproduktion lieferte. Einer der Erfolgsfaktoren dieses

Diese grobe Methode des Kaffeedreschens, welche die Eingeborenen in Mexiko noch 1903 anwandten (oben), zeigt, mit welcher Langsamkeit die verschiedenen Methoden der industriellen Kaffeebearbeitung in manchen Ländern umgesetzt wurden. In den großen Plantagen Zentral- und Südamerikas wurde der frischgepflückte Kaffee mit verschiedenen Transportmethoden direkt zur Weiterverarbeitung gebracht (gegenüber oben: Brasilien 1931, unten: Costa Rica 1934).

J
H

Landes war, neben dem fruchtbaren Boden und dem günstigen Klima, die Sklaverei. Im XIX. Jahrhundert waren das Tal von *Paraiba do Sul* und die Ebenen von *São Paulo* noch von dichtem tropischen Wald überwuchert. Sie zu kultivieren war Titanenarbeit: Zunächst musste das Unterholz auf riesigen Flächen mit der Machete beseitigt werden. Dann mussten bis zu 30 m hohe Baumriesen mit der Axt gefällt und entastet werden, um sie dann mit Ochsengespannen wegzutransportieren. Was danach an Ästen, Blättern und Wurzeln übrig blieb, wurde von einem riesigen Feuer gefressen, das eine dicke Aschenschicht auf dem Boden zurückließ. Nachdem man diese Schicht mit der Hacke untergegraben hatte, wurden die Kaffeesträucher in Reih und Glied auf den Abhängen angepflanzt.

Die schwere Sklavenarbeit wurde durch nichts unterbrochen, es sei denn durch den meist frühen Tod: Weder extreme Hitze, tropische Feuchtigkeit, Moskitos, Schlangen, Krankheiten noch Indianerüberfälle hielten die Arbeit auf. Später, während der Ernte und der täglichen Pflege der Pflanzung, änderte sich wohl die Art der Arbeit, nicht aber ihre Härte. Es herrschte unerbittliche Strenge, wie auf den Gefängnisinseln. Die häufigste Art der Strafe war Auspeitschen, die dabei entstehenden Verletzungen wurden mit einer Mischung aus Essig, Salz und Pfeffer »desinfiziert«. Fuß- und Halseisen

Die Fazendeiros Brasiliens, die sich mit harter Arbeit ein Vermögen erwirtschafteten, ließen im Herzen der Pflanzung, neben den Trockenräumen und Lagern, eine *casa grande* errichten, ein weitläufiges, luxuriöses Gebäude, das von Sklaven unterhalten wurde (oben: die Fazenda Retiro, 1881, von Johann Georg Grimm). Der Transport der Bohnen zu den Exporthäfen war das Hauptproblem der Fazendeiros: Ohne das seit 1870 entwickelte gute Straßen- und Bahnnetz wäre der Staat São Paulo Anfang des XX. Jahrhunderts nicht zum größten Kaffeeproduzenten der Welt, mit beinahe 70% der Welternte, aufgestiegen (gegenüber: das Zentralgebäude einer Pflanzung im Staat São Paulo, 1930).

gehörten zu den Folterutensilien, wiederholte Flucht wurde mit dem Tode bestraft. Sicher gab es hier und da auch weniger grausame Pflanzer. Viele von ihnen waren außerdem mit schwarzen Sklavinnen liiert und trugen zur Vermehrung einer zahlreichen illegitimen Nachkommenschaft bei. Langsam verbesserte sich das Los der Sklaven, bis zur Abschaffung der Sklaverei 1888.

Einige der Pionier-Pflanzer haben die Geschichte Brasiliens durch ihre Hartnäckigkeit, ihren Ehrgeiz und ihren beachtlichen Erfolg beeinflusst. Der Geograph Pierre Monbeig schilderte in seinem Bericht *Pioniere und Pflanzer aus São Paulo*, inzwischen ein Klassiker der Geschichte Brasiliens und des Kaffees, das Leben der mächtigen Plantagenbesitzer.

Einer von ihnen war Joaquim de Toledo Piza, der 1891 das Quellgebiet des Rio Feio rodete und die Plantagen *Faca* und *Bella-Vista* gründete. Er verband sie durch eine achtzig Kilometer lange Straße mit der nächsten Bahnstation, auf der er zuerst die nötigen Maschinen mit Ochsengespannen zur Plantage brachte. Später gründete er die Stadt Albuquerque Lins. Im Jahr 1923 besaß er bereits eine Million Kaffeepflanzen und exportierte seine Produktion selbst vom Hafen Santos aus. Sein Sohn Salvador schuf 1897 mitten im Busch ebenfalls eine Pflanzung. Damit wurden die Toledo Piza eine der mächtigsten Familien São Paulos. Zu märchenhaftem Reichtum gelangten auch die Prados. Einige Mitglieder der großen Familie waren bemerkenswert erfolgreiche Pflanzer. Martinico Prado entdeckte 1877 die terra roxa (rote Erde), reich an Basalt, sehr fruchtbar und geeignet für den Kaffeeanbau. In der Gegend um Ribeirão Preto siedelten sich bald Dutzende von Pflanzern an. Auf seiner mehr als fünfzehntausend Hektar großen Plantage *Guatapara* wuchsen bei seinem Tode 1912 beinahe zwei Millionen Kaffeesträucher. Mit seinem Bruder Antonio – der Landwirtschaftsminister und Bürgermeister von São Paulo war – gründete Martinico die Fazenda *São Martinho*, auf der etwa dreieinhalb Millionen Pflanzen wuchsen.

Nachdem sie reich geworden und manchmal sogar vom Kaiser geadelt worden waren, ließen sich die Pflanzer eine *casa grande* bauen, ein luxuriöses Herrenhaus, von denen es noch heute wunderbare Beispiele gibt. Der Baustoff war oft aus Granit, sie hatten Säulengänge und waren

In der Fabrik einer Pflanzung des Staates São Paulo mischt sich der Krach der Dampfmaschinen – Despolpatoren, Ventilatoren, Sortiergeräte – mit der tropischen Schwüle … (gegenüber). Ab der Mitte des XIX. Jahrhunderts tauchten Maschinen auf einigen großen brasilianischen Plantagen auf. Nach Abschaffung der Sklaverei und damit dem Anstieg der Lohnkosten1888 wurden es rasch mehr. Die Docker des Hafens Santos, nahe São Paulo (oben, um 1900), haben noch gute Tage vor sich …

mit Schmiedeeisen verziert. Die Häuser waren um einen großen Innenhof herum angelegt und hatten Dutzende von Zimmern, die mit kostbarem Edelholzparkett ausgelegt und verschwenderisch möbliert waren. Zahlreiche Diener, meist mehr oder weniger gut behandelte Sklaven, kümmerten sich um das Anwesen. Die Kinder des Herrn wurden von einer *mae preta*, einer »schwarzen Mama«, erzogen und bekamen einen kleinen Pagen, der mit ihnen spielte und sie zur Schule begleitete.

In der Region Ribeirão Preto kaufte der Ingenieur Henrique Dumont, Sohn eines französischen Einwanderers, 1879 Land und pflanzte fünf Millionen Kaffeesträucher, die ihm ein immenses Vermögen einbrachten.

In Brasilien wurde er nur »der Kaffeekönig« genannt. Er heiratete ein Fräulein Santos und hatte sieben Kinder mit ihr. Der Jüngste, Alberto, wuchs auf der *Fazenda Dumont* auf. Sein Vater verstarb 1892, ein Jahr nachdem er seine Plantage an eine englische Finanzgruppe verkauft hatte. Mit achtzehn erhielt Alberto eine märchenhafte Erbschaft und zog nach Paris. In Frankreich wurde er einer der Pioniere der Luftfahrt. Später erzählte Santos-Dumas oft, wie in ihm die Dampfmaschinen auf der Plantage seines Vaters – Traktoren, Despolpatoren, Waschanlagen, Trockner – Begeisterung für die Mechanik weckten und wie die großen Vögel des brasilianischen Urwalds, die über der Plantage kreisten, den Wunsch zum Fliegen hervorriefen.

Anfang des XX. Jahrhunderts war die Zeit der Pioniere vorbei. Die Menschen, die jetzt die Erfolgsgeschichte des Kaffes weiterschrieben, waren Chemiker, die den löslichen Kaffee oder Kaffee ohne Koffein zur Reife brachten, oder geniale Erfinder – wie Melitta Bentz, die das Filterpapier erfand oder Achile Gaggia die Espressomaschine –, die vor allem die Art der Zubereitung vereinfachten. Heute setzen vor allem die Werbemacher den Kaffee ins rechte Licht. Denn Kaffee ist nicht nur ein Genuss für die Sinne und ein Stimulans für den Körper. Aus dem schwarzen, dampfenden Gebräu in unseren Tassen steigen Bilder von fernen Ländern, Traumreisen und Mysterien auf, die uns einander näher zu bringen scheinen.

Ab 1840 kreuzten Clipper, wunderbar schlanke und elegante Segelschiffe, auf den Meeren. Aber wegen ihrer schwachen Ladekapazität wurden sie 1870 von großen Dampfschiffen ersetzt (gegenüber: Clipper am Kai in Santos, um 1875). Der Clipper Paulista (oben: Aquarell des Marinemalers Marin-Marie, 1901–1987), gebaut 1853 von der französischen Werft Augustin Normand, transportierte Kaffee und Passagiere zwischen Brasilien und Le Havre hin und her.

Mit Bordeaux wurde Le Havre im XIX. Jahrhundert der Haupthafen für den französischen Kaffeeimport. Erst kamen die Bohnen von den Antillen, später aus den französischen Kolonien in Afrika. Hier sieht man einige der üblichen Szenen und Gerätschaften im Le Havre des Jahres 1890. Oben das Löschen einer Kaffeeladung, das Wiegen der Säcke,

das Lager des Beckens Vauban und Händler an der Kaffeebörse von Le Havre, die bis 1960 eine der größten der Welt war (heute gibt es sie nicht mehr). In der Mitte eine transportable Waage, Kaffeesonden zum Ziehen von Proben, Kaffeesäcke aus Stroh. Unten Kaffeeproben und das Abzeichen der Ladervereinigung.

DIE ANBAUGEBIETE

Dank des Kaffees besitze ich Teilchen der Antipoden mit exquisitem Duft. In meinen Kaffeedosen, die ich sorgsam im Kühlen aufbewahre, halte ich die Welt gefangen und destilliere sie mir nach Gutdünken, befreie ihre tausend verschiedenen Geschmacksnuancen, ihre tausend subtilen Aromen. In meine Tasse fallen Tropfen aus Guatemala, der ganze Saft Mysores, die weichsten Essenzen Neu-Guineas, die Kraft der weiten kenianischen Ebenen. Das Beste, was die fernen Länder, kaum sichtbar, so versteckt liegen sie unter dem Nebel der Vulkane und im Schatten der Urwälder, zu geben haben. So trägt mich jede Tasse Kaffee – wenn ich sie trinke, wie sie es verdient, in Ruhe mit geschlossenen Augen – gleich einem fliegenden Teppich in ferne Länder, füllt mich mit Bildern Äthiopiens, Jamaikas oder Javas. Die Reise lohnt stets die Mühe, denn rund um den Globus wächst der beste Kaffee, wie selbstverständlich, in den schönsten Landschaften der Erde.

Entlang eines breiten Streifens um den Planeten, zwischen dem Wendekreis des Krebses und dem des Steinbocks, liegen die Anbaugebiete, die so unterschiedlich sind wie der Kaffee, der dort gedeiht. Die riesigen brasilianischen Plantagen, auf Tausenden Hektar dem Urwald abgerungen, haben nichts gemein mit den winzigen Bergterrassen des Jemen, den steilen Abhängen der Andenkordilleren, an denen die Kaffeesträucher herabzufließen scheinen. Die Landschaften, die aus der Vulkanasche Hawaiis oder der roten Erde Brasiliens entstanden, gleichen sich nicht. Die Welt der kolumbianischen Indianer oder die der Kikuyus aus Kenia hat nichts Gemeinsames. Die Kaffeegebiete zeichnen eine Welt voller Gegensätze, die unsere Sinne unaufhörlich reizen.

DIE GEBURT EINES SPITZENGEWÄCHSES

In Äthiopien wächst immer noch der Ur-Kaffee. Dieses sagenumwobene Land ist das einzige, in dem man den Kaffee nicht erntet, sondern von wilden Sträuchern pflückt. Sie wachsen hier und da unter dem Laubdach der Wälder auf den Hängen des Gebirges um Djimah, in über 1200 m Höhe im Südwesten des Landes. Aber im Rest Äthiopiens, besonders im Süden auf den Ebenen von Sidamo, wo einer der weltbesten Kaffees wächst, haben Anbau und Ernte langsam die Pflückerei der Ahnen verdrängt.

Mit Ausnahme einiger äthiopischer Gegenden wird der Kaffee stets in einer Pflanzung geboren und während der ersten Monate mit Liebe von Spezialisten umsorgt. Solche *Kindergärtner* trifft man das ganze Jahr in einer der zahlreichen Pflanzungen Guatemalas, beispielsweise in der herrlichen Gegend des Atitlan-Sees, der hoch oben in den Zentralkordilleren das Blau des Himmels mit unwahrscheinlicher Intensität widerspiegelt. Ganz in der Nähe schlummert der Vulkan Atitlan auf 3450 m Höhe. An den Bergflanken, auf 1600 Meter, erntet man Spitzengewächse der besten Kaffeesorten, die *Arabicas* (Coffea arabica). Die besten Bohnen können nur nahe dem Himmel wachsen, denn je höher, desto langsamer reifen die Früchte, desto reicher an Aromen der Kaffee. In allen Arabica-Anbaugebieten fühlt sich der empfindliche Strauch in der reinen Gipfelluft zwischen 800 und 2000 m am wohlsten. In tieferen Lagen würden sie unter der Hitze leiden, in höheren unter Frost. Nur in diesen Höhenlagen bieten ihm die Äquatorregionen, was er braucht: Temperaturmittelwerte zwischen 20 und 25° C, regelmäßige Niederschläge, aber

Die Zeit scheint im *Glücklichen Arabien* stillzustehen: Unter den tausend verschiedenen Anbaugebieten findet man in den Bergen des Jemen noch die Schönheit der Terrassen, wo der Anbau des *Arabica* immer noch so betrieben wird wie vor 500 Jahren (gegenüber). Vorhergehende Seiten: Säcke mit Kaffeekirschen (die Frucht des Strauches) nach der Ernte in Indonesien und das Verlesen in Brasilien.

nicht zuviel Feuchtigkeit, genügend, aber nicht zu starke Sonne, tiefen und fruchtbaren Boden, am besten vulkanischen Ursprungs.

Die guatemaltekischen Plantagen ähneln einem mit Kaffeepflanzen bedeckten Bergwald. Es sind kleine gestutzte Büsche, die zwei, drei Meter nicht überschreiten, mit glatten, hellen Stämmen und stets dunkelgrün glänzend belaubten Ästen, als hätte man sie gewachst. Behangen mit Trauben roter Früchte und weißen duftenden Blüten. Alle zwanzig Meter stehen große, schirmförmige Laubbäume, um die empfindlichen Pflanzen tags vor der Sonne und nachts vor kaltem Wind zu schützen.

Dieser Berglandschaft steht jene gegenüber, in der der *Robusta* wächst, die andere große Kaffeesorte, der *Coffea canephora*. Eine Robusta-Plantage in Brasilien oder an der Elfenbeinküste erstreckt sich manchmal über Tausende Hektar, im mehr oder weniger dichten Schatten eines niedrigen tropischen Waldes, wo feuchte Hitze und intensiver Humusgeruch herrschen. Wie sein Name schon sagt, verträgt Robusta alles, bis auf Frost, weshalb man ihn auch nur zwischen den beiden Wendekreisen findet. Im Gegensatz zum Arabica ist er wenig anfällig für Krankheiten, Insekten oder Hitze. Seine Früchte geben sehr würzige Bohnen. Sie sind scharf und stark koffeinhaltig. Man verwendet sie vor allem für schnell lösliche Kaffees. Er bringt keine Spitzengewächse hervor.

Letzteren finden wir in Guatemala wieder. Im Herzen der Pflanzung lässt man der Pflanzenschule beinahe mütterliche Fürsorge angedeihen. Auf einigen hundert Quadratmetern hat man alte, entastete Kaffeebäume als Träger für eine Pflanzendecke aus Ästen und Büschen gepflanzt, weniger als zwei Meter über dem Boden. Unter diesem Dach herrscht sanfter Schatten, ab und zu durchbrochen von kleinen Sonnenflecken, die auf dem Boden ruhen oder über das Kleid einer Arbeiterin tanzen. Hier dringt kein Windhauch ein, keine abrupten Bewegungen stören die Ruhe, und außer der Frau scheinen nur ein paar Schmetterlinge das Recht zum Besuch zu haben.

Ob in Kolumbien (oben: die Residenz eines Pflanzers) oder im Jemen (gegenüber), die besten Arabicas gedeihen in der Wärme der tropischen Berge, wo sie die Wolken auf natürliche Weise vor der Sonne schützen, die ihnen sonst schaden würde. Doch in den meisten Gebieten pflanzt man zur Sicherheit da und dort Schatten spendende Bäume.

Der Boden besteht aus einer sehr fruchtbaren Mischung aus Sand und Erde, ständig überwacht und gejätet. Dahinein kommen, in Reih und Glied, die Samen: einige tausend Körner, akribisch aus der letzten Ernte ausgewählt. Bis zum Keimen vergehen fünfundvierzig Tage. Dann keimt der Stiel aus, kerzengerade, mit zwei ersten, eng anliegenden Blättern. Der beinahe kriegerischen Haltung wegen nennt man ihn zärtlich *kleiner Soldat*. In Kolumbien spricht man vom *Streichholz*. Wenn sich die zwei Blätter ein paar Tage später auffalten und dem Trieb ein graziöseres Aussehen verleihen, nennt man sie *Schmetterling*.

In Guatemala beginnt nun eine heikle Arbeit, ausgeführt von freiberuflichen Spezialisten, die ihre Kompetenz den Plantagen zur Verfügung stellen. Immer sind es Frauen, die bekanntlich geschicktere Hände haben. Ihre Arbeit besteht darin, die frischen Arabica-Triebe auf junge Robusta-Wurzeln zu pfropfen, die dann an anderer Stelle in der Pflanzschule eingepflanzt werden. Das ergibt kein Hybridgewächs, sondern eine robustere Arabica, die mehr Chancen hat, der Plage des guatemaltekischen Kaffees zu widerstehen: einem Parasiten namens *Nematode*. Das Aufpfropfen, bei dem man die beiden Gewächse zusammenbindet, geht sehr schnell, aber mit extremer Präzision vor sich, denn der Schmetterling ist äußerst empfindlich.

Drei Sorten der ein Dutzend weltweit kultivierten Arabicas werden hier aufgezogen: Mundo Novo, Catuai und Catimor. Die Wahl einer neuen Sorte ist für den Pflanzer stets schwierig, ist dabei doch nicht nur die Rentabilität, sondern auch die mehr und mehr vom Konsumenten geforderte Qualität zu beachten.

Ist der Pfropf nach einigen Tagen angewachsen, befreit ein anderer Spezialist die Pflanze mit einem Messer von der Bandage. Bald erscheint ein erstes, schönes Blatt, wegen seiner Form *Papageienschwanz* genannt. Dieser Vorgang des Aufpfropfens wird nur in Guatemala praktiziert. Anderswo wird einfach ausgesät oder werden auch Stecklinge gesetzt. Im Schutze der Pflanzschule wächst die junge Pflanze mehrere Monate heran. Sie wird gehegt und gepflegt, mit Fungiziden geschützt und mit Dünger genährt. Sobald sie grün glänzende Blätter trägt und kräftig genug ist, kann sie der Bergluft ausgesetzt werden. Der Pflanzer weiß, daß er dazu einen Regentag abwarten muss, damit die Startbedingungen optimal sind. Sobald Regenwolken aufziehen, wird die Pflanze in ihre neue Heimat versetzt und nimmt den Platz eines alten, erschöpften Strauchs ein. Seine ersten Früchte wird er in drei bis vier Jahren tragen und wenigstens 15 Jahre fruchtbar bleiben.

In Kenia werden die Arabicas von Spezialisten in Kooperativen aufgezogen und im Alter von zwölf bis achtzehn Monaten an die Pflanzer geliefert. Die Freude, aber auch die harte Arbeit, häufig verbunden mit Enttäuschungen, die der Anbau des so empfindlichen Arabica auf den kenianischen Hochplateaus mit sich bringt, hat die dänische Schriftstellerin Karen Blixen einfühlsam auf den ersten Seiten ihres 1937 erschienenen autobiographischen Ro-

»Welche Hoffnung erfüllte das Herz, wenn die gesamte Belegschaft der Plantage die Pflanzen in geraden Reihen in die feuchte Erde senkte! Langsam würden sie wachsen, beschützt und in der für keimendes Leben angebrachten Dunkelheit durch die abgeschnittenen Zweige der nahestehenden Büsche!« So beschrieb Karen Blixen, die eine Kaffeeplantage in Kenia besaß, die ersten Wochen der Kaffeepflanze in ihrem berühmten Buch *Jenseits von Afrika*, erschienen 1937. Zuerst keimt der junge Trieb in einer Pflanzschule (gegenüber, in Brasilien). Vor Ausbildung der Zweige, aber nachdem sich bereits genügend Blätter entwickelt haben, wird die Pflanze zwischen ausgewachsene Sträucher versetzt (oben, Pflanzung in Kolumbien).

mans *Jenseits von Afrika* geschildert. Sie, die ein halbes Jahrhundert später von Meryl Streep in dem wunderbaren Film von Sidney Pollack verkörpert wurde, war von 1914 bis 1931 Besitzerin einer zweihundert Hektar großen Kaffeeplantage. Im Norden Nairobis, etwa dreißig Kilometer vom Äquator entfernt, am Fuße der Ngong-Berge bedeckten die dreihunderttausend sauber gepflanzten Kaffeesträucher ein ganzes Plateau auf 2000 m Höhe: »Der Anblick eines sauber begrenzten Terrains mit gut angelegten Pflanzungen mitten im Busch bereitet Vergnügen. (...) Ich war stets von der Ordnung meiner Pflanzungen angetan, dieses frische Grün inmitten der grauen Ebene. Ich spürte, wie sehr die geometrischen Figuren dem Geist wohltaten. (...) Es ist auch ein enttäuschender Anbau, der selten den Erfolg bringt, den man erhofft, wenn man die jungen, glänzenden Pflanzen, die von der Agrardirektion geliefert werden, mit viel Stolz durch den sintflutartigen Regen transportiert. Wieviel Hoffnung erfüllte das Herz, wenn die gesamte Belegschaft der Plantage die Pflanzen sauber ausgerichtet in die feuchte Erde senkte!« Aber leider mußte Karen Blixen später, nach zwei Jahren Trockenheit und sehr schlechten Ernten, ihre Farm verkaufen. Sie verließ Afrika, um niemals wieder zurückzukehren.

Nach ihrem Tod, dreißig Jahre später, befreite sich Kenia von der britischen Kolonialmacht. Zahlreiche von Europäern geführte Plantagen wurden aufgeteilt und an landlose Bauern abgegeben. Diese wurden, mit Hilfe des Staates, langsam zu Fachleuten und produzieren heute den köstlich säuerlich schmeckenden Kenia-Kaffee, der von Liebhabern echten Kaffees sehr geschätzt wird. Das Land der Kikuyu, wie Karen Blixen es schilderte, hat sich ziemlich verändert. Um sie vor dem Wind zu schützen, über den sie so klagte, wurde jede kleine Pflanzung von Hibiskus- und Bougainvilleahecken umgeben, manchmal auch von Zedern, Eichen oder Zypressen. Hanglagen wurden zum Schutz vor Erosion terrassiert. Die schöne rötliche Erde aus Basalt und vulkanischer Asche wird zweimal jährlich gejätet, um die Unkräuter zu vernichten

Obwohl die Plantage von Karen Blixen – die von Meryl Streep in einem Film von Sidney Pollack verkörpert wurde (oben) – zweihundert Hektar umfasste und bis zu hundert Tonnen Kaffee jährlich produzierte, bleiben die meisten Kaffeepflanzer auf der Welt doch kleine Bauern mit bescheidenem Einkommen, den Schwankungen der Kaffeekurse beinahe hilflos ausgesetzt. Im Osten Madagaskars (gegenüber) bringen manche Bauern die Frucht ihrer Robusta-Ernte mit Pirogen zur Weiterverarbeitung.

(»Blackjack und Macdonaleia mit langen Stacheln, die sich in Gewändern und Strümpfen festhakten und brannten wie Feuer«, schrieb Karen Blixen) und mit Dünger angereichert.

In manchen Ländern überlässt man es aus ökologischen Gründen oder wegen der wachsenden Nachfrage nach *Bio*-Kaffees dem Himmel, den Winden und dem Regen, die Erde anzureichern und die Sträucher zu schützen. Dies ist in manchen Plantagen Perus, Costa Ricas oder Haitis der Fall. Je höher die Plantagen liegen, desto weniger Einsatz von Chemie ist nötig. Einige Entomologen hatten eine geniale Idee: Sie starteten 1988 in der mexikanischen Provinz Chiapas ein Experiment, bei dem statt Insektiziden kleine Bienen eingesetzt wurden, die besonderen Appetit auf die kleinen Käfer haben, die den Kaffeepflanzen so hart zusetzen. Der Versuch war von Erfolg gekrönt. Diese natürliche Art der Schädlingsbekämpfung wird seitdem in einigen Ländern Zentralamerikas und, in großem Maßstab, in Kolumbien praktiziert, wo zahlreiche Pflanzer solche Bienen züchten und die chemische Keule weglegen. Außerdem läßt man weltweit die Blätter der Kaffeepflanzen auf dem Boden liegen, um ihn mit Humus anzureichern. In Kenia wie in Kolumbien, in Indien wie in Äthiopien kommt die Musik der kleinen Pflanzungen aus den Stimmen der Frauen und Kinder, zwischen die sich Vogelsang und das Murmeln der Bergbäche mischen. Aber zwischen den Kaffeepflanzen hört man nur noch das Knistern des welken Laubes unter den Füßen.

Auch die Farbe und der Geruch der Kaffeeblüten gleichen sich überall. Und sie haben sich seit der Zeit von Karen Blixen nicht verändert: »Welch wunderbaren Anblick bot diese Wolke aus Kreide, über meinen sechshundert Morgen im Dunst hängend. Die Kaffeeblüte verströmt einen delikaten und leicht bitteren Duft, der ein wenig an Schlehen erinnert.« Wer den Geruch der Schlehe nicht kennt, dem sei gesagt, dass die kleinen weißen Kaffeeblüten mit ihren fünf langen, zierlichen Blütenblättern, in Büscheln auf den Zweigen sitzend, ganz einfach nach Jasmin riechen. Und dass die Kreidewolke auf den Zweigen an Schnee glauben ließe, würden die sattgrünen Blätter nicht bewusst machen, dass der Winter in diesen Breiten nichts zu suchen hat. Nichts ist anmutiger und wohlriechender als ein blühender Kaffeestrauch.

Tropische Breiten kennen keine Saison und die Kaffeepflanzen blühen nach jedem Regen. Regnete es das ganze Jahr – was in den Ländern Asiens mit ihrem Monsun nicht der Fall ist –, würde der Strauch ganzjährig blühen. Die kleinen weißen Blüten bilden im Dutzend Büschel an den Zweigen und lassen die verschneit aussehenden Sträucher betörend nach Jasmin duften (gegenüber blühende Robustas auf Java). Die Blüte dauert kaum einige Tage, dann wachsen die Früchte, die bald gepflückt werden (oben, in Indonesien).

DIE ERNTE

Bald verschwindet der Schnee und macht den Früchten Platz. Auf Grund ihrer Form und Farbe nennt man sie *Kirschen*. Sie reifen in sechs bis zehn Monaten und wechseln dabei die Farbe von grün über gelborange zu rot. Jede Frucht enthält zwei ovale Kerne, die mit der flachen Seite aneinanderliegen und eine längliche Kerbe aufweisen. Das, was man *Bohne* nennt, ist im Naturzustand der Kern der Frucht. Je reifer die Kirsche ist, desto mehr Aroma sitzt im Kern. Doch die Eigenheit des Kaffeestrauches liegt darin, dass nicht alle seine Früchte zur gleichen Zeit reif sind. Blüte und Frucht setzen nach jedem Regen ein. Regnet es das ganze Jahr, tragen Kaffeesträucher ständig grüne und reife Früchte. So sitzen am gleichen Strauch bereits erntereife rote Früchte, während andere noch zu grün sind. Die meisten Kaffeeländer erleben ein oder zwei Regenzeiten, die mehrere Monate andauern. Die ersten roten Früchte tauchen in Kenia im Oktober, in Neuguinea im April, auf Jamaika im August auf und die Erntezeit beginnt.

In den besten Plantagen werden nur die reifen Früchte geerntet. So dauert die Erntezeit mehrere Monate lang, ein Strauch wird oft sechs- bis achtmal gepflückt. Auf Plantagen, die keinen

An einem Kaffeestrauch in Java warten die Früchte, geerntet zu werden (oben). Wegen ihrer Form und Farbe nennt man sie *Kirschen*. Sie reifen in acht bis zwölf Monaten. Durch die ständige Fruchtbarkeit trägt jeder Strauch gleichzeitig reife und unreife Früchte. Im Inneren, durch das Fruchtfleisch geschützt, wachsen zwei kostbare Kaffeekerne. Ein Kilo Kirschen gibt nur etwa hundertfünfzig Gramm Kaffeekerne – etwa 15 Tassen.

Qualitätskaffee liefern, wie zum Beispiel in Brasilien, wird der Strauch bei der ersten Ernte vollständig abgepflückt, reife wie unreife Früchte. Das geht schneller und ist weniger lohnintensiv. Man benutzt in Brasilien, wo der Kaffee in der Ebene wächst, auch Maschinen, die den Strauch greifen und alle Früchte abschütteln. Bei dieser Behandlung erntet man allerdings nur mindere Qualität.

Wie alle Handarbeit auf den Plantagen ist auch die Ernte guten Kaffees meist Frauensache, in vielen Ländern unterstützt von ihren Kindern. In Java bewegen sich graziöse Gestalten in bunten Batikgewändern zwischen den Sträuchern, eine Bambusleiter mit sich tragend, um die hohen Äste zu erreichen. In Guatemala tragen die Enkelinnen der Mayas häufig ihre Babys auf dem Rücken, begleitet von den größeren Kindern. Den großen Flechtkorb um die Taille gebunden, ernten sie die roten Früchte. Der Bewegungsablauf ist präzise und tausendfach geübt: Die linke Hand ergreift das Ende des Zweiges, das Auge erfasst die reifen Früchte, die Rechte pflückt sie ab. Oft muss man sich für die hohen Äste auf die Zehenspitzen stellen oder sich nach den tiefen bücken. Wenn in Kenia die Männer mitarbeiten, biegen sie die hohen Äste herab und überlassen den Frauen und Kindern das Pflücken.

Wie hier in der Provinz São Paulo (oben) werden alle guten Kaffees mit der Hand geerntet. Aber nur die Spitzengewächse unterliegen der *picking*-Methode, das heißt, nur die reifen Früchte werden gepflückt. Das erfordert viel Aufmerksamkeit und Geschick, weshalb häufig Frauen diese Aufgabe übernehmen. Die Ernte dauert so mehrere Monate, weil jeder Strauch bis zu achtmal abgepflückt wird.

61
102

Wenn die Körbe mit ein paar Kilo Kirschen gefüllt sind, bringen Frauen und Kinder sie auf steilen, gewundenen Pfaden bis zum Wiegeplatz, wo sie von Traktoren aufgeladen werden. Manche tragen die Körbe auf den Schultern, andere, mit einem Haltegurt um die Stirn, auf dem Rücken. In Guatemala und den meisten Ländern mit Arabica-Anbau spielen sich diese Szenen im sanften Schatten großblättriger Bäume ab, die man dort pflanzt, um den Kaffee vor der sengenden Sonne zu schützen.

VON DER KIRSCHE ZUR GRÜNEN BOHNE

In den Blue Mountains Jamaikas muss man bei Sonnenuntergang, gegen sechs Uhr abends, spazierengehen, um zu verstehen, warum das Gebirge *Blaue Berge* heißt. Lassen Sie Ihr Auto am Ende der Straße in 1900 m Höhe stehen und wandern Sie auf dem Fußpfad zum Gipfel hinauf. Am Horizont nehmen die Wolken einen rosaroten Farbton an; unter ihnen liegt der dichte Wald mit Sykomoren und Brotbäumen, der mit sinkender Sonne von Smaragdgrün zu Nachtblau wechselt.

Hier sind alle Bedingungen vereint, um aus dem Blue-Mountain-Kaffee einen der besten Kaffees der Welt zu machen: Im Osten der von feuchtwarmen Winden verwöhnten Insel erhebt sich eine Gebirgskette mit über 2200 m hohen Bergen, von der aus man über den Dschungel und, bei klarem Wetter, die endlose Weite des Meeres sehen kann. An den Berghängen befinden sich seit mehr als zwei Jahrhunderten sauber terrassierte Anbauflächen auf fruchtbarstem Boden, beschattet von Avocado- und Bananenbäumen, von Bergbächen bewässert und mit Arabicas bepflanzt, die im 18. Jahrhundert aus Martinique eingeführt wurden.

Trotzdem genügen diese idealen Voraussetzungen, die auch in anderen Anbaugebieten Jamaikas herrschen, allein nicht, um in den Blue Mountains den angeblich weltbesten Kaffee zu machen. Der geringen Ausbeute wegen (einige hundert Tonnen pro Jahr) erreicht sein Preis mittlerweile schwindelerregende Höhen. Dazu

In Indonesien, dem weltgrößten Produzenten von Robustas, bilden häufig Vulkane die imposante Kulisse der Plantagen (oben). Gleich nach der Ernte werden die Kirschen das erste Mal sortiert (gegenüber), und zwar mit der Hand: Aus den Körben werden zu reife oder zu grüne Kirschen oder auch Ästchen und Steine geklaubt.

war ebenso eine geschickte Handelspolitik sowie die Begeisterung der japanischen Konsumenten in den 60er Jahren nötig. Entscheidend aber war, dass die Leitung des amtlichen *Coffee Industry Board* dem Kaffee in den verschiedenen Stadien zwischen Ernte und Verpackung besondere Sorgfalt angedeihen ließ. Denn die weltbesten Kirschen ergeben nicht zwangsläufig gute Bohnen. Zwischen beiden muss die ganze Kette der Behandlung perfektioniert sein.

Das alles spielt sich in einer Fabrik und ihrer näheren Umgebung ab. Sie kann einer einzigen Plantage gehören, wenn diese entsprechend groß ist. In den Berglagen, wo Arabica angebaut wird, ist sie aber meist Eigentum einer Kooperative, der alle kleinen Pflanzer der Umgebung ihre Ernte anvertrauen. Die reife, gepflückte Frucht würde in wenigen Tagen verfaulen und muß deshalb sofort verarbeitet werden. In Kenia bringen Trägerinnen die Früchte zu Fuß auf Bergpfaden dorthin, in Kolumbien werden sie häufig auf Maultieren transportiert.

Die altertümliche Methode der *trockenen Aufbereitung* wird bei minderwertiger Qualität noch immer angewandt. Kaffees, die so entstehen, nennt man *Naturkaffees.* In der Tat gibt es nichts natürlicheres, als alle Kirschen, sobald die Mehrzahl reif ist, abzuernten, sie in Wasser zu waschen und zwei bis drei Wochen in der Sonne zu trocknen, bis sie wie eine Trockenfrucht geschrumpft sind. Manche Erzeuger verbessern diese Methode, indem sie nur die reifen Früchte ernten (wie das in Äthiopien bei den Natur-Arabicas hoher Qualität der Fall ist, beispielsweise dem Mokka Djimah, dem die trockene Aufbereitung einen etwas wilden Geschmack verleiht) oder sie nach dem Pflücken sortieren. Aber insgesamt sind die Naturkaffees weniger homogen und haben mehr Fehler als Kaffees, die sorgfältiger mit der nassen Methode behandelt werden.

Diese wird meist in feuchten und gut bewässerten Regionen angewandt. Da hier nur reife Früchte verwendet werden und viele Sortier-, Wasch- und Kontrollvorgänge nötig sind, bringt dieses

In Äthiopien (oben) wird der erste Sortiervorgang mit einer gründlichen Wasserspülung abgeschlossen, in Java (gegenüber) mit einer eher oberflächlichen Waschung, welche nochmals die Fremdkörper und Erdspuren entfernen soll. Je nach Anbaugebiet werden die Kirschen nach dieser Spülung zwecks natürlicher Entfernung des Fruchtfleisches zum Trocknen gelegt oder in Despolpatoren gebracht, welche die Früchte maschinell schälen.

Verfahren homogene Bohnen einer besseren Qualität hervor, die man *gewaschenen Kaffee* nennt. Man wendet es fast ausschließlich bei den besten Arabicas an, welche die Händler »milds« nennen. Vor der Feuchtbehandlung steht das Sortieren, eine langwierige Handarbeit, die viel Sorgfalt erfordert und meistens von Frauen und Kindern ausgeführt wird. Am Boden, vor Haufen frisch geernteter Kirschen sitzend, eliminieren sie gewissenhaft zu reife oder zu grüne Früchte und alle Fremdkörper: Erdkrumen, Steinchen, Laub, Zweige …

Die Behandlung beginnt dann mit einem Waschvorgang, zu dem die Früchte in große Wasserbehälter mit einem Fassungsvermögen bis zu zwei Tonnen gekippt werden. So entfernt man alle nach dem Sortieren eventuell verbliebenen Rückstände. Übrig bleiben nur die reifen Kirschen, welche durch Kanäle zu den Maschinen gespült werden, die die Bohnen vom Fruchtfleisch trennen. Letzteres wird als Dünger wiederverwendet.

Die Bohnen landen anschließend in Behältern, wo sie einige Tage fermentieren, damit sich anhängende Fruchtfleischreste auflösen können. Nochmals gewaschen, bleibt jetzt nur noch eine dichte Pergamenthülle übrig. Die Farbe der Bohnen variiert in diesem Stadium von fahlgelb bis golden, weshalb man sie in Zentralamerika *Gold* nennt. Sie werden jetzt drei Wochen getrocknet.

Nichts kommt der natürlichen Trockung in der Sonne gleich, um Qualitätsbohnen zu erhalten. In dieser Phase, die mehrere Wochen dauern kann, wird der Kaffee ständig gerecht, um jegliche Fermentation zu vermeiden (oben und gegenüber in Brasilien). Getrocknet, wird er maschinell geschält, um die Hülle zu entfernen. In Anbaugebieten mit zu feuchtem Klima müssen die Erzeuger auf maschinelle Trocknung zurückgreifen.

Danach erhält man, je nach Methode, die Bohnen *in Schale* oder *in Hülle*. Auf entsprechend technisierten Plantagen oder in Gebieten mit feuchter Witterung wird maschinell getrocknet, wobei die Früchte in Heißluft gewälzt werden. Das schönere Schauspiel bietet die Trocknung in der Sonne. Auf den großen Pflanzungen wird eine mehrere Zentimeter dicke Kaffeeschicht über Hunderte von Quadratmetern auf dem Boden ausgebreitet. Fortwährend wird sie von entsprechend ausgerüsteten Traktoren gemischt, damit keine Feuchtigkeit und damit Fermentierung entstehen kann. Früher wurden die Rechen von Pferden gezogen. In Brasilien, wo man den Kaffee in der Schale trocknet, bringen die großen Trockenfelder mit Rot, Violett oder Braun Farbenpracht in die Fazendas. Auf den kleinen afrikanischen Pflanzungen breitet man die Kirschen oft auf Bambus-Plattformen zum Trocknen aus. Andere Kooperativen, die den Arabica aus den Bergen verarbeiten, trocknen die Bohnen in ihrer goldenen Hülle. Wenn in Kenia die Sonne zu sehr brennt, werden sie auf lange Roste gelegt und mit Sisalsegeln geschützt; in Kolumbien trocknen sie auf fahrbaren Plattformen, die man auf Gleisen unter Überdachungen fährt, wenn es regnet; in Zentralamerika breitet man sie auf gepflasterten Alleen aus. Während mehrerer Wochen verliert der Kaffee so sein Wasser und reichert sich mit frischer Luft und Sonne an. Die Männer, mit großen Hüten gegen die Sonne geschützt, schieben ihre Rechen durch die goldenen Wellen, als bearbeiteten sie den Boden. Man sagt, dass keine künstliche Trocknung die Kräfte der Sonne aufwiegen kann. Deshalb werden auch die teuersten Kaffees der Welt aus Jamaika, Hawaii oder Puerto Rico lange an der frischen Luft gewendet und getrocknet.

Nach der Trocknung kommt der Kaffee (manchmal in speziellen Fabriken) zuerst in Rüttler, dann in magnetische Scheideapparate, um alle Erdreste, Steine oder sonstige Fremdkörper zu eliminieren. Dann wird er in anderen Maschinen geschält oder entkernt. Jetzt erst kommt die bloße Bohne zum Vorschein, meist blässlich grün, was ihr in Lateinamerika den Namen *grünes Gold* eingetragen hat. Aber die Nuancen zwischen dem herrlich glänzenden Grün einer Hawaiibohne, dem bläulichen Grün einer jamaikanischen Blue Mountain, dem Graublau einer Puerto Rico oder den blässlicheren Grüns beziehungsweise den eher gelblichen oder bräunlichen Kaffees auf der Welt sind unbeschreiblich vielfältig.

Alle diese grünen Bohnen kommen wild gemischt aus den Maschinen. Nun beginnt die Arbeit des Sortierens. Die Bohnen werden pulsierenden Luftströmen ausgesetzt, um die heilen von den leeren zu trennen und Reste der Hüllen zu entfernen; in manchen Fabriken laufen sie anschließend über ein schräges Rüttelbrett, das die flachen Bohnen von den großen runden trennt – den *Caracolis*, die ohne Zwilling alleine in der Kirsche waren und wegen ihres intensiven Geschmacks begehrt sind. Dann werden sie gesiebt und nach Größe geordnet, die größ-

Im letzten Sortiergang werden die Bohnen nach Größe getrennt (gegenüber oben, in Kolumbien). Jeder Posten enthält nur Bohnen der gleichen Größe oder der gleichen Stufe: Die größten sind die besten und deshalb teurer. Oft werden die kleinsten Bohnen nicht exportiert. Die Posten werden von den Händlern vor Kauf und Export überprüft (gegenüber unten auf Sumatra). Oben einfaches Sortieren auf Madagaskar. Folgende Doppelseite: Ein kleiner Pflanzer aus den jemenitischen Bergen bringt seine Ernte zur Weiterverarbeitung.

ten geben stets den besten Kaffee. Anschließend versucht man so gut es geht, entweder per Handarbeit oder mit elektronischen Sortiermaschinen, die schlechten Bohnen auszusondern. Dieser letzte Arbeitsgang erfordert, wenn er von Hand gemacht wird, so viel Konzentration und Geduld, dass auch dafür meist Frauen eingeteilt sind. Zu Dutzenden sitzen sie vor Bergen von Bohnen und entfernen eine nach der anderen, wenn sie nicht gehäutet ist, eine Fehlfarbe aufweist, marmoriert, schrumplig, angefault oder sonstwie defekt ist. Manche dieser Bohnen werden weggeworfen, andere dienen als Brennstoff, wieder andere landen in Posten schlechten Kaffees, der zu Sonderpreisen verkauft wird. Am wichtigsten ist es, die angefaulten Bohnen herauszufinden, denn eine einzige schlechte Bohne kann einen ganzen 60-Kilo-Sack guten Kaffees verderben.

AA, Strictly Hard Bean, Grade 5 U.G.O., Excelso Europa, Extra Fancy... das Vokabular der Fachleute für die verschiedenen Qualitätsgrade der Bohnen nach dem Sortieren verwirrt den Laien. Aber für den Handel ist diese präzise Klasseneinteilung sehr nützlich. So können Importeure manche Bohnen kaufen, ohne sie selbst gekostet zu haben. Dies gilt insbesondere für den brasilianischen Kaffee wegen seiner zahlreichen Normen nach Kategorie (Arabica oder Robusta), nach Verarbeitungsmethode (trocken oder gewaschen), nach Anzahl der fehlerhaften Bohnen in einer 300-Gramm-Probe, nach Größe, Form und Dichte der Bohnen, nach Farbe (vierzehn Nuancen von Grün zu Braun), nach Geschmack (zwanzig Richtungen von sehr mild über säuerlich bis sehr scharf) und nach Erntedatum!

Im kleinen Hafen der Pflanzung Yoki Elolu, am Ufer des Lomela in Zaire (oben) werden Säcke mit Robusta auf Schiffe verladen. Etwa zwanzig Tage später kommen sie in Kinshasa an und werden nach Italien exportiert, wo die Firma *Le Piantagioni del Caffè* sie röstet. Zaire produziert hauptsächlich Robusta, aber auch ein wenig Arabica, der wegen seines säuerlichen Geschmacks gefragt ist.

DIE WEGE DES KAFFEES

Die Jamaikaner exportieren ihren Blue Mountain, den teuersten Kaffee der Welt, in schönen weißen Holzfässern. Sie haben verstanden, wie wichtig eine schöne Verpackung für den kommerziellen Erfolg ist, und hatten die ausgezeichnete Idee, die Tradition der Pflanzer aus Guadeloupe wieder aufzugreifen. Sie nutzen die Fässer, mit denen Mehl aus Paris importiert wurde, um ihre Bohnen zu exportieren. (Die sehr guten Bohnen, die man *Guadeloupe Veredler* nannte, weil sie dabei Aromamischungen veredelten, sind heute leider beinahe völlig verschwunden.) In Japan, den Vereinigten Staaten und Europa stellt man diese exotischen Fässer mit der schönen blaugrünen Bohne in Röstereien gerne so auf, dass der Kunde sie sehen kann.

Alle anderen grünen Kaffees der Welt werden in Jute- oder Sisalsäcken à sechzig Kilo verschickt und nach Anzahl der Säcke gehandelt. Kolumbien ist mit 70-Kilo-Säcken die Ausnahme. Aber ehe er zu den kleinen oder industriellen Brennereien zum Rösten kommt, macht der Kaffee die komplizierten Umwege des internationalen Handels. Grüner Kaffee liegt auf Platz zwei der Produkte, die weltweit gehandelt werden, nach Erdöl und vor Weizen und Reis. Je nach Land gibt es die verschiedensten Handelsbeziehungen zwischen Pflanzer und Röster. Vom Wirtschaftspotential der beiden Akteure hängt die Zahl der Zwischenhändler ab. Die großen Röstereien kaufen direkt in den Produktionsländern ein, Familienbetriebe dagegen beim Importeur. Der kleine Bauer vermarktet seine Ernte über eine Kooperative an den Exporteur, wohingegen

Mit Ausnahme des Blue Mountain aus Jamaika, der in Fässern verpackt ist, wird Kaffee grundsätzlich in Jute- oder Sisalsäcken exportiert. Das Verladen der Säcke aufs Schiff allerdings (oben, im Hafen von Santos) nimmt zusehends ab, meist werden die Säcke in Containern gestapelt.

eine große Plantage ihren Kaffee selbst verarbeitet, einsackt und manchmal auch ins Ausland exportiert. In manchen Ländern sind Export und Weiterverarbeitung staatlich geregelt, in anderen handeln ausschließlich private Unternehmen, die unabhängig agieren oder zu großen Handelshäusern gehören (auch private und staatliche Zusammenarbeit existiert). Zusätzlich gibt es natürlich noch zahlreiche Zwischenhändler, Agenten und Makler. In Kenia liefern beispielsweise unabhängige Pflanzer und Kooperativen an eine staatliche Organisation, den Coffee Board of Kenia, die den Kaffee lagert und an Makler versteigert. Die wiederum werfen dann das grüne Gold auf den Weltmarkt. In Guatemala beschäftigen private Handelshäuser Agenten, die in direktem Kontakt mit Pflanzern und Kooperativen stehen und bei ihnen einkaufen.

Aber was vermögen kleine und selbst große Erzeuger gegen die im internationalen Kaffeehandel herrschende Anarchie? Bereits im Jahre 1920 sorgte sich Karen Blixen beim Anblick ihrer leer aus Nairobi zurückkehrenden Ochsengespanne: »Wir hatten unsere Aufgabe erfüllt, in ein oder zwei Tagen würde der Kaffee auf dem Ozean schwimmen; nun konnten wir nur noch auf günstige Kurse am Londoner Markt hoffen.« Zwischen 1962 und 1989 einigte sich die Internationale Kaffeeorganisation, der Erzeuger- und Verbraucherländer angehören, auf ein System, das die Kursschwankungen der Londoner und New Yorker Börse durch Kontingente und Quoten dämpfen sollte. Wenn die Kurse fallen, sinken die Exportquoten der Erzeuger, um sie wieder hochzubringen. Doch 1989 wurde die Vereinbarung nicht erneuert. Seitdem erleben wir enorme Preisschwankungen. Arabica, der Ende 1993 tausend Dollar die Tonne kostete, vervierfachte seinen Preis im darauffolgenden Sommer, als Fröste die brasilianische Ernte schädigten. Ein Jahr später, im Juli 1995, war sein Preis auf 1400 Dollar gesunken. Das veranlasste alle lateinamerikanischen Erzeuger, ihre Exporte zu drosseln. Verantwortlich für diese Schwankungen sind Ernteumfänge, Angebot und Nachfrage, aber auch reine Spekulationsgeschäfte. Für Länder, deren Wirtschaft zu großen Teilen vom Kaffee abhängt, sind diese Schwankungen dramatisch. In Kolumbien betrifft jeder Kurssturz Hunderttausende von Menschen – und begünstigt den Koka-Anbau.

Der Kaffee verlässt seine Heimat. In Brasilien im Hafen von Santos, in Kenia in Mombasa, auf Jamaika in Kingston . . . Die Clipper aus früheren Zeiten haben Containerschiffen Platz gemacht. Die großen Importhäfen heißen heute Antwerpen für die nordischen Länder, Hamburg und Bremen für Deutschland, Triest für Italien und Le Havre für Frankreich. In Le Havre warten sechs Handelshäuser auf die gekaufte Ware, um sie an die Röster zu liefern. Drei davon arbeiten für die Großindustrie wie Kraft Jacobs Suchard, Douwe Egberts oder Nestlé. Die drei anderen teilen sich Hunderte von kleinen und mittleren Röstereien, darunter jene, die die allerbesten Sorten anbieten. Für den Kaffee beginnt jetzt ein anderes Leben. Fachleute behandeln die Bohnen, um ihnen beim Rösten die wunderbarsten Aromen zu entlocken, damit in unseren Tassen die ganze Herrlichkeit der Herkunftsländer duftet.

Früher, ehe Telefon und Fax den Handel dominierten, trafen sich Händler und Makler in Santos vor der 1917 eröffneten Kaffeebörse, um ihre Geschäfte abzuwickeln (gegenüber, um 1950). Heute werden die meisten Kaffees an der Londoner (die Robustas) und der New Yorker Börse (die Arabicas) notiert. Die Vignette zeigt ein Plakat aus dem Frankreich von 1930.

RADIOBRAS
BANCO
S.A.

LES
CAFÉS
DU BRÉSIL
ALIMENTENT L' UNIVERS

Der gute Kaffee

Auf den ersten Seiten seines *Une memoire pour l'oubli*, eines der schönsten Werke, das je über Kaffee geschrieben wurde, warnt uns der palästinensische Dichter Mahmoud Darwich: »Es existiert nichts, was man *den Geschmack des Kaffees* nennen könnte; da existiert kein Konzept, kein Stoff, keine Sache an sich. Jeder hat seinen eigenen Kaffee, das geht so weit, dass ich einen Menschen, seine inneren Qualitäten, nach dem Kaffee beurteilen kann, den er mir anbietet.« Dabei spricht Mahmoud Darwich hier nur von einer Art Kaffee, dem türkischen Kaffee, wie er im Libanon getrunken wird, der wiederum nichts gemein hat mit dem in der Türkei oder Ägypten . . .

Was soll man dann über die verschiedenen Arten der Kaffezubereitung in Italien sagen, laut einem römischen Freund soll es sechsundreißigtausend geben.

Je weiter man im Universum des Kaffees voranschreitet, desto mehr Türen öffnen sich zu neuen Welten, zu verschiedenen Aromen, zu unverhofften Genüssen. Die Kaffeeröster sind die besten Führer. Sie offerieren ihrem Kunden ein breites Angebot an Mischungen und Spitzengewächsen, die jeweils ihre eigene Persönlichkeit haben, nuanciert von der Art zu brennen und natürlich von der Zubereitung. Nur Kaffeeliebhaber finden den Weg zu ihnen. Einige halten sich träge an den Kaffeegeschmack ihrer Kindheit oder an den ersten, der ihnen schmeckte. Wenige andere machen sich auf die Suche nach einem neuen angenehmen Erlebnis und bleiben, sobald sie es gefunden haben, dabei. Mir ging es so mit einer köstlich-weichen Mischung von Arabicas aus Zentralamerica und Äthiopien. Bis ich eines Tages einen Kaffee aus Costa Rica kostete, ein wunderbares Spitzengewächs, mild und voller Tiefe zugleich. Meine alte Vorliebe brach zusammen wie ein Kartenhaus, ein schlechtes Gerüst: Auf meiner Zunge rollend, meinen Gaumen streichelnd und dabei sein Aroma entfaltend, ließ mich dieser reine Kaffee, während ich ihn trank, ins Paradies blicken. Seitdem gehöre ich zu jenen, die unaufhörlich die tausend geheimen Pfade erforschen.

DIE KUNST DER MISCHUNG

Ich erinnere mich noch gut an das erste Mal, als ich, unwiderstehlich angezogen vom starken Duft frisch gemahlenen Kaffees, die Tür zu einer guten Rösterei öffnete. Es gibt sie heute nicht mehr, aber mein Gefühl wäre dasselbe bei einem der guten Röster von heute, wie Verlet in Paris, Higgins in London oder Peet in Berkeley: Angesichts all dieser Sorten mit unentzifferbaren Namen hatte ich das unangenehme Gefühl, zufällig unter diesen geheimnisvollen Bezeichnungen wählen zu müssen. Meine Verlegenheit bemerkend, fragte mich die Verkäuferin, ob ich eher würzige oder milde Kaffees bevorzuge, ob es für den Morgen oder den Abend sein solle. Ich schilderte meine Gewohnheiten und zu meinem großen Bedauern empfahl sie mir keinen der Kaffees mit den magischen Namen – *Sigri, Djimah, Kalossi* –, sondern eine Hausmischung aus verschiedenen Sorten mit einem der üblichen Namen wie *Gourmet* oder *Spezial.*

Nichtsdestoweniger verschaffte er mir mein erstes wahres Kaffee-Liebhaber-Glück: einen Eindruck perfekter Harmonie, zugleich meinen Gaumen und meine Nase befriedigend. Hier fand ich den Kaffeegeschmack, von dem ich geträumt

Das Vergnügen am Kaffee beginnt lange vor dem ersten Schluck: beim Betrachten seiner Farben und dem Schnuppern seiner Aromen beim Händler. Oft kommt sein Fachwissen aus einer langen Familientradition und manche Läden sind geschichtsträchtig: so die Brennerei Wijs & Zonen, 1828 in Amsterdam gegründet (gegenüber, oben); oder der renommierteste Röster Istanbuls, Kurukahveci, gegründet 1871, heute vom Enkel geleitet (unten). Bei allen Röstern atmet man den Duft der Bohnen, in Säcken angeboten, ehe die gewünschte Quantität gemahlen wird.

COSTA RICA
KOFFIE
ESPRESSO
KOFFIE
WIENER MELANGE
KOFFIE
DESSERT
KOFFIE

hatte, der ohne die Hoffnung zu trügen das hielt, was sein Duft versprach. Er erfüllte die Vorstellung, die ich mir seit langem vom bestmöglichen Kaffee machte: der Mokkageschmack, der Leckereien meiner Kindheit und das Aroma, welches aus den frisch in der Holzmühle meiner Großmutter gemahlenen Bohnen aufstieg, verwandelt in milde und würzige Flüssigkeit, von schöner hellbrauner Kaffeefarbe, ein Geschmack, der lange als Erinnerung auf der Zunge blieb.

Beim Mischen der Bohnen hat der Brenner das gleiche Ziel wie der Winzer beim Mischen mehrerer Trauben, um einen harmonischen Wein zu erzielen. Das Erzeugnis muss ausgewogen sein: Die Tasse muss harmonischen Körper anbieten (die Dichte und der Nachgeschmack der Flüssigkeit), Aroma und Geschmack (wobei keine Komponente eine andere ersticken darf), so dass der Profi den Kaffee *komplett* nennt. Dieses Zeugnis ist ein wenig der Gral der Kaffeeröster, die Suche nach dem perfekten Kaffee, dem absoluten, der den Geruchssinn und den Geschmack gleichermaßen begeistert und *Körper* aufweist.

Ob beim kleinen Kaffeebrenner oder in der Industrie, das Fertigen einer Mischung bedeutet geduldige Arbeit in einem ruhigen Raum, oft in weißem Kittel, an einem Tisch mit allen Geschmacksproben. Nur durch das unablässige Kosten der Kaffees aus Brasilien, aus Kenia, aus Kolumbien oder anderswo, durch Kenntnis ihrer Grundeigenschaften (die Robustas aus Afrika sind scharf, die aus Kenia säuerlich, die aus Kolumbien süßlich, die Natur-Mokkas Äthiopiens und des Jemen würzig...), und durch das Ausprobieren aller möglichen Verbindungen gelangen die großen Künstler durch Irrungen, Wirrungen, Versuche und Rückschläge zur idealen Mischung.

Bei den besten Brennern ist diese nicht nur ein Meisterwerk der Ausgewogenheit, sondern ein Produkt mit Persönlichkeit, die den verschiedenen Vorlieben entgegenkommt. Manche sind eher scharf, andere mild oder fruchtig. Besser noch, dank feinsinniger, beinahe literarischer Bezeichnungen, rufen sie bei Kunden Assoziationen hervor, die eher zum Träumen anregen, als einen konkreten Anspruch befriedigen. Bei Verlet gibt es beispielsweise Sorten wie *Hochsee* oder *Große Flagge*, die Meeresluft um den Kaffeetisch wehen lassen; in einem der siebenhundert Läden des Rösters Starbuck in Amerika finden Sie eine Mischung aus indonesischen und zentralamerikanischen Kaffees mit Namen *Verona*, die Ihnen, trotz ihrer Zusammensetzung, einen Hauch Italien in die Tasse zaubern sollen.

Bleibt auch die genaue Zusammensetzung der Mischung stets ein wohlgehütetes Geheimnis des Rösters, so entspricht sie doch einigen grundlegenden Prinzipien: Harmonie im Geschmack erreicht man durch Mischung eher scharfer mit eher milden Sorten, eher schokoladiger oder fruchtiger Kaffees mit eher säuerlichen, wobei man einen Bestandteil ganz leicht dominieren lässt, um dem Ganzen Charakter zu verleihen.

Ist er säuerlich, würzig, schokoladig, fruchtig? Wenige Lebensmittel werden vor dem Verkauf so gründlich geprüft und gekostet wie der Kaffee. Jede Lieferung von Bohnen wird nacheinander von vier Experten geprüft: dem Erzeuger, dem Exporteur (oben, in Kenia) oder dem Händler (gegenüber, Brasilien), dem Importeur und dem Brenner. Letzterer kauft seine Kaffees nach Proben, die er blind gekostet hat. Die Verkostung ist ebenfalls Voraussetzung für die Mischung der gebräuchlichsten Kaffees, die aus verschiedenen Sorten bestehen.

So vereint beispielsweise eine der ältesten – und früher häufigsten – Mischungen die extreme Sanftheit eines Mokkas mit der würzigen Schärfe eines javanischen Kaffees.

Oft erben die Röster – ein Beruf, der gewöhnlich vom Vater auf den Sohn übertragen wird – die Mischungen vom Vater oder dem Großvater. Zum Beispiel Philippe Memponte von Faguais in Paris, der seine Kunden mit der berühmten *Nr. 22* erfreut, einer Mischung, die sein Großvater Paul Faguais 1912 aus elf Kaffees aus Afrika, Zentralamerika und dem Süden hergestellt hat (der Name kommt vom damaligen Preis, 22 Francs das Kilo...). Nachdem diese Kaffeesorten heute nicht mehr verfügbar sind, hat Philippe Memponte das Rezept weitgehend geändert, doch dabei die Charakteristik der Mischung erhalten. Da die Qualität der Bohnen sich mit jeder Ernte ändert, müssen die Zusammenstellungen jedes Jahr neu überdacht werden. Die ständige Suche nach konstanter Qualität ist eine der wichtigsten Aufgaben des Rösters, ebenfalls etwas, das er mit dem Winzer gemeinsam hat.

Wenn sie abenteuerliche Experimente lieben, testen Sie bei einem Röster zehn leicht gebrannte Spitzengewächse (125 g pro Sorte genügen allemal), nehmen Sie sich den Sonntag dafür Zeit und entdecken Sie Ihre persönliche Mischung. Da die Suche lang und voller Fallen sein wird, versuchen Sie vor allem, die Anteile der Klassiker nach ihrem Geschmack zu ändern: Java – Mokka Sanani (früher aus Kostengründen aus einem Teil Mokka und zwei Teilen Java bestehend, heute aus gleichen Teilen), Java – Mokka Costa Rica, brasilianischer Santos – Mokka Harrar. Leider können Sie Balzacs Lieblingsmischung Mokka – Bourbon-Martinique nicht versuchen, weil die beiden letzteren so gut wie verschwunden sind. Zu Beginn des Jahrhunderts schlug der große Ali-Bab in seiner *Gastronomie pratique*, der veritablen Bibel des Gastronomen, eine hervorragende Lösung vor: »Anstelle der rar gewordenen Kaffees aus Bourbon und Martinique kann man jene aus Puerto Rico und Saint-Marc verwenden.« (Die Provinz Saint Marc erzeugt einen der besten Kaffees von Haiti.) Versuchen Sie auch eine Mischung des Sigri aus Neuguinea mit Costa Rica und für den Espresso Santos-Haiti. Aber wahrscheinlich befriedigen Sie diese Klassiker nicht, Sie werden finden, dass zur Geschmacksvollendung ein gewisses Etwas fehlt. Fügen Sie dann etwas säuerlichen Kenia hinzu, um Leben hineinzubringen! Wenn Sie aber vor allem ein belebendes, gut koffeiniertes Frühstücksgetränk suchen, dann begraben Sie die Hoffnung auf subtile Geschmacksnuancen und geben sich mit einem anständigen Robusta aus Madagaskar, gemischt mit einem guten kolumbianischen Supremo oder brasilianischen Santos zufrieden. Diese Mischung ist immer noch weicher und duftender als ein 100% Robusta.

Es gibt international renommierte Röstereien. Bei Alois Dallmayr in München (gegenüber) besteht die berühmteste Mischung *Pro Domo* – wie die anderen in prächtigen Nymphenburger Porzellangefäßen aufbewahrt – aus den besten Arabica-Hochgewächsen. In London bietet H.R. Higgins (oben) seinen Kunden außergewöhnliche Spitzensorten und fünfzehn verschiedene Mischungen an, die man in einem kleinen Salon im Keller kosten kann.

DIE SPITZENGEWÄCHSE

Eines Tages, als ich einen Kaffee kostete, den die Fachleute *reinen Ursprungs* nennen, also aus Bohnen des gleichen Anbaugebietes, oder besser, der gleichen Kooperative oder Plantage, überschritt ich die Schwelle, die den Kaffeeliebhaber zum wahren Glück führt. Denn wenn die Mischung verschiedener Kaffees einem die angenehme Empfindung von Ausgewogenheit und die Sicherheit eines immer gleichen Geschmacks verschafft, läßt einen der Arabica reiner Herkunft, wie ein großer Wein kontrollierten Anbaus, die ganze Persönlichkeit des Anbaugebietes entdecken.

Wenn er gut gebrannt – wir kommen noch darauf zurück – und von erstklassiger Qualität ist (es ist besser, einen mittelmäßigen Kaffee zu mischen, als ihn pur zu trinken), entfaltet ein Spitzenkaffee in der Tasse einen authentischen Geschmack, den keine Mischung hervorbringt. Man schmeckt die Frucht selbst, mit ihrem ganzen Charakter und dem des Bodens, von frischem oder lauem Regen bewässert, von sengender oder milder Sonne gereift. Keiner dieser Kaffees gleicht dem anderen und manchmal muss man ihnen kleine Eigenheiten nachsehen: Einige schmecken sauer, andere leicht verbrannt, wieder andere schmecken nach Erde oder Moos. Und wie beim Wein fällt ihre Qualität mit jeder Ernte anders aus. Genau deshalb begeistert sich der Liebhaber für sie.

Doch welchen der Spitzenkaffees aus vier Kontinenten soll man beim Röster wählen und weshalb? Beim Wein fällt die Antwort leichter, man versucht, ihn mit Hilfe des Händlers so gut wie möglich zum Essen passend auszusuchen. Aber den Kaffee? Idealerweise sollte man ein Dutzend im Kühlschrank haben und vor dem Trinken nach Lust und Laune auswählen. Aus praktischen Gründen beschränke ich mich aber auf vier oder fünf jeweilige Favoriten, von denen jeder eine bestimmte Aufgabe hat.

Viele von uns kommen nicht ohne Kaffee zum Frühstück aus. Früh am Morgen sollte man seinem verschlafenen Gaumen milde Kaffees ohne Brutalität, aber doch mit bestimmtem Geschmack anbieten, um die Sinne zu stimulieren. Das beste Beispiel dieser Gattung ist der Mokka Harrar aus Äthiopien, ein Naturkaffee, dessen Qualität je nach Ernte und Sorgfalt schwanken kann, der aber im Allgemeinen und im Gegensatz zu anderen Natur-Arabicas Äthiopiens mild und weich sowie reich an Blütenakzenten ist. (Beachten Sie, dass man alle Kaffees aus Äthiopien oder dem Jemen, der Wiege des Kaffees, auch heute noch *Mokka* nennt, nach dem jemenitischen Hafen, aus dem sie einst exportiert wurden.) Andere Morgenkaffees sind Spitzengewächse einer Arabica-Sorte, die in Brasilien geboren wurde, dem Maragogype (seine Bohnen sind beinahe doppelt so groß wie die anderer Sorten). Der Maragogype Liquidambar, eine mexikanische Sorte, die man beim Röster wegen ihrer Größe auf den ersten Blick erkennt, gibt einen sehr weichen und parfümierten Geschmack, etwas schärfer als der Harrar. Auch aus Nicaragua kommen köstliche Maragogype, leider immer seltener, gleiches gilt für den Matagalpa und den Jinotega. Verbunden mit einer anderen Arabica-Variante, dem Pacas, ergab der Maragogype eine delikate Hybridart, groß, mit blaugrünen Blättern, den Pacamara, ebenfalls bestens als Muntermacher geeignet. Dieser subtile, leichte und parfümierte, sehr elegante Kaffee wird in Salvador angebaut.

Seit zwanzig Jahren bieten die besten Röster dem Kenner Spitzenkaffees mit unvergleichlicher geschmacklicher Vielfalt an. Der Kona aus Hawaii, der Blue Mountain aus Jamaika, der Antigua aus Guatemala, der Sigri aus Neuguinea, der Mokka Sidamo aus Äthiopien... diese kostbaren Arabica-Spitzengewächse werden in großen Säcken an den Röster geliefert (gegenüber). Es gibt nur ein paar Dutzend, bei denen man Kaffee *reinen Ursprungs* in die Tasse bekommt und damit dem Gaumen besondere, unverwechselbare Erlebnisse bereitet. Die Vignette zeigt ein altes Werbeplakat für eine italienische Mischung.

Auch einige kolumbianische Kaffees, die sich durch Sanftheit und Cremigkeit auszeichnen, eignen sich für den Morgen. Je nach Größe der Bohnen bezeichnet man sie als Excelso oder Supremo. Die letzteren, größeren sind im Allgemeinen von besserer Qualität oder zumindest konstanter. Außer dem Namen tragen sie auch die Herkunftsbezeichnung, also Medellín, Armenia, Narino, Bogotá . . . Auch die besten brasilianischen Sorten aus den Gebieten Bahia, Santos und vor allem Sul de Minas sind als Morgenkaffees zu empfehlen. Es handelt sich um weiche, ausgewogene Arabicas mit ausgeprägtem Geschmack. Als Anekdote sei noch angefügt, dass in der Gegend um Rio ein außergewöhnlicher Kaffee namens *rioté* erzeugt wird, hart, bitter und stark iodiert, um nicht zu sagen, versalzen. Kenner bezeichnen ihn als den schlechtesten Kaffee der Welt. Woher kommen diese fürchterlichen Eigenschaften? Niemand weiß es genau. Vielleicht vom Boden, der Meeresluft, einem Pilz, der die Kirschen befällt, oder allem zusammen. Trotzdem gibt es Leute, die ihn lieben! In New Orleans, wo er die Geschmacksorientierung der Kaffeetrinker im XIX. Jahrhundert bildete, oder besser verbildete, wurde er stets geschätzt, ebenso in der Türkei. In Frankreich trank man ihn im Norden gerne, zweifellos weil er an den Geschmack von Zichorie erinnert, bis er erst vor kurzem aus dem Angebot verschwand.

Am Vormittag oder am Nachmittag, während einer Pause oder nach dem Essen, schätzt man einen kräftigeren Kaffee. Kräftig heißt nicht mit mehr Koffein (das haben die Arabicas nie), aber frech, vielleicht sogar ein wenig herb für den Gaumen, der wie ein Peitschenschlag wirkt, mit vollem, tiefem, lang anhaltendem Geschmack. Einige Spitzensorten weisen diesen Charakter auf. Es kann einer der drei scharfen Naturmokkas sein, die man beim guten Röster findet, mit einem etwas wilden, würzigen und direkten Geschmack: der Djimah und der Lekempti aus Äthiopien oder der Sanani aus dem Jemen. Es darf auch der Yauco Selecto aus Puerto Rico sein (zu einem wegen seiner Seltenheit und Qualität sehr hohen Preis), der zugleich scharf, rund und offen ist. Auch einer der außergewöhnlichen indischen *Monsun*-Kaffees bietet sich an. Früher brauchten die indischen Kaffeebohnen sechs Monate, um an Bord der Clipper rund um Afrika nach Europa zu gelangen. Während der langen Reise nahm der Kaffee Feuchtigkeit auf, änderte die Farbe (er wurde gelb) und prägte seine Eigenschaften aus. Als die Segelschiffe durch Dampfschiffe ersetzt wurden und der Suezkanal zusätzlich die Reise abkürzte, erkannten die Liebhaber der indischen Kaffees ihr Getränk nicht wieder. Um die alte Qualität und die gelbe Farbe wiederherzustellen, kamen die Pflanzer auf die Idee, ihre Bohnen nach der Ernte mindestens sechs Wochen lang den Monsunwinden und dem Regen auszusetzen. So bekamen die Liebhaber ihren alten Kaffee wieder. Die Röster bieten noch einige *Monsun*-Natur-Arabicas an, die zugleich scharf, leicht würzig und säuerlich sind, so den Mysore und den Malabar.

Mit am reichsten an würzigen Arabicas ist das indonesische Archipel. Es bringt wunderbare, ein wenig schroffe Kaffees ohne Umwege, mit erdigem Geschmack nach Moos und Pilzen hervor. Dazu gehören die wenigen Arabicas, die es noch auf Java gibt, und vor allem die extrem scharfen Sumatras, die manche Erzeuger ein paar Jahre lagern, um sie milder zu machen und ihren Geschmack mit leichten Holznuancen anzureichern. Außerdem gibt es da noch die

»Kein Kaffee ist besser als der brasilianische«, behauptete einst ein Werbespruch. Brasilien setzte als erstes Land auf ein exotisches Erscheinungsbild, um die entfernten Kunden in Nordamerika und Europa zu verführen. Und man kann sich vorstellen, dass der Kunde beim Eintritt in diese kleine Pariser Rösterei des Jahres 1930 (gegenüber) überzeugt war, hier den besten Kaffee zu finden. Die Vignette zeigt eine Briefmarke der brasilianischen Post.

MAISON BRÉSILIENNE
DU
CAFÉ SÃO-PAULO
43, Faubg MONTMARTRE, Paris
NUL CAFÉ N'EST SUPÉRIEUR AU
CAFÉ DU BRÉSIL
SAO PAULO
NUL CAFÉ N'EST SUPÉRIEUR AU
CAFÉ DU BRÉSIL
BRASIL-CORREIO
CAFÉ DO BRASIL
1,200
Rs.
WATERLOW & SONS LIMITED, LONDRES
CAFE

Kaffee aus eigener Rösterei
Nicaragua Kaffee
ORIGINAL FAVORITE
Wacker's Kaffee
Columbia-Mischung
herzhaft
500 gr. 11.20
Aus dem Gebiet Minas-Brasilien
ROH-KAFFEE
500 gr. 6.40
Äthiopischer Mocca-Arabica
aus Sidamo Hochland
15.80
Wacker's Kaffee
WIENER-Mischung
Wacker's Kaffee
MINAS
-türkischer Mocca-
500 gr. 10.80
Wacker's Kaffee
Milde-Sorte
-reizarm, veredelt-
500 gr.
Wacker's Kaffee
MOCCA
Hochland
EXICO Kaffee
s Bio-Anbau
urearm mild
500 gr. 14.60
Wacker's Kaffee
Meister-Mischung
kräftiges Aroma
500 gr. 13.80

SRTC
SOCIETÀ ROMANA TORREFAZIONE CAFFÈ
REMO CAMILLONI & C.
ROMA · PIAZZA S. EUSTACHIO 48·49 · TELEFONO 573
IMPORTAZIONE DIRETTA

außergewöhnlichen Spitzensorten aus Celebes (heute Sulawesi), die auch gut altern können. Der bekannteste ist der Kalossi. Außer der für die Region typischen Schärfe verfügt er über einen unvergleichlich fruchtigen Geschmack.

Zentralamerika ist ebenfalls reich an charaktervollen Kaffees, die man als recht scharf bezeichnen könnte. Vor allem Costa Rica bietet hervorragende Sorten, die seit zwei Jahrhunderten besonders auf den Höhen der Provinz San José wachsen: die Tarrazu (es gibt etwa zwanzig in der Gegend), die Tres Rios oder der Tournon sind dichte, stark parfümierte Kaffees, gut ausgewogen und leicht säuerlich. Alle Spitzensorten Costa Ricas sind exzellent: Es gibt mehr als dreihundert, die die Namen von Plantagen oder Kooperativen tragen. Guatemala bringt ebenfalls sehr runde Spitzensorten hervor, manchmal würzig oder ein bisschen schokoladig, aber immer scharf. Die berühmtesten sind die Antiguas, die Huehuetenangos und die Coban (Hauptstadt eines Gebietes, das auch den meisten Kardamon erzeugt, der den Kaffee im Mittleren Orient würzig macht). Schwarz genossen, verschaffen einem all diese Kaffees Zentralamerikas den Eindruck von Kraft, aber auch von Abgerundetheit und Harmonie.

Am Abend schließlich, nach dem Essen, braucht man immer einen Kaffee. Zur Stunde der Entspannung, des Wohlseins, sollte es ein sehr voller, zugleich milder und geschmacksintensiver Kaffee mit wenig Koffein sein. Die drei sublimen gewaschenen Mokkas aus Äthiopien erfüllen diese Anforderungen. Sie tragen die Namen ihrer Anbaugebiete: der Sidamo, der Yrgacheffe und der Limu. Alle drei haben wenig Koffein, sind besonders weich und aromatisch, gut ausgewogen und verströmen einen leichten, säuerlichen Blumenduft, mit einer kleinen schokoladigen Note. Es gibt noch einen anderen idealen Abendkaffee, der in Hawaii auf den Hängen des Vulkans Mauna Loa in über 4000 m Höhe angebaut wird: den Kona. Ein sehr sanftes Spitzengewächs, leicht säuerlich und gepfeffert, mit einem vollendet milden Aroma. Sein einziger Fehler ist der exorbitante Preis (es wird wenig produziert, Handarbeit ist teuer, die Nachfrage der amerikanischen Touristen groß und der Export gering). Für manche ist der Kona aus Hawaii (dessen Qualität mit dem Prädikat *Extra fancy* gekennzeichnet ist) der beste Kaffee der Welt und seinen Preis wert.

Unter den fruchtig-säuerlichen Kaffees ist der Kenia eine der subtilsten Sorten. Seine Liebhaber schätzen die elegante Ungezwungenheit seines grünfruchtigen Geschmacks, manchmal nach Zitrone schmeckend und weit entfernt von den üblichen Vorstellungen, die man von Kaffee hat. Seine Besonderheit ist der lang anhaltende Geschmack im Mund. Die besten Bohnen sind die großen, beim Röster mit AA gekennzeichnet, oder, zu einem horrenden Preis, weil sie sehr selten sind, die AA *plus*. Die Kenias sind Frühlings- oder Sommerkaffees. Da sie einerseits weich genug zur Entspannung, andererseits frisch genug zur Anregung sind, eignen sie sich auch hervorragend als Pausenkaffees. Die Kaffees aus Zimbabwe ähneln ihnen, sind aber eine Spur würziger, wie auch die aus Tansania, die auf den Hängen des Kilimandscharo wachsen. Sie sind genauso aromatisch, aber milder im Geschmack.

Der wahre Kaffee-Liebhaber mag genauso wenig auf die säuerliche wie auf die schokoladige Variante verzichten. Beide, Kaffee und Kakao,

Eine Mischung sanfter kolumbianischer Arabicas oder ein milder brasilianischer Minas am Morgen, ein säuerlicher Kenia oder schokoladiger Mokka Sidamo für den Abend sind nur einige der Köstlichkeiten, die Wackers in Frankfurt (gegenüber, oben) führt, bei dem man auch wunderbare alte Kaffeemühlen bewundern kann. Unten die alte Werbung eines römischen Rösters, die ebenfalls auf die Exotik des Kaffees setzt ...

sind zur gleichen Zeit in Europa erschienen, haben sich stets hervorragend ergänzt. Kakao mit Kaffee und Kaffee mit Kakao bilden, in welcher Erscheinungsform auch immer, einen Hochgenuss. Wie wir bereits bei den gewaschenen Mokkas erfahren haben, verfügen einige Spitzensorten von Natur aus über den kleinen Kick an Schokolade. Die berühmteste ist natürlich der Blue Mountain aus Jamaika, der teuerste Kaffee der Welt, der selbst Kaffee-Nichtkennern ein Begriff ist. Er ist einer der wenigen wirklich runden Kaffees, voll im Geschmack, leicht säuerlich und mit eben jener feinen Kakao-Note. Allerdings ist es sehr schwer, diese Perle unter den Kaffees zu bekommen, er wird hauptsächlich nach Japan exportiert ...

Im Jahre 1930 wurden Blue-Mountain-Pflanzen auch nach Neuguinea exportiert. Mit viel Sorgfalt kultiviert, wurde der Neuguinea-Sigri ein wunderbares Spitzengewächs, sehr rund, mit allem, was ein Kaffee braucht: einem vollen, aber weichen Aroma, viel Körper, etwas Säure und, als Krönung, dem Kick Kakao. Seit kurzem findet sich dieser auch in der neuesten Überraschung, die uns die Röster präsentiert haben, einem wunderbaren Kaffee aus Australien. Nachdem dort um 1920 der Kaffeeanbau eingestellt worden war, pflanzt man seit 1980 wieder Arabica an. Erst seit Anfang 1990 werden geringe Mengen exportiert. Kenner bemerkten sofort, dass es sich um einen neuen Schatz handelte: Der Australia Queensland Skybury ist womöglich noch feiner als der aus Neuguinea, dem er ähnelt.

DAS GEHEIMNIS DER CARACOLI

Wie manche große Weine durch späte Ernte erst ihre Eigenschaften entfalten, verdoppeln einige Kaffeesorten ihre Qualität durch ein botanisches Rätsel. Jede Kaffeekirsche enthält in der Regel zwei Bohnen. Es passiert aber manchmal, dass nur eine Bohne vorhanden ist, die *Caracoli*. Man findet sie vorzugsweise an den Enden der Zweige und erkennt sie an ihrer besonders runden Form (daher der Name caracol, im Spanischen *Schnecke*). Der Grund dafür ist unbekannt: eine Laune der Natur, ungenügende Befruchtung, genetischer Fehler ... jedenfalls besitzen diese Caracolis eine wichtige Eigenschaft, die sie dem Kenner teuer machen: In der einzelnen Bohne sind Aroma und Geschmack besonders konzentriert. Alle Eigenschaften einer Spitzensorte (aber auch die eines schlechten Kaffees) finden sich darin verstärkt wieder. Zu Beginn des Jahrhunderts waren sie in der Bretagne sehr beliebt, wo die Hausfrauen sie in der Pfanne über dem offenen Feuer rösteten, was wegen ihrer runden Form leicht möglich war. In Brasilien und Kolumbien, wo man ihnen aphrodisische Eigenschaften zuschreibt, wird regelrecht ein Kult um sie getrieben. Auch in Deutschland sind sie als *Kaffee-Perlen* recht beliebt. Gute Röster bieten zuweilen wunderbare Caracolis aus Äthiopien (Sidamo) oder Costa Rica an. Sehr harmonische, aber seltene Caracoli kommen auch aus Kamerun, voller Fruchtaromen, die aus einer kleinen Pflanzung europäischer Mönche stammen.

Dieses herrliche Möbel, in dem jede Schublade einen anderen Schatz enthält, stammt aus dem Hause Faguais in Paris (gegenüber). Fünfundzwanzig frisch gebrannte Sorten aus aller Welt warteten darin, ihren Duft verströmend, auf den Kenner ... nicht länger als vierundzwanzig Stunden. Wenn sie danach bereits etwas Aroma verloren hatten, benutzte man sie zur Herstellung neuer Mischungen. Ein Jahrhundert früher konnte der *Comptoir des Colonies* seinen Kunden nur fünf Sorten anbieten, darunter den wunderbaren Guadeloupe, der in kleinen Fässern importiert wurde (Vignette).

DEPUIS
MELANGE N°22
MELANGE N°17
MARAGOGYPE
MYSORE
ORIENTAL

EXCELSO
LE HAVRE

DIE VERKOSTUNG

Eines Tages fragte ich einen Röster, wie er zu so ausgezeichneten Sorten aus der ganzen Welt komme. Wie er sagte, wurden alle von zwei Importeuren ausgewählt. Die Importeure sind Fachleute, sehr erfahren, in der Regel bereits seit der Kindheit – wie die Röster – vom Vater und Großvater ausgebildet. In Frankreich gibt es sechs unabhängige Importeure, welche die weltbesten Sorten an einige hundert mittlere und kleine Brennereien liefern. Wie in aller Welt sind diese ehrwürdigen Häuser auch hier in den Hafenstädten angesiedelt: Le Havre, Bordeaux, Marseille. In Le Havre wetteifern die renommierten Firmen P. Jobin & Cie., Langlois S.A. und H. Olivier & Cie. um die besten Kaffees der Welt. Sie stehen mit den Erzeugern, den örtlichen Exporteuren und den Maklern in ständigem Kontakt. Über die Generationen hinweg haben sich Vertrauensverhältnisse gebildet: Von Costa Rica bis Indonesien weiß man, dass in Le Havre keine zweite Wahl gekauft wird. Taucht irgendwo eine besondere Sorte auf, klingelt das Telefon. Zum Beispiel 1993 bei Jobin, mit der vertraulichen Information, dass in Australien zum ersten Mal eine köstliche Arabica-Ernte zum Export anstehe. Die Firma kaufte die ganze Ernte – vierundfünfzig Säcke –, ohne sie getestet zu haben. Es war eine außergewöhnliche Entdeckung. Zur großen Freude der europäischen Kaffeegenießer hat Jobin seine Einkäufe in Australien seither verfünffacht.

Man betritt den ehrwürdigen Firmensitz in Le Havre wie einen Tempel. Hier brennt und mahlt man täglich Kostproben. Bereits auf der Schwelle verzaubern den Besucher die Aromen der köstlichsten Kaffees. Bis vor kurzem regierte hier übrigens ein sehr sympathischer *Hohepriester:* einer der angesehensten Fachmänner der Welt, Philippe Jobin. Der Enkel des Gründers ist auch Autor des dreisprachigen Buches *Les Cafés produit dans le monde* (Die Kaffees der Welt). Das Werk beschreibt mit großem Aufwand botanische, agronomische und kommerzielle Details aller Bohnen aus den Erzeugerländern. Der Jobin erschien erstmals 1950 und wurde seitdem dreimal komplett überarbeitet.

In diesem Tempel des Kaffeehandels spielt sich täglich in einem eigens dafür reservierten Raum eine Art heidnisches Ritual zu Ehren des Gottes Coffea ab. In der Mitte des Raums gruppieren sich vier Verkoster um einen runden Tisch mit drehbarer Platte. Auf der Platte stehen fünf weiße Porzellantassen mit köstlichem, unterschiedlichem Kaffee. Auf einem Tischchen daneben ebenso viele kleine Kaffeekannen. Dann beginnt sich die Platte zu drehen und alles geht sehr schnell. Jeder der Verkoster nimmt einen kleinen Löffel des Getränks und führt ihn an die Nase, riecht und schlürft es laut: »Man muss die Mandeln benetzen«, erklärt man. Die Kommentare werden von einem Assistenten notiert. »Nummer 2 ist hart«, »Die Vier ist sauer«, »Der 1 ein wenig kräuterig«, und so weiter. Die Platte dreht sich, die Meinungen gehen auseinander, die Diskussion beginnt. Jemand findet die Nummer 5 einfach »ekelhaft«, und die anderen stimmen ihm mit ernster Miene zu. Da ich mich überrascht zeige, darf ich ebenfalls kosten. Die Beurteilung stimmt wirklich. Es kommt eben vor, daß eine faule Bohne einen ganzen Sack verdirbt. Wenn jeder Kaffee zwei- bis dreimal verkostet wurde, hebt man die Tassen und findet den Namen auf einem Stück Papier. Diesmal waren es Kaffees aus Australien, aus Honduras, aus

Die französische Firma Suavor (gegenüber ihr Lagerhaus) hat vor kurzem einen wunderbaren Arabica aus Java entdeckt, *Java Blau* genannt. Die großen Röster wollen die besten Kaffees anbieten und auch neue entdecken, was selten genug vorkommt. Wie soll man stets Blue Mountain aus Jamaika auf Lager haben, wenn der Löwenanteil der Ernte zu Höchstpreisen von den Japanern gekauft wird? Wie die weltweite Nachfrage nach Hawaii Kona befriedigen? Ein guter Röster ist ständig auf der Suche.

Guatemala, aus Costa Rica und aus Venezuela. Sollte sich bei einer zweiten Verkostung ein Qualitätsmangel wiederholen, wird der Erzeuger um eine weitere Probe gebeten. Das Haus prüft systematisch jeden gekauften Kaffee, aber selten wird eine Lieferung zurückgewiesen: Die Lieferanten sind die besten, Fehler kommen selten vor.

Um die manchmal auftretenden Mängel beschreiben zu können, verfügen die Verkoster über ein eigenes Vokabular. Man kann einen Kaffee scharf, faulig, vorwitzig, nach Rum schmeckend nennen ... Der Phantasie sind keine Grenzen gesetzt, wenn es um die Suche nach dem treffenden Wort geht. Bei der Beschreibung positiver Qualitätsmerkmale hört man ähnlich *blumige* Ausdrücke: sauer (womit in Wirklichkeit säuerlich gemeint ist), fruchtig, reich, voll, rund, fein, weich, zart ... der perfekte Kaffee bietet einfach zu viele Nuancen, als dass sie leicht zu beschreiben wären.

DIE KUNST DES RÖSTENS

Die grüne Bohne, wie sie auf der Plantage eingesackt und verkauft wird, hat weder Geschmack noch Aroma. Zwischen der grünen Bohne und jener, die man in der Mühle mahlt, besteht ein physikalischer und chemischer Unterschied. Deshalb ist die Arbeit des Rösters für die Qualität ebenso entscheidend wie die des Pflanzers. In seiner Verantwortung liegt es, ob ein Spitzengewächs durch gute Arbeit veredelt oder durch schlechtes Rösten zerstört wird. Gute Brenner nehmen deshalb mit jedem Kaffee mehrere Versuche vor, ehe sie die ideale Röstung finden.

Die alten Röstmaschinen sind wunderbare Geräte, die mit ihren Schläuchen und Ventilen Dampfmaschinen ähneln. Je nach Maschine dauert die Röstung zwölf bis zwanzig Minuten, wobei die Bohnen auf eine Temperatur zwischen 180° und 250° erhitzt werden. Je heißer die Bohne wird, desto mehr verändert sich ihre Farbe von fahlgrün zu braun, ihr Volumen wird größer und

Bei der Röstung entstehen die delikaten Aromen (oben ein Röster in Paris, 1919). Die Könner lassen dabei durch mehr oder weniger Hitze verschiedene Farb- und Geschmacksvariationen entstehen. Gegenüber eine Mischung aus kenianischen, zentralamerikanischen und äthiopischen Arabicas, in Bohnen und gemahlen auf dreierlei Art geröstet (von oben nach unten): *amber, europäisch und italienisch.* Die erste Röstung ergibt ein weiches, leichtes Getränk mit pflanzlichen Aromen, die zweite mit starken Aromen und Tiefe, die dritte schwarzen, würzigen Kaffee mit lang anhaltendem Geschmack.

sie verliert ihr Wasser. Am Ende des Röstvorgangs treten die Öle der Bohne, die Träger des delikaten Aromas hervor.

Obwohl die Röster durch ein kleines Fenster den Grad der Röstung kontrollieren und Proben entnehmen können, um den Vorgang eventuell abzubrechen, verlassen sich die Profis lieber auf ihr Gehör. Denn wenn die Bohnen bis ins Innerste gebrannt sind, beginnen sie zu singen. Sie zischen und prasseln, der gute Röster weiß dann, dass er die Maschine abstellen muss. Er öffnet die Klappe und entleert den rauchenden Kaffee in einen belüfteten Behälter, wo er sofort abkühlt.

Rösten ist eine subtile Kunst, die vom Geschmack des Einzelnen beeinflusst wird. Manche schwören, dass man das Herz der Bohne nicht brennen darf, wenn man das Aroma erhalten will. Besonders beim Brennen der Spitzensorten tauchen Divergenzen auf. Beim Kenia stehen sich zwei Glaubensrichtungen gegenüber: Die einen brennen ihn stark, um ihm seine Säure zu nehmen und ihn abzurunden; die anderen rösten ihn kaum, um seine Säure zu unterstreichen und seinen Charakter herauszubilden. Erstere streben nach Harmonie, letztere wollen Charakter auch um den Preis, Uneingeweihte zu verschrecken.

Einer der großen Pariser Röster, Bruno Saguez, bekräftigt, dass mehr und mehr Kenner die neuen Geschmacksrichtungen schätzen. In der Nähe des Centre Pompidou hat er seinen Laden, wo man eine große Auswahl bester Sorten kosten kann. Jeden Vormittag röstet er in Gegenwart von Kunden Kaffee. Ein Vorgang, der viel Konzentration und Inspiration verlangt. Er ist einer der wenigen in Frankreich, der verschiedene Grade der Röstung, von blond bis schwarz, anbietet, je nach Sorte oder Mischung. Und meines Wissens ist er der einzige, der einige Kaffees in verschiedenen Versionen anbietet: Einen Maragogype aus Mexiko gibt es beispielsweise in

Beim Röster Piansa in Florenz (oben) wie auch anderswo verströmen die noch heißen Bohnen ihren wunderbaren Duft: wie früher, als man noch einfach Pfannen über offenes Feuer hielt. Noch 1980 konnte man kleine Holzkohleöfen zum Rösten kaufen. In Belgien, wo pro Tag im Schnitt drei Tassen exzellenten Kaffees getrunken werden, sind dem Röster Etienne Knopes (gegenüber) seine Kunden seit drei Generationen treu.

10
NDS CAFÉS
MONDE
POSTES

einer *blonden* Version, die seinen leicht säuerlichen Charakter unterstreicht und in einer Röstung mit dem sonderbaren Namen *Mönchskutte* (ein ziemlich helles Braun), die ihm mehr Körper und Aroma verleiht.

Zwischen blond und beinahe schwarz gibt es zahlreiche Abstufungen und alle Farben sind dabei vertreten: Blond, Bernstein, Mönchskutte (heute die gebräuchlichste in Frankreich), Europäisch (Dunkelbraun), Französisch (sehr dunkles Braun, in Frankreich kaum noch gebräuchlich), Italienisch (fast schwarz). Je heller gebrannt wird, desto mehr findet man in einem leichten milden Kaffee den Reichtum der Düfte und die Unterschiedlichkeit der Aromen unserer großen Kaffees. In Deutschland, in den skandinavischen Ländern und im Osten Frankreichs hat sich dieses Röstverfahren seit langem durchgesetzt. Auch in der Türkei und in Griechenland brennt man den *türkischen Kaffee* hell. Je dunkler man dagegen brennt, desto würziger, schwärzer, karamelisierter und eventuell bitterer wird der Kaffee. Er schmeckt dann mehr wie der übliche Kaffee. Dunkelbraun brennt man gewöhnlich in Italien, im Norden und Süden Frankreichs, aber auch noch schwärzer und fetter im Libanon und in manchen Ländern im Nahen Osten, um einen scharfen *türkischen Kaffee* zu bekommen. Zwischen blond und schwarz ist der Unterschied etwa so groß wie zwischen einem rohen und gekochten Nahrungsmittel oder wie zwischen grünem und schwarzem Tee.

Als kurze Bemerkung am Rande sei noch erwähnt, dass seit kurzem vor allem in Italien und Amerika einige Hersteller die Qualität ihrer *Holzröstung* rühmen. Diese Formulierung, mit der dem Verbraucher ein möglichst natürliches und schonendes Verfahren suggeriert werden soll, ist in Wirklichkeit irreführend. Seitdem es Kaffee gibt und seitdem Kaffee getrunken wird, röstet man die Bohnen in metallenen Behältern. Warum? Weil man nie etwas Besseres fand. Und denen ist es ziemlich egal, ob man sie elektrisch, mit Holz oder mit Gas erhitzt. Für den Kaffee spielt das keine Rolle.

Sie können grünen Kaffee auch ruhig in Ihrer Küche rösten. Dazu brauchen sie nur eine Pfanne, einen Holzlöffel zum ständigen Rühren (die Bohnen müssen gleichmäßig Farbe annehmen) und einen Herd... und möglichst schlechten Kaffee, damit Sie ihn ohne Bedauern wegwerfen können. Damit Sie nämlich ein trinkbares Resultat erreichen, benötigen Sie einige Erfahrung. Theoretisch schafft man es, indem man mit kleiner Flamme beginnt und das Rösten mit großer Flamme beendet. Sobald man fertig zu sein glaubt, schüttet man die Bohnen auf irgendeine kalte Unterlage. Es gibt auch kleine elektrische Röstmaschinen im Handel. Aber es versteht sich von selbst, dass nur ein Profi wirklich gute Resultate erzielt, vor allem bei einem Spitzengewächs. Außerdem sollte frisch gebrannter Kaffee bis zum Genuß mindestens sechsunddreißig Stunden ruhen. Rösten zu Hause, der absoluten Frische wegen, hat also nicht viel Sinn.

Gleich nach dem Rösten kommen die Bohnen in einen Behälter, wo sie gelüftet und gekühlt werden, um den Röstprozess zu stoppen. Jetzt kann der Röster am Duft, der Farbe und der Dichte der Bohnen einen ersten Eindruck vom Erfolg seiner Arbeit gewinnen (gegenüber). Doch das endgültige Ergebnis steht erst sechsunddreißig Stunden später fest: So lange muss der Kaffee ruhen, ehe er in die Tasse darf.

MÜHLEN UND MAHLEN

Der ganze Wohlgeschmack eines guten Kaffees, sein Aroma, seine Nuancen, sein Duft erschließt sich nur dann in der Tasse, wenn er kurz vor der Zubereitung gemahlen wurde. Denn nachdem ein Kaffee gebrannt und gemahlen wurde, beginnt er sofort zu oxydieren. Er verliert schnell seine Qualität, wird ranzig und bitter. Hochwertige Verpackungen und Kühle (davon wird noch die Rede sein) verlangsamen zwar diesen Prozess, aber sie können ihn nicht aufhalten.

Soll man die Bohnen mahlen oder zerstoßen? In seiner *Physiologie des Geschmacks* warnt Brillat-Savarin: »Sorgfältig hatte ich ein Pfund guten Mokkas geröstet und es in zwei gleiche Hälften geteilt. Eine Hälfte wurde gemahlen und die andere nach Art der Türken zerstoßen. Mit beiden Pulvern wurde Kaffee bereitet. Ich kostete ihn und gab ihn Kennern zu trinken. Die einhellige Meinung war, dass der aus den gestoßenen Bohnen besser sei.« Der Mörser ist ohne Zweifel ein ideales Instrument, aber nicht das einzige. Wer über vierzig Jahre alt ist, erinnert sich noch an die alten Kaffeemühlen mit einer Kurbel und der Schublade für das Pulver. Sie waren wirklich ideal, vor allem für das weniger feine Pulver, das zu den alten Kaffeekannen passte. Es gibt sie auch heute noch, sogar mit der Möglichkeit, die Feinheit des Pulvers zu regulieren. Sie wären perfekt, ebenso wie der Mörser, hätte man morgens die Zeit, zehn Minuten mit Mahlen oder dem Zerstoßen der Bohnen zuzubringen.

Der moderne Alltag zwingt uns die elektrische Mühle auf. Aber nicht irgendeine. Kleine Mühlen mit Turbinenflügeln sollte man besser vermeiden. Das Mahlgut wird unregelmäßig und nicht fein genug zerkleinert und zudem übermäßig erhitzt. Wenn man sowohl Pulver als auch größere Stücke von Bohnen in den Filter gibt, sammelt sich das Wasser an den großen Stücken, das Pulver bekommt zu wenig Wasser ab, der Kaffee wird dünn. Wir brauchen also eine gleichmäßig und fein mahlende Mühle mit richtigem Mahlwerk. Sie ist zwar etwas teurer, dafür wird aber weniger Kaffee verschwendet.

Dabei gilt es eine goldene Regel zu beachten: Für jede Art der Zubereitung ist unterschiedlich stark gemahlener Kaffee nötig. Die Industrie beginnt langsam, es zu begreifen, und bietet wenigstens für den Espresso feiner gemahlenen Kaffee an. Nötig wären allerdings mindestens fünf Mahlstufen: extrafein (wie Mehl) für türkischen Kaffee, sehr fein für Espresso, fein für italienische Kaffeekannen mit Dampfdruck, die elektrischen Kannen und den Papierfilter, mittel für traditionelle Kaffeekannen, die neapolitanischen und die Unterdruckkannen vom Typ Cona, grob für Kolbenkannen. Ohne diese Prinzipien zu beachten, kann man keinen guten Kaffee machen. Daher nochmals: Nur die einstellbaren Mühlen erzielen die richtige Feinheit. Hat man keine, lässt man seinen Kaffee besser beim Röster mahlen, der in der Regel über neun bis zwölf verschiedene Einstellmöglichkeiten verfügt. Besser man mahlt den Kaffee zu früh, aber richtig, als im richtigen Moment, aber falsch . . .

Auf diesem schönen Stillleben (gegenüber) sind alte Kaffeegerätschaften vereint: Handmühlen, eine neapolitanische Kaffeekanne und drei Schaufeln mit dem Geheimnis der guten Kaffeebereitung, gelungenem Mahlgut. Hier sehen wir eine feine, eine mittlere und eine grobe Mahlung, also drei der zwölf vom Röster angebotenen Möglichkeiten. Schon immer waren professionelle Mühlen einstellbar, so wie diese Kaffeemühle von 1918 (Vignette). Denn man kommt nicht darum herum, für jede Art der Zubereitung den Kaffee anders und richtig mahlen zu müssen.

DEPOIS

FRISCHER KAFFEE

Guter Kaffee muss frisch geröstet und gemahlen sein. Heißt das, gemahlener und verpackter Kaffee aus dem Supermarkt ist in Wirklichkeit minderwertiger Kaffee? Das zu sagen wäre übertrieben. Allerdings kann er nie so gut schmecken wie ganz frischer Kaffee und die Verpackung spielt eine große Rolle. Um das zu verstehen, muss man vor allem wissen, dass Kaffee nach dem Rösten Kohlendioxyd abgibt. Dem industriellen Röster stellt sich also das Problem, ein Produkt hermetisch verpacken zu müssen. Zwei Lösungen gibt es: den Kaffee künstlich zu entgasen, was sein Aroma leicht beeinträchtigt, oder die Ventilverpackung, bei der das Gas heraus, aber keine Luft in die Packung herein kann. Die letztere Methode ist vorzuziehen. Beachten Sie aber, dass er sein volles Aroma keinesfalls mehr als einen Monat bewahren kann.

Wie auch immer, ob als Bohne oder gemahlen, vom Röster oder aus der Fabrik, der Kaffee gehört hermetisch verschlossen in den Kühlschrank, um seine Oxydation zu verlangsamen. Man kann ihn in einer Schachtel oder einer verschlossenen Tüte auch in das Tiefkühlfach legen. Zu langes Tiefkühlen allerdings beeinträchtigt ebenfalls das Aroma und der Kaffee schmeckt dadurch weniger kräftig und etwas dünner. Idealerweise bewahrt man die Bohnen nicht länger als einen Monat im Tiefkühlfach auf und mahlt sie kurz vor der Zubereitung. Sie können bereits gemahlenen Kaffee auch einfrieren, riskieren damit aber, dass Sie bei der Zubereitung nur lauwarmen Kaffee erhalten, weil das Pulver kalt ist.

KOFFEINFREIE UND SCHNELL LÖSLICHE KAFFEES

Der stimulierende Effekt des Koffeins ist seit langem bekannt. Gefährlich kann dieses Alkaloid nur in sehr hoher Dosis werden. Aber auch eine normale Menge Kaffee wirkt je nach Person sehr unterschiedlich: Brillat-Savarin behauptet in seiner *Physiologie des Geschmacks*, zwei Tassen Kaffee hätten ihn vierzig Stunden wach gehalten; es gibt auch Menschen, die nach dem Abendessen drei Tassen trinken, ohne die geringsten Einschlafprobleme zu haben. Warum das so ist, darüber verlieren sich Mediziner und Chemiker in Vermutungen. Nur in einem sind sie sich einig: Man sollte es mit dem Kaffee nicht übertreiben.

Wenn Sie aus dem einen oder anderen Grund Ihren Koffeinkonsum reduzieren möchten, ohne deswegen auf Ihre Tasse Kaffee zu verzichten, gibt es noch andere Möglichkeiten als koffeinfreien Kaffee. Zunächst weg mit den Robustas, die etwa doppelt soviel Koffein beinhalten wie die Arabicas. Eine weitere Möglichkeit wäre, Espresso zu trinken. Da weniger Wasser schnell durch das Pulver strömt, löst sich weniger Koffein. Ideal ist es sogar, den Espresso stark zu trinken: Je weniger Wasser durch die gleiche Menge Pulver läuft, desto weniger Koffein ist

Der japanische Chemiker Sartori Kato erfand 1900 den Instantkaffee, der heute häufig dehydriert angeboten wird, (oben) um die Qualität zu verbessern. Die Industrie bringt bereits lösliche Kaffees aus guten Arabicas auf den Markt. Aber nichts kann bisher guten Kaffee aus der Kanne ersetzen …

enthalten. Es ist also völlig falsch, daß ein *verlängerter* Kaffee, also mit mehr Wasser, koffeinärmer wäre. Wenn Ihnen der starke Espresso zu dick und würzig ist, gießen Sie einfach etwas heißes Wasser nach. Und bevorzugen Sie Espresso aus reinen Arabicas.

Trotzdem kommt es vor, dass man sich an koffeinfreien Kaffee halten muss. Der grünen Bohne kann auf zweierlei Arten Koffein entzogen werden: Bei der ersten Methode wird sie durch Dampf oder Wasser aufgeweicht und kommt in ein chemisches Lösungsbad, das nur das Koffein entzieht. Dann wird die Bohne gespült und getrocknet. Die zweite Methode besteht darin, die Bohne mehrere Stunden zu wässern, damit sich das Koffein auf natürliche Weise auflöst. Da aber dieses Bad auch die Aromen auflöst, behandelt man anschließend das Wasser mit einem chemischen Mittel, welches das Koffein absorbiert, zieht das Mittel samt Koffein heraus und gibt die Bohne wieder ins Wasserbad, damit sie die Aromen aufnimmt. Man braucht nicht zu betonen, dass keine der beiden Methoden schonend für den Kaffee ist. Wenn auch ein schlechter Robusta dabei nicht viel verliert, büßt ein großer Arabica dabei doch seine ganze Feinheit ein. Allerdings verbreitet sich heute eine bessere Methode, bei der Kohlendioxyd verwendet wird.

Muss man also koffeinfrei trinken, sollte man die hochklassigen Arabicas vermeiden – sie wären ohnehin nicht wiederzuerkennen – und lieber hundertprozentige Arabica-Mischungen wählen, die der Röster noch etwas mit Aromen anreichern kann. Noch besser aber nehmen Sie Espresso, bei dem die Trinkqualität nicht so stark von der Bohne abhängt wie beim Filterkaffee. Für den nicht so anspruchsvollen Gaumen ist der Unterschied zwischen normalem und koffeinfreiem Espresso durchaus akzeptabel.

Auch von Schnellkaffees sollte man sich nicht allzuviel versprechen. Sicher sind seit Beginn des Jahrhunderts auf dem Gebiet enorme Fortschritte gemacht worden. Die Gefriertrocknung bringt beispielsweise ein Produkt hervor, dass, wenn man denn schon Instantkaffee trinken muss, durchaus zufriedenstellend ist. Bei dem Vorgang wird Kaffee zubereitet, tiefgefroren, gemahlen und in den Gaszustand versetzt, indem man ihn unter Vakuum erhitzt. Beim Abkühlen verwandelt er sich dann in Pailetten. Früher nur aus minderwertigen Robustas hergestellt, gibt es heute auch hundertprozentigen Arabica Schnellkaffee, selbst Milchkaffee oder Cappuccino. Um aber den Geschmack eines *richtigen* Kaffees zu erreichen, sind noch viele Fortschritte nötig.

Der koffeinfreie Kaffee wurde in Deutschland erfunden. Kaffee Hag (gegenüber ein Plakat aus dem Jahre 1930) kam nach der Vervollkommung des industriellen Prozesses durch Ludwig Roselius 1905 auf den Markt und ist heute in zahlreichen Ländern Europas verbreitet. Dank neuer Methoden verbessert sich die Qualität der koffeinfreien Sorten, besonders des Espressos.

DIE BESTE ART DER KAFFEEZUBEREITUNG

Kaffeemaschine, Kaffeekanne mit Kolben, Omas Filterkaffeekanne, elektrische Kaffeemaschine, Espressomaschine ... da fällt die Wahl schwer. Im Gegensatz zum Tee erfordert die Zubereitung des Kaffees eine gewisse Vertrautheit mit mehr oder weniger komplizierten Instrumenten und den verschiedensten, oft subtilen Dosierungen. So edel ist unser täglich Kaffee. Es gibt eine Menge verschiedene Techniken, die sich aber alle den großen Grundprinzipien unterwerfen: das Brühen, das Aufgießen, das Filtern und das Filtern unter Druck. Jedes ergibt einen anderen Kaffee, mit jeder Methode kann man köstlichen Kaffee erzeugen.

Um aber guten Kaffee zu machen, sollte man sich bei jeder Art der Zubereitung an ein paar Grundregeln halten. Zunächst einmal benötigt man gutes, chlorfreies Wasser, also Quellwasser, Mineralwasser oder gefiltertes Wasser, das man auf eine Temperatur von 90–95° Celsius bringt, also siedend: Ist es nicht heiß genug, kann es die im Kaffee enthaltenen Aromen nicht aufschließen; kocht es, vernichtet es ebendiese Aromen und macht das Ganze bitter. Auch sollte man die Kaffeekanne nach Gebrauch stets sorgfältig reinigen. Alter Kaffeesatz oder andere Stoffe können das Aroma beeinflussen.

Der türkische Kaffee oder das Brühen. Heißen türkischen Kaffee schätzt man wegen seines dichten Körpers, wegen des direkten und würzigen Eindrucks auf den Gaumen beim schluckweisen Schlürfen und wegen des lang anhaltenden Geschmackserlebnisses. Puristen gestatten nur diese kurze Art des Brühens.

So bereitet man ihn in Istanbul: In einen kleinen Metallbehälter mit langem Stiel (dem *cezve*, ausgesprochen *djezve*) – den man übrigens in jedem türkischen Geschäft findet – gießt man eine kleine Tasse Wasser für eine Tasse Kaffee. Dazu gibt man zwei kleine Löffel sehr fein gemahlenen und nur leicht gebrannten Kaffee und Zucker nach Belieben (gewöhnlich ein Stück pro Tasse). Das Ganze wird über mittlerer Hitze gekocht. Sobald die Flüssigkeit steigt und schaumig wird, rührt man das Ganze um und gießt etwas Kaffee in die Tasse ab. Dann zurück aufs Feuer und nach dem zweiten Kochen den Rest der *cezve* mit dem Kaffeesatz in die Tasse gießen. Natürlich gibt es Varianten dieser Zubereitung. In Griechenland lässt man den Kaffee dreimal kochen, im Libanon nimmt man stark gebrannten, in Ägypten und manchen arabischen Ländern würzt man ihn häufig mit Kardamom, indem man entweder ein paar Körner dem Wasser zugibt oder, heute häufig der Fall, bereits aromatisierten Kaffee verwendet.

Selbstverständlich sollte man wenigstens zwei Minuten vor dem Trinken warten, bis der Kaffeesatz zu Boden gesunken ist. Wenn Türken es eilig haben, tauchen sie einen Finger in das mit dem Kaffee servierte Glas Wasser und lassen ein, zwei Tropfen in die Tasse fallen: angeblich setzt sich der Kaffeesatz dadurch schneller ab. Es versteht sich von selbst, dass man seinen Gast vorher fragt, ob er den Kaffee ohne Zucker, gezuckert oder stark gesüßt wünscht.

Der türkische Kaffee schmeckt köstlich, wenn sein Grundstoff von bester Qualität ist. Erstklassig sind reine, sehr leichte Arabicas, die von zwei kurzen Kochvorgängen nicht bitter werden. Nicht nur die Türken finden, dass bestimmte Spitzengewächse aus einer *cezve* am besten schmecken: Ein Sidamo aus Äthiopien, zum Beispiel, wird dadurch noch verbessert. Aber der

»Ein einziger Löffel gemahlenen Kaffees, mit dem Parfüm des Kardamon verfeinert, langsam den Perlen des siedenden Wassers ausgesetzt. Behutsam mischst du mit dem Löffel, erst durch Drehbewegungen, dann von oben nach unten (...) Lass den Kaffee in die enge Röhre fließen, gieße ihn vorsichtig, mit Liebe in die weiße Tasse – zu dunkle Tassen nehmen dem Kaffee die Ausdrucksmöglichkeit. Beobachte die kleinen Wölkchen aus Wasserdampf, rieche die aufsteigenden Aromaschleier.« Alles, was für den türkischen Kaffee, wie ihn Mahmoud Darwich in *Une memoire pour l'oubli* so schön beschrieben hat, nötig ist, sehen wir hier gegenüber vereint: die Kupfermühle, den cezve auf dem Stövchen, Kardamom, den fein gemahlenen Kaffee, den Puderzucker ...

Hauptvorzug ist die unglaubliche Dichte: Der Körper eines solchen Kaffees bleibt lange im Gaumen und lässt sich nicht leicht vergessen. Außerdem macht es der türkische Kaffee als einziger möglich, in die Zukunft zu sehen. Im Europa des XIX. Jahrhunderts war die Vorhersage aus dem Kaffeesatz sehr in Mode. Dazu leert man den Kaffeesatz auf die Untertasse, wo er sich verläuft und dabei Figuren bildet, die einen bestimmten Sinn ergeben: Ein Kreuz warnt vor Gefahren für die Gesundheit, Flammen bedeuten, sich vor seinen Eingebungen zu hüten, ein Schmetterling weist auf Feinde hin. Ein Pferdekopf dagegen verheißt Glück in der Liebe und ein Fisch bringt ganz allgemein Glück.

Der Aufguss. Was den türkischen Kaffee unter anderem so reizvoll macht, ist, dass man sich aktiv an der Zubereitung beteiligt, ja, beinahe zum Kaffeekoch wird und dass eine gewisse Geschicklichkeit erforderlich ist. Ähnlich ist es mit der Kolbenkanne, vom französischen Hersteller Melior zu Beginn des Jahrhunderts entwickelt. Sie macht ausgezeichneten, dichten Kaffee. Außerdem bewahrt die Glaskanne den Charakter des Kaffees, weshalb sie häufig von professionellen Verkostern benutzt wird. Zudem trägt die archaische Prozedur des Kolbens, die Beschäftigung mit dem Getränk, zur Vorfreude auf den Genuss bei. In Deutschland gibt es eine revolutionäre Kaffeekanne namens *Mono*, die der Melior gleicht, sich aber in einem wichtigen Punkt unterscheidet: Ihr Filter ist aus feinem Metallgewebe und paßt sich der Kanne perfekt an. Er bleibt beim Einfüllen des Pulvers und des Wassers unten und wird nach dem Aufguss nach oben weggezogen. Diese Methode erlaubt feineres Pulver als der Kolben und entlockt den Spitzengewächsen ihre ganze Raffinesse.

Der Filterkaffee. Die auch heute noch gebräuchlichste Methode verbreitete sich im XIX. Jahrhundert: die Perkolation. Das Wort kommt vom lateinischen percolare, filtern. Jede Kaffeekanne, bei der heißes Wasser den in einem Filter befindlichen Kaffee durchdringt, ist also ein Perkolator. Ist nur die Schwerkraft am Werke, handelt es sich um Filterkaffee. (Später sprechen wir von Perkolatoren mit Dampfdruck und Espressomaschinen.) So funktionierte Großmutters Kaffeekanne, aus weißem oder geblümtem Porzellan und heute so gut wie verschwunden. Man goss das siedende Wasser in den oberen Teil und wartete geduldig, bis es Pulver und Filter durchdrungen hatte und in der Kanne gelandet war. Damit der Kaffee genügend Geschmack hat, sollte er mittelfein gemahlen sein. Wenn man genügend guten Kaffee verwendet (mindestens 12 Gramm pro Tasse) und vorher die Kanne anwärmt, um wirklich heißen Kaffee zu bekommen, ist das Resultat im Hinblick auf Körper, Geschmack und Aroma ideal. Auch diese Kanne benutzen professionelle Verkoster, beispielsweise die der Firma Langlois in Le Havre. Manche Kaffeeliebhaber schätzen Großmutters Kanne auch wegen der feierlichen Art, wie sich der

Einfach in der Anwendung und mit gutem Ergebnis hat der Aufguss seine Anhänger. Die Franzosen Mayer und Delforge erfanden 1852 die *Kaffeekanne mit Druck und sofortigem Filtern*, anders gesagt, die Kolbenkanne. Die Engländer nennen sie zuweilen *french press* und sie wird heute für Aufgüsse am häufigsten benutzt. Bekannt machte sie im Jahre 1930 die Firma Melior (oben ein Plakat von René Bruno um 1950).

Kaffee Tropfen um Tropfen in die Kanne ergießt und damit gleichsam eine Qualitätsgarantie darstellt.

Die neapolitanische Kanne, der außergewöhnlichste Perkolator, ist das genaue Gegenteil. Diese lustige, im Frankreich des XIX. Jahrhunderts erfundene Kanne hatte nach dem zweiten Weltkrieg in der Aluminiumausführung großen Erfolg in Italien und besonders in Neapel, daher auch ihr Name. Sie ist einerseits archaisch einfach und andererseits genial: Man stellt sie, Wasserbehälter unten, Kanne oben, aufs Feuer und dreht sie um, wenn das Wasser siedet. Die Schwerkraft besorgt den Rest. Der größte Nachteil ist das Material, da Aluminium dazu neigt, dem Getränk eine metallische Note zu verleihen, besonders, solange es neu ist. Es gibt auch Ausführungen in rostfreiem Stahl, aber auch die verderben die ersten Tassen.

Wenn man auf flüssigen, leichten und durstlöschenden Kaffee Lust hat, greift man auf die einfachste Methode zurück: ein Filter aus Plastik

Ein Filter einfach auf die Tasse gestellt (oben in einem französischen Café, photographiert 1951 von Robert Doisneau), eine schöne Filterkanne aus versilbertem Metall (Vignette) oder die traditionellen Filterkannen aus emailliertem Guss (folgende Doppelseite aus der Sammlung des Antiquars Christian Asteix, Paris), alle geben Filterkaffee. Diese Methode, bei der die Bohne ihre ganze Qualität entfalten kann, wird vom Fachmann am häufigsten angewendet.

CAFÉ
CAFÉ

oder Porzellan mit Tüte direkt auf die Tasse gestellt. Das heißt nicht, dass der Kaffee deswegen fad und langweilig sein muss. Das Ergebnis hängt davon ab, dass genügend fein gemahlenes Pulver – mindestens zehn Gramm pro Tasse – im Filter liegt, dass man erst befeuchtet und dann nach und nach mit siedendem Wasser begießt. Papierfilter sind bemerkenswert effizient: Sie lassen kein Krümelchen Kaffee durch. Manche Puristen behaupten, sie verdürben den Geschmack und lassen nur Filter aus Nylon oder Metall gelten. Tatsächlich sind die heutigen Papiere völlig geschmacksneutral, die anderen Filter dagegen schwierig zu reinigen.

Verglichen damit, bringt die elektrische Filterkanne keinen Fortschritt in der Qualität. Ihr einziger Vorteil – den man morgens schätzt – ist, dass sie alleine arbeitet, während man sich anderweitig beschäftigt. Die meisten Filtermaschinen sind allerdings mit oft zu starken Heizplatten ausgestattet, um den Kaffee heiß zu halten: Das kann Aroma und Geschmack zerstören. Nur eine Methode hält den Kaffee unbeschadet etwa eine Stunde heiß: die vorgewärmte Thermoskanne. Statt Ihren Kaffee zu Tode zu heizen, schütten Sie ihn also rechtzeitig um oder statten Sie sich mit einer Filtermaschine mit Thermoskanne aus.

Kaffee unter Druck. Wenn Besuch kam, benutzten meine Eltern die schönste und zauberhafteste aller Kaffeemaschinen: eine *Cona*. Mein Vater entzündete den kleinen Spiritusbrenner und eine blaue Flamme begann an der wassergefüllten Kugel zu lecken; das Wasser wurde erhitzt und stieg durch ein Röhrchen in die *Tulpe*, gefüllt mit gemahlenem Kaffee. Daraufhin löschte mein Vater die Flamme, die Luft in der Kugel kühlte ab und zog sich zusammen und der Kaffee, vom Unterdruck angesaugt, lief hinein. Dieses Hin und Her des Wassers erschien mir wie ein Zaubertrick. Und nicht nur ich war fasziniert. Diese Unterdruck-Kannen sind von großer Schönheit und verleihen einem Raum die gleiche warme Atmosphäre von Behaglichkeit und Gastfreundschaft wie ein Kaminfeuer. Außerdem erlaubt die Prozedur aus Aufguss und schnellem Filtern den besten Sorten, ihre Eigenschaften voll zu entwickeln. Doch hindern zwei Gegebenheiten daran, eine Cona täglich zu benutzen: ihre Zerbrechlichkeit und die aufwendige Pflege.

Die Kaffeekanne mit Dampfdruck aus Italien wird wesentlich häufiger gebraucht: Man füllt sie mit Wasser und gemahlenem Kaffee, stellt sie aufs Feuer – und wartet, nicht ohne Bangen, was für eine Art von Kaffee im oberen Abteil an-

Den Neapolitanern ist die Kaffeezubereitung heilig. »Ein echter Neapolitaner spricht mit seiner Kaffeekanne. Er unterhält mit ihr eine Beziehung voller Emotionen, Emphase und Sinnlichkeit«, schrieb jüngst ein italienischer Journalist. Für den Neapolitaner kommt da nur die amüsanteste aller Filterkannen in Frage, die man umdreht, um an guten Kaffee zu kommen. Es gibt heute keine schönere als die von Riccardo Dalisi, dem berühmten Vertreter des neapolitanischen Designs, für Alessi entworfen (gegenüber). Für Alessi zeichneten bereits Aldo Rossi, Richard Sapper und Philippe Starck.

kommt. Die kleinen Kannen aus Aluminium oder rostfreiem Stahl gehören nämlich zu den geheimnisvollsten oder auch launischsten Kaffeemaschinen: Für sie muss das Pulver auf Zehntelmillimeter genau gemahlen sein und nicht nur in Bezug auf die Sorte, sondern auch auf das Modell der Kanne! Eine neue Version mit sehr fein gemahlenem Neuguinea gefüllt, ergibt ein wunderbares, körperreiches, fruchtiges und schokoladiges Getränk, mit leichtem Schaum gekrönt. Der gleiche Kaffee, mittel gemahlen, wie es sich eigentlich für diese Kanne gehört, kommt als lauwarmes, fades, braunes Wasser zum Vorschein. Ein klassisches Modell (die berühmte *Mokka Express* von Bialetti) lässt bei mit feinstem Pulver gefülltem Filter nach langem Bemühen nur schwarze, heiße Brühe durch! Nach einigen Versuchen und furchtbaren Niederlagen bringt man endlich Maschine und Pulver richtig zusammen. Davon abgesehen, liefern die italienischen Kannen dem Liebhaber, was er sich wünscht: dichteren und geschmacksintensiveren Kaffee als aus dem Filter, dabei aber Nuancen der großen Gewächse besser bewahrend als der Espresso.

Der einzige Perkolator, den man auch heute noch so nennt, basiert auf dem gleichen Prinzip. Früher thronten die Maschinen aus Kupfer oder Messing majestätisch auf dem Tresen und brachten eine Menge Tassen gleichzeitig zustande. Oft allerdings war das Wasser zu heiß und verdarb somit den Kaffee. Es gibt nur noch einen Hersteller: Femoka in Paris stellt wunderbare Geräte für den Haushalt her, leicht anzuwenden und dank ihrer genialen Konzeption in Sekunden besten Kaffee liefernd.

Der Espresso. Die Espressomaschine fasziniert nicht nur, weil sie schnell guten Kaffee macht. Mit ihren glänzenden Teilen und dem zischenden Dampf für den Cappuccino verwandelt sie den Kaffeekoch in den italienischen Künstler, den barista, der in den Bars von Rom oder Mailand die Maschinen beherrscht. Der Espresso öffnet die Tür zu einer anderen Welt. Das Filtern unter hohem Druck bringt einen in jeder Hinsicht anderen Kaffee hervor. Der Druck emulgiert Öle und Kolloide des Kaffees und schafft so ein Getränk mit besonders dichtem Körper, lang anhaltendem Geschmack, rassigem Aroma und von mildem Schaum bedeckt. Durch das Tempo entzieht das Filtern unter Druck den Bohnen nur die besten, aromatischsten, weichsten Stoffe. Wenn die Maschine genügend Leistung hat, gut gepflegt und gut bedient wird, der Kaffee frisch geröstet und rich-

Seit dem XVIII. Jahrhundert erfand man Hunderte verschiedener Kaffeemaschinen. Manche geradezu verrückt, wie dieser französische *aéropercolateur* (oben), andere, soliden und guten Kaffee liefernd, sind Klassiker geworden. Jede liefert anderen Kaffee, mehr oder weniger für die Sorte, die man trinken möchte, geeignet. Die italienischen Maschinen (gegenüber oben) geben dichten Kaffee, beinahe wie Espresso, eine Kolbenkanne (unten links) liefert erfrischenden Aufguss, eine *Cona* (in der Mitte) eine wunderbare Vorstellung und den besten aller Kaffees, eine Espressomaschine (rechts) den samtigsten Nektar.

MYSORE
KRUPS

tig gemahlen ist (sehr fein), schmeckt der Espresso köstlich. Dazu ist keine Spitzensorte nötig: die Röster Lavazza und Segafredo Zanetti, die wichtigsten Lieferanten für Kaffees in Italien, wo die besten Espressi der Welt gebrüht werden, verkaufen eine Mischung aus Robustas und Arabicas. Die berühmte Firma Illy aus Triest, auf Espresso spezialisiert, bietet dagegen eine Mischung aus gewaschenen und Natur-Arabicas an.

Einen guten Espresso erkennt man sofort an der Farbe und Zusammensetzung seines Schaums: nussbraun, je nach Qualität des Kaffees ins Rote oder Braune gehend, gleichmäßig und dicht, etwa drei Millimeter stark. Heller und leichter Schaum zeigt, dass die Bestandteile des Kaffees nicht genügend filtriert wurden. Der Kaffee wird keinen Körper haben. Dafür gibt es mehrere Gründe: nicht genügend heißes Wasser, Pulver zu grob gemahlen, nicht genügend Pulver oder zuwenig Druck. Dagegen zeigt brauner Schaum mit einem helleren Fleck, dass dem Pulver zu viele Bestandteile entzogen wurden und der Kaffee verbrannt ist. Espressomaschinen für den Haushalt ergeben nicht ohne weiteres ein gutes Resultat. Neuerdings garantieren allerdings einige Verbesserungen fast immer Perfektion: Ventilfilter, die den Druck erhöhen und damit den Körper und den Schaum verstärken und Dosierkapseln, mit der richtigen Dosis, der richtigen Mischung und richtig gemahlen, die so, wie sie sind, in die Maschine gelegt werden.

Wenn der Espresso auch nicht alle Feinheiten der Kaffeebohne aufschließt, so ist er doch hervorragend geeignet, unsere Geschmackssinne zu verwöhnen. Die kleine Dosis und seine Süße erinnern an ein Plätzchen. Deshalb trinkt man ihn auch lieber zum Dessert oder in der Pause als morgens zum Aufwachen.

Nur in Italien weiß man einen ristretto, einen starken Espresso, mit Perfektion zu brühen, so, wie man ihn auf der schönen Piazza San Carlo in Turin (oben) trinken kann. Zugleich der weichste, der cremigste und der dichteste aller Kaffees ist der Espresso eher eine Leckerei als ein Getränk. Gab es ihn früher nur in Bars und Cafés, findet man ihn jetzt mehr und mehr auch in den Haushalten, in dem Maße, wie er sich über die ganze Welt verbreitet.

DIE STEIGERUNG DES GESCHMACKS

Für die Puristen, die Kaffeeverrückten, existiert das Getränk nur schwarz, ohne Milch, ohne Zucker. Für sie steckt nur in der Reinheit der wahre, befriedigende Geschmack. Dabei hat das Vergnügen viele Gesichter, gibt es so viele Formen wie menschliche Charaktere. So ist es auch mit dem Kaffee. Die Orientalen parfümieren ihn seit vier Jahrhunderten mit Safran oder Kardamom, wir geben seit drei Jahrhunderten Milch und Zucker dazu. Einige schwören nur auf den Cappuccino, den köstlichen Espresso mit Milch und Milchschaum, gekrönt von einer Prise Kakao. Zum Cappuccino gehört ein bestimmtes Ritual: das Erwärmen der Milch mit der Dampfdüse der Espressomaschine. Man taucht die Düse in etwas eiskalte Vollmilch, lässt den Dampf hinein und schwenkt leicht, um die Schaumbildung zu fördern. Man sollte möglichst halb heiße Milch, halb Schaum erzeugen. Zuerst gießt man die heiße Milch auf den Espresso und hält den Schaum mit einem Löffel zurück, dann gleitet der Schaum als Krone in die Tasse. Wenn man auch zu Hause nie den perfekten Cappuccino der italienischen Bars erreicht, so kann man doch ein genießbares Getränk zustande bekommen. Zweifelsohne ist Cappuccino der beste vorstellbare Milchkaffee. Es gibt viele andere, den traditionellen französischen Milchkaffee aus der Schüssel, in die man morgens seinen Croissant tunkt, über die ganze Wiener Palette bis hin zum italienischen Macchiato, auf den wir noch zurückkommen. Wenn auch die Vereinigung des Tannins im Kaffee und des Kaseins der Milch das Ganze etwas unverdaulich machen, sind es doch schöne Morgenkaffees, da im Geschmack weicher als schwarzer Kaffee. Außerdem schwächt Milch die Säure mancher Kaffees ab, ohne den Geschmack allzusehr zu verändern. Im Norden Europas ersetzt man sie gern durch Schlagsahne, was leichte Kaffees cremiger macht.

Interessanter wird's beim Alkohol. Kaffees *mit* gibt es jede Menge in Europa, aber nicht jeder Alkohol eignet sich dazu. In der Normandie geben Kaffee und Calvados eine traumhafte Mischung. Seit jeher gießt man dort seinen Apfelschnaps in

In einer Bar Stresas, am Ufer des Lago Maggiore, malt man mit Cappuccino-Schaum eine Pfauenfeder in die Tasse (oben): der Pfau ist das Symbol der Isola Bella im See. Die italienischen baristas setzen ihren Ehrgeiz daran, den Schaum mit geschickter Hand wie ein Bild auf den Kaffee zu setzen. Der Kaffee soll ein Vergnügen für Augen und Gaumen sein ... wie dieser schöne Anblick (folgende Doppelseite) feiner Porzellantassen und eines versilberten Services, umgeben von den köstlichen Begleitern des Kaffees, Schokoladenblättchen, Schokoladenbohnen, Zimt- oder Ingwerplätzchen und dem kleinen Schnaps.

die noch warme, mit einem Rest Kaffee gefüllte Tasse. Kaffee und Calvados beflügeln sich gegenseitig und verwöhnen den Gaumen mit einer fruchtig-anregenden Komposition. Die Italiener verwöhnen sich mit ihrem *caffè corretto*, was doppeldeutig ebenso *korrekter* wie *korrigierter* Kaffee heißen kann. Korrigiert, weil der Alkohol den Kaffee verändert, korrekt, weil er nur so gerade richtig ist. Allerdings verändert der Grappa – ein Schnaps aus Trebern – seinen Geschmack derartig, dass sich das Kaffeearoma zwar etwas verflüchtigt, aber dafür vom Alkohol abgerundet und verfeinert wird. Caffè corretto kann man ebenfalls mit Cognac oder einem anderen Weinbrand zubereiten.

Und wie soll man nicht dahinschmelzen angesichts mancher komplizierter Rezepte für *alkoholisierten* Kaffee? Zum Beispiel der klassische *gebrannte Kaffee* aus New Orleans (im Restaurant Brennan's wäre ein Abschluss des Essens ohne ihn undenkbar). Dazu flambiert man etwas Cognac und Curaçao, verfeinert mit einer Gewürznelke, etwas Zimt, einem Hauch Orange und Zitrone, schließlich etwas Zucker, um dann schwarzen Kaffee über das Feuer zu gießen, bis es erlischt. Das Gebräu ist ein Feuerwerk aus Alkohol und Gewürzen. Die Wiener Kaisermelange verlangt nach einem geschlagenen Eigelb mit einem Gläschen Cognac, worüber man einen Suppenlöffel Puderzucker gibt; das Ganze wird mit heißem Kaffee und nach Wunsch mit heißer Milch aufgegossen. Man trinkt es wie Likör – in kleinen Schlucken.

Einer der bekanntesten Kaffees dieser Sorte ist der Irish Coffee. Nach dem Zweiten Weltkrieg von einem Barmann des Flughafens Shannon erfunden und heute weltweit getrunken. In der Regel handelt es sich um zwei Drittel schwarzen Kaffee und ein Drittel Whiskey (Kenner empfehlen Paddy, weil er so schön in die Zunge beißt). Braunen Zucker dazu und vorsichtig mit einer Schicht Sahne zudecken. Irish Coffee erfordert guten Kaffee und exzellenten Whiskey, sein Geheimnis liegt aber im Zugeben der Sahne: Man lässt sie über den Rücken eines Löffels ins Glas gleiten, damit sie sich schön auf die Oberfläche legt. Das Trinken des Irish Coffees ist so kompliziert wie die Zubereitung: Man muss Kaffee und Sahne zugleich kosten, indem man den Kaffee durch die Sahnehaube trinkt. Kaffee und Creme mit dem Löffel zu verrühren wäre ein echtes Sakrileg . . .

Außer Kardamom, Safran, Gewürznelke und Zimt, die den orientalischen Kaffee seit dem XVI. Jahrhundert würzten, gab es noch andere Zutaten. Bei den Engländern Senf (!) und, wesentlich nachvollziehbarer, Kakao bei den Italienern. Ein wenig auf den Cappuccino, schon mehr auf den Turiner Bicerin, einer Mischung aus gleichen Teilen Kaffee, Schokolade und Creme. Die Italiener haben sogar ein mit Creme gefülltes Schokoladenbonbon erfunden, das man im Kaffee schmelzen lässt. Man weiß, wie ausgezeichnet Schokolade und Kaffee sich in den verschiedensten Variationen ergänzen. Kein Wunder, dass heute in den Vereinigten Staaten, wo gerne aromatisierte Kaffees getrunken werden und fast jeder Zusatz von Duftstoffen möglich ist, häufig Schokolade beigegeben wird. Auch Vanille wird gerne genommen. Sie verträgt

sich ebenfalls ausgezeichnet mit Kaffee, wie schon früher die Einwohner Réunions wussten, wo Vanille und Kaffee nebeneinander wuchsen. In Amerika liebt man aber auch Himbeer- oder Nussgeschmack, man gießt einfach Sirup mit in die Tasse. Manche Röster bieten auch bereits aromatisierte Kaffees an. Hier ist Misstrauen am Platze, denn sie können die Kaffeemaschine oder -kanne und besonders die Espressomaschine auf ewig mit ihrem Aroma imprägnieren. Subtiler als diese Holzhammermethode, die man selbstredend keinem Edelkaffee antun sollte, ist das Parfümieren mit einem Spritzer Zitrone oder Orange.

Noch etwas verwandelt einen Kaffee auf wunderbare Weise: die Kälte. Nichts kann im Sommer angenehmer sein als eine der zahlreichen Varianten des Eiskaffees. Da gibt es in Italien die *granita di caffè*, kalter Kaffee auf gestoßenem Eis, oder den erstaunlichen *caffè freddo shakerato*, ein gezuckerter Espresso, der sich durch Schütteln im Shaker mit Eis in einen exquisiten kalten Schaum verwandelt. Er wird im Glas serviert. Gekühlten Kaffee kann man leicht selbst machen: Kaffee eventuell zuckern, in einem verschlossenen Behälter in den Eisschrank stellen und gekühlt servieren.

Trotzdem enthält auch eine ganz simple Tasse schwarzen Kaffees komplexe und oft unerwartete Geschmackserlebnisse. Zum Beispiel ein Sigri aus Neuguinea, zubereitet in einer italienischen Kaffeemaschine, die ihm Körper verleiht und dennoch seine Eigenheiten bewahrt. Geheimnisvollerweise schmeckt heute durch seine schokoladige Milde eine Spur Gewürznelke. Wächst die in Neuguinea? Hat der Wind ihren Duft bis zur Pflanzung getragen oder rauchte die Pflückerin eine der Gewürznelken-Zigaretten, wie sie im Archipel üblich sind? Vor einigen Tagen erst stellte ich mir ähnliche Fragen bei einer Tasse Sidamo aus Äthiopien, der leicht nach Honig schmeckte... eine Nuance, die vielleicht auch Arthur Rimbaud, um 1880 Kaffeehändler in Harrar oder Aden, ebenfalls liebte...

Gute Kaffees sind wie Gedichte des Genusses, aus denen Traumbilder aufsteigen...

Der Einspänner aus Wien, ein von Schlagsahne gekrönter schwarzer Kaffee. Im Café Landtmann serviert man diese Spezialität traditionsgemäß auf einem Silbertablett (oben). In Venedig kann man sich nach dem Essen zum Kaffee den *vino santo* und die *uretti*, Rosinen in Grappa mariniert, schmecken lassen.

Bei einer guten Tasse

Man macht sich kaum einen Begriff, wie der Kaffee seit seinem Auftauchen im XV. Jahrhundert die Welt verändert hat. Wenn ihn seit seiner Eroberung des Planeten Milliarden Menschen trinken, dann deshalb, weil er uns auf verschiedenste Weise gut tut: Geschmack und Aromen schmeicheln der Zunge, dazu ist er noch Stimulans für Körper und Geist. Darüber hinaus bringt er aber von Japan bis Amerika, von Europa bis zum Orient die Menschen einander näher und schafft eine herzliche Atmosphäre. Schon die zu seiner Bereitung nötige Zeit und Aufmerksamkeit sorgen dafür – und dann muss man noch etwas warten, ehe man das heiße Getränk schlürfen kann, ganz anders als bei einem Drink aus der Dose, den man zu sich nimmt, beinahe ohne es zu merken. Und die Kaffeezeit verbringt man gerne gemeinsam. Ob zuhause beim Frühstück, im Zelt der Beduinen, im Büro oder natürlich in den Kaffeehäusern – das Universum des Kaffees ist das der Begegnungen, des Austausches. Kaffee bringt uns einander näher.

DER WEIN DER SUFIS

Die Äthiopier essen gerne die boun, die Kaffeefrucht, direkt vom Baum. Boun heißen auch der Baum und das Getränk, das in Äthiopien wie im Jemen häufig aus leicht angeröstetem Fruchtfleisch und der Haut, ohne die Kerne, gebrüht wird. Manche Äthiopier zerstoßen die Früchte zu Mehl, das sie mit tierischem Fett zu einer Art Brei mischen. In der äthiopischen traditionellen Medizin spielen Aufgüsse aus grünen Kaffeebohnen oder Kaffeeblättern, denen man die verschiedensten Wirkungen nachsagt, noch eine große Rolle.

Aber man trinkt auch unseren Kaffee aus gerösteten Bohnen, wenn auch niemand weiß, seit wann. Vielleicht hat ein Buschfeuer die Eingeborenen zum erstenmal mit dem Aroma gerösteter Früchte in Berührung gebracht: Vielleicht haben sie die Ursache des Wohlgeruchs entdeckt und den richtigen Kaffee erfunden. Äthiopien ist heute eines der wenigen Länder, das beinahe ebenso viel Kaffee verbraucht, wie es produziert. Jede Familie beginnt den Tag mit dem Rösten grüner Bohnen. Dann brüht man den Kaffee dreimal auf, wobei er jedesmal weicher wird.

Im Jemen, auf der anderen Seite des Roten Meeres, begann der Kaffee seinen Siegeszug um die Welt. Dort bekam er auch zum Ende des XIV. Jahrhunderts seinen arabischen Namen *qahwa*, von dem sich das französische *café* und die Dutzenden anderen Namen weltweit ableiten: *Coffee* auf Englisch, *Kaffee* auf Deutsch, *koffie* in den Niederlanden, *caffè* in Italien, *kafeo* auf Griechisch, *qehvé* auf Persisch, *kawa* in Polen, *kahveh* in der Türkei … In der alten arabischen Hochsprache bezeichnete das Wort *qahwa* bereits ein anderes Getränk, das auch den Geist beeinflusst: den Wein. Die jemenitischen Sufis, als erste arabische Kaffeetrinker, benutzten dieses Wort als Bezeichnung für das Zaubergetränk, das ihnen erlaubte, ihre religiösen Riten ohne Nachlassen der Konzentration zu vollziehen. Der Meister der Bruderschaft schenkte es rituell aus einem großen roten Tontopf in die kleinen Tassen. »Wer mit ein wenig *qahwa* im Körper stirbt, kommt nicht in die Hölle«, versicherte ein großer Sufi-Meister des XVI. Jahrhunderts.

Im Jemen hat der Genuss des *qahwa* trotzdem die Vorherrschaft eines anderen Getränkes aus der Kaffeefrucht nicht brechen können: des *qishr*, dem Äquivalent des äthiopischen *boun*.

Der sehr erfrischende *qishr*, den man noch heute mit Ingwer und Kardamom gewürzt im Jemen trinkt (gegenüber), ist vermutlich der Original-Kaffee: ein Aufguss der leicht gerösteten Kaffeefrucht ohne Bohne. Auf den vorhergehenden Seiten die Kaffeestunde in den Pariser Markthallen im Jahre 1951; irgendwo in Europa schaffen die glitzernden und schnaufenden Espressomaschinen die richtige Atmosphäre einer Kaffeebar.

Zu Beginn des XVIII. Jahrhunderts nannte man den *quishr* auch *Kaffee der Sultanin*, weil er eher als weibliches Getränk angesehen wurde, delikat und raffiniert. »Die höherstehenden Leute«, schreibt Jean de La Roque in seinem *Voyage de l'Arabie Heureuse*, »trinken ihn auf ihre eigene Art, sie servieren keine Kaffeebohnen, sondern nur Schale, Fruchtfleisch und die feine Haut der Bohne; wenn das Ganze gut zubereitet ist, finden Sie kein vergleichbar gutes Getränk.« Zur gleichen Zeit findet der deutsche Reisende Carsten Niebuhr in seiner Beschreibung Arabiens, dass »dieses heiße Getränk, *quischr* genannt, einen sehr angenehmen Geschmack hat... mit Ingwer und anderem gewürzt, stellt es mit dem *qat* das Lieblingsstimulans der Jemeniten dar.«

Die Sufis brachten ihr heiliges Gebräu zuerst Ende des XV. Jahrhunderts nach Mekka. Das religiöse Zentrum, in dem sich alljährlich Tausende Pilger versammelten, spielte eine Hauptrolle bei der Verbreitung des Kaffees in der islamischen Welt. In den ersten Jahren des XVI. Jahrhunderts verbreitete sich das Getränk nach und nach in der Stadt. Es eröffneten Kaffeehäuser, wo sich Männer und Frauen versammelten, um das neue Gebräu zu kosten, Schach zu spielen, Musik zu hören und Nachrichten auszutauschen. Ambulante Händler liefen durch die Straßen und selbst um die große Moschee herum wurde Kaffee getrunken. Alles war wunderbar in der besten aller Welten, bis der Polizeichef Khair Bey 1511 die Sufis verdächtigte, bei ihrem *qahwa* konspirative Gespräche zu führen. Er berief eine Versammlung von Schriftgelehrten ein, fand zwei bekannte Mediziner und ein paar bekehrte Kaffeetrinker, welche die Gefährlichkeit des Getränks bezeugten, und machte dem Kaffeegenuss schließlich sogar ein Ende. Der Verkauf wurde verboten, die Vorräte verbrannt. Zum großen Bedauern der Weisen, Heiligen und Genießer verschwand das Aroma gebrannten Mokkas aus der Stadt. Aber schon im nächsten Jahr konnten sie aufatmen: Khair Bey wurde durch einen Kaffeefreund abgelöst.

Das gleiche Missgeschick geschah in Kairo, wo der Kaffee ebenfalls durch die jemenitischen Sufis zu Beginn des XVI. Jahrhunderts eingeführt wurde. In dieser Stadt hatten die Sufis ihr eigenes Viertel um die Moschee al-Azhar herum, wo sie ihre Riten mit Kaffee vollzogen. Gewisse religiöse Aufsichtsgremien sahen es nicht gern, dass hier ein neues Getränk und verdächtige Versammlungen ihrer Kontrolle entzogen waren. Nach einigen Jahren Duldung verboten sie es schließlich im Jahre 1532. Doch es war bereits zu spät. Die Anhänger des Kaffees waren zu zahlreich geworden und tranken weiter, als wäre nichts geschehen. Im Jahre 1650 zählte man bereits sechshundertdreiundvierzig Kaffeehäuser in der Stadt, am Ende des XVIII. Jahrhunderts doppelt so viele.

Heute sind es fünftausend. Vom Morgengrauen bis Mitternacht voller Leben, mit Tischchen und Stühlen den Gehsteig erobernd, sind sie beliebte Oasen für Menschen jeden Alters und aller Schichten. Hier spielt man Domino, verfolgt ein Fußballmatch im Fernsehen, raucht eine Pfeife, tauscht den neuesten Tratsch aus oder lässt sich die Schuhe putzen. Die Kunden sind entweder Tee- oder Kaffeeliebhaber. Kaffee bestellt man sehr süß (ziyada), weniger süß (masbout), schwach gesüßt (ariha) oder ungesüßt (saada). Der Ober schenkt ihn am Tisch in ein kleines Glas oder eine kleine Tasse ein und stellt ein Glas Wasser dazu. Wie überall im Orient ist es *türkischer Kaffee*.

»Wir hockten uns um das Feuer und bin Kabina machte Kaffee (...) Sie sprachen lange Zeit, noch lange nach Mondaufgang, von Kamelen und Weiden, von Raubzügen und Blutrache, von Expeditionen durch die Wüste, von seltsamen Orten und bizarren Wesen die sie auf ihren Reisen durch den Oman und Hadramaout entdeckt hatten.« So beschreibt der englische Forscher und Schriftsteller Wilfred Thesiger in *Die Wüste der Wüsten* die Bedeutung des Kaffees für die Nomaden der arabischen Halbinsel, wie man sie heute noch im Jemen antrifft (gegenüber): ein geschmackvoller Vorwand für Gastlichkeit, Unterhaltung und Freundschaft.

TÜRKISCHER KAFFEE

In der ersten Hälfte des XVI. Jahrhunderts wurden nacheinander Aleppo, Damaskus, Bagdad und natürlich Istanbul, früher mächtige Hauptstadt des ottomanischen Reiches, vom Kaffee erobert. Beinahe überall wurde, was man schon bald *türkischen Mokka* oder *auf türkische Art* (manchmal auch *Mohrenkaffee* oder in Griechenland *griechischer Kaffee*) nannte, auf dieselbe Weise zubereitet. Die Ottomanen brachten ihn bis Algerien und dem Balkan, wo man ihn immer noch trinkt. Er hat sich seitdem nicht verändert und wird immer noch im *cezve*, einem Metallbehälter mit langem Stiel, aufgegossen. Früher goss man den Kaffee manchmal auch in eine Kanne aus Metall oder Fayence – ibrik – unter Vermeidung des Kaffeesatzes ab, ehe man ihn servierte. Den *ibrik* aus Metall, mit Henkel, langem Schnabel und Deckel, stellte man oft in ein Glutbett auf einem Tablett, dem *sitil*, ehe man ihn dem Herrn des Hauses servierte. Seine Form war Vorbild für die traditionellen Kaffeekannen Europas. Im ganzen Orient glichen sich die Instrumente der Kaffeezubereitung: Der Metallgrill, eine Art Pfanne, um die Bohnen im Feuer zu rösten; die Holzkühler, Behältnisse in die man die noch heißen Bohnen gab, um ihre Karamelisierung aufzuhalten; und zum Mahlen entweder die langen zylindrischen Kupfermühlen oder einfache Mörser aus Holz oder Metall.

In Istanbul gab es zum erstenmal raffinierte Kaffeeservices. Im Topkapi Museum kann man

»In Damaskus, Aleppo und der Hauptstadt Kairo versammeln wir uns mit großer Freude in unserem Kreise! Die Kaffeebohne, dieses ambrosische Parfüm! Vor seinem Einzug in den Serail am Ufer des Bosporus hat er Doktoren und Gelehrte des Korans begeistert und sich Märtyrer wie Anhänger geschaffen! Aber zum Glück hat er gewonnen!« freute sich Belighi, ein türkischer Dichter des XVII. Jahrhunderts. Die Kaffeehäuser, wie sie zwei Jahrhunderte später Julius Starck (oben, in einem orientalischen Café) oder Eugéne Girardet (gegenüber, arabisches Café) wiedergaben, spielten eine bedeutende Rolle bei diesem Sieg.

außergewöhnliche Kaffeekannen aus *tombak* bewundern, einer schönen Legierung aus Kupfer und Zink, fein ziseliert, mit kleinen wunderschön dekorierten Tassen aus Fayence von Iznik oder Kütahya, oder sogar chinesischem oder europäischem Porzellan. Henkellos, unseren Eierbechern ähnelnd, stellte man sie in Halterungen aus Kupfer, Silber oder kunstvoll gearbeitetem Gold auf den Tisch. Diese *zarfs*, von denen man eine schöne Sammlung im Manial Palast von Kairo bewundern kann, erlaubten es, die Tassen an die Lippen zu führen, ohne sich die Finger zu verbrennen. Der Gipfel des Luxus wurde selbstverständlich am Hofe des Sultans erreicht, in den Salons, den Harems und den Hammams des Palastes, geschwängert vom Mokkaduft und dem Parfüm der Damen. In ihren Erinnerungen an den kaiserlichen Harem, erschienen 1925, beschrieb Leila Hanoum die jahrhundertealte Kaffeezeremonie des *seray:* »So wird dem Sultan der Kaffee serviert: Fertig zubereitet in einer goldenen Kaffeekanne mit Deckel, die in einem kleinen goldenen Becken steht, das mit heißer Glut gefüllt ist und an drei Ketten hängt, welche die Dienerin hält. (...) Zwei andere Dienerinnen tragen ein goldenes Tablett mit kleinen Tassen aus sächsischem oder chinesischem Porzellan und goldenen, mit Edelsteinen besetzten *zarfs*. (...) Die erste Kaffeemeisterin nimmt einen *zarf* vom Tablett, setzt behutsam eine Tasse hinein, ergreift dann mit einem gefütterten Tuch, das stets auf dem Tablett bereitliegt, den Henkel der Kanne und gießt den Kaffee ein. Alsdann ergreift sie mit den Fingerspitzen behutsam das untere Ende, den Fuß des *zarfs*, der so zwischen Daumen und Zeigefinger gehalten wird, und serviert ihn dem Sultan mit graziös-geschickter Geste ...«

Außerhalb des Palastes genießt man den Kaffee weniger aufwendig in den *kahvehane*, den Kaffeehäusern. Die beiden ersten wurden 1554 von zwei Syriern in Istanbul eröffnet und hatten sofort gewaltigen Zulauf, was einige Jahrhunderte später der türkische Historiker Ibrahim Pecevi berichtet: »Diese Orte wurden Treffpunkte für Vergnügungssüchtige, Müßiggänger, aber auch für literarische Schöngeister; sie versammelten sich in Gruppen von zwanzig oder dreißig Personen; einige lasen Bücher oder Schriften, andere spielten Trictrac oder Schach, wieder andere brachten Gedichte mit oder diskutierten über Literatur.«

»Diejenigen, welche gewöhnlich viel Geld für ein gutes Essen ausgaben, um sich mit ihren Freunden zu umgeben, fanden heraus, dass sie die Freuden der Gemeinschaft für

»Matrosen aller Länder, Bergbewohner, weißgewandete Beduinen, Malteser und ein paar Griechen mit Gaunervisagen rauchten und schwatzten um mich herum ...«, schrieb Gérard de Nerval in seiner Reise in den Orient von einem Café in Istanbul. Wie hier in einem Café in Saloniki um 1885 (gegenüber), brachte das ottomanische Reich die Kaffeetradition im Norden bis zum Balkan, im Süden bis zum Maghreb. In Frankreich zählte nur die Vorstellung der Raffinesse orientalischer Paläste, die uns ein anonymer Maler des XVIII. Jahrhunderts mit seinem Bild Istanbul, junge Frau Kaffee trinkend (oben) so liebenswert nahebringt.

Sébah & Joa

einen oder zwei Piaster, den Preis für eine oder zwei Tassen Kaffee, genießen konnten. Das ging so weit, dass alle möglichen stellungslosen Beamten, Richter und Professoren auf der Suche nach Arbeit der Meinung waren, es gäbe keinen vergleichbaren Ort, um sich zu amüsieren und zu entspannen und sie strömten herbei, bis es weder Platz zum Stehen noch zum Sitzen gab.«

In wenigen Zeilen ist alles gesagt. Gemütliches Beisammensein zu moderaten Preisen, gemischtes Publikum und Ideenaustausch (so dass man die Cafés ironisierend *Bewusstseinsschulen* nannte und sie im XVII. Jahrhundert zweimal verbot), Augenschmaus zur Entspannung, Ort nützlicher Begegnungen, alles, was die Kaffeehäuser weltweit erfolgreich machen sollte, fand sich bereits in diesen ersten beiden Cafés des alten Konstantinopel. Wir wissen nicht, wie sie aussahen oder welchen Komfort sie boten. Wie überall, gab es auch in dieser Stadt bald Etablissements verschiedener Kategorien. Zwischen dem elenden kleinen Ausschank in einer übel beleumdeten Straße, aus einer winzigen Küche und ein paar Matten am Straßenrand bestehend, und dem Kaffeehaus für die Elite, mit eleganten Obern, luxuriös möblierten Salons, weichen Sofas, Teppichen und Marmorspringbrunnen gab es ein breites Angebot. Aber das wichtigste war nicht die Ausstattung, sondern das Getränk selbst, schwarz, dick und heiß, wie auch die Pfeifen und Wasserpfeifen, das ganze Ambiente, das so viele Reiseschriftsteller und orientalistische Maler der Romantik entzückte. In manchen Cafés gab es Konzerte, in anderen Tänzerinnen, wieder andere beschäftigten Barbiere oder beherbergten Erzähler: »Man hätte nur eine schwache Vorstellung der Freuden Konstantinopels während des Ramadan und der Hauptattraktionen seiner Nächte, verschwiege man die märchenhaften Geschichten der professionellen Erzähler in den wichtigsten Cafés Stambuls«, berichtet Gerard de Nerval in seiner Reise in den Orient.

Haben auch heute Tänzerinnen und Erzähler die Cafés von Istanbul verlassen, so beherbergt die Stadt doch noch einige schöne alte Kaffeehäuser – im Großen Basar, im Beyazit-Viertel oder in Salacak am orientalischen Ufer. Aber überall gibt es einfache Cafés und die Verkäufer schlängeln sich zwischen Passanten und Autos hindurch, ihre eigens dafür konzipierten Kupfertabletts am Handgelenk baumelnd, mit einem so geschickten System, dass die Tassen nie überlaufen. Wie in Kairo pflegt man im Café die Freuden der Konversation, Spiele, Wasserpfeifen und, vor allem, die orientalische Kunst des *keyif:* Die Zeit verstreichen lassen und das Dasein genießen.

»Es gibt Türken, die ihre Tassen in kleine Behälter aus Silber stecken, die nur das Untere der Tasse umfassen; nur die Besseren bedienen sich dieser«, notiert 1696 Antoine Galland, der erste Übersetzer der *Tausendundeine Nacht*. In der Türkei machten das Porzellan der Tassen und das fein ziselierte Silber der *zarfs* (oben) aus Zubereitung und Kredenzen des Kaffees eine raffinierte Zeremonie. Ottomanischer Luxus und Verfeinerung zeigen sich auch in diesem orientalistischen Pastell (gegenüber, *Ein Türke*) der venezianischen Portraitistin Rosalba Carriera (1675–1757).

»Wo der Türke auch sei, er hält seinen *kief*, das heißt, er überlässt sich, *tschibouk* in der einen und Kaffee in der anderen Hand, seinen Träumereien«, schreibt Maxime du Camp in seinen *Erinnerungen und Landschaften des Orients.* In der Tat hält türkischer Kaffe, sei er *sade* (ohne Zucker), *orta* (sehr wenig Zucker), *az sekerli* (wenig Zucker) oder *cok sekerli* (sehr süß) getrunken, nicht vom Träumen ab: Kaum gebrannt und mehlfein gemahlen, ergibt die Bohne ein sehr weiches, nicht anregendes Getränk. Auch hier trinkt man es nach einem Glas Wasser: »Zur Tasse Kaffee«, bemerkt Gautier ganz richtig, »serviert man ein Glas Wasser, die Türken trinken es davor und die Franzosen danach.«

DIE ZEREMONIE DER BEDUINEN

Die ottomanische Art drang nicht bis in die Winkel der Wüste vor, noch bis an die Sandstrände Nordafrikas und Arabiens, wo von Marokko bis Palästina Beduinen nomadisieren und sich manchmal niederlassen. Sie bereiten den Kaffee auf einzigartige Weise zu, in einer wirklichen Zeremonie, die unter dem Zeltdach zelebriert wird. Das beginnt mit dem Rösten des grünen Kaffees in einer Pfanne, wobei wunderbare Gerüche verströmen, und setzt sich mit dem Zerkleinern der Bohnen in einem aus Holz oder Metall gearbeiteten Mörser fort. Mehr als die Schönheit des Mörsers zählt seine Melodie: »Kaffee wird nicht irgendwie zerstoßen«, berichtet der Ethnologe A. de Bocheman 1934 in *Materialien des Beduinenlebens in der syrischen Wüste.* »Es gibt eine wahre Kunst des Trommelns und man bringt mit dem Mörser verschiedene Töne hervor, indem man an den Rand oder den Boden schlägt, ihn in der Hand hält oder nicht. Es gibt in jedem Stamm berühmte Mörser-Künstler (...). Die Mörsermusik hat nicht nur einen künstlerischen Aspekt: Sie tut kund, dass bei diesem oder jenem Kaffee bereitet wird. Die Großzügigkeit des Kaffeekochens wird damit

Das Ritual des Kaffees mit der Musik des Mörsers, dem Summen des Wasserkochers und der Abfolge drei oder vier verschieden großer Kannen ist untrennbar mit der Gastfreundschaft der Beduinen verbunden (gegenüber, in einem Zelt des Stammes Yam, aus der Gegend von Nedjran, an der Grenze von Jemen und Saudi-Arabien). Was den langstieligen *cezve* für die Zubereitung türkischen Kaffees anbelangt, vorzugsweise aus Kupfer (unten), so hat er sich seit vier Jahrhunderten nicht verändert. Folgende Doppelseite: Zu Beginn des Jahrhunderts versammeln sich die Frauen von Biskra in Algerien zum Kaffeetrinken.

herausgestellt – und die Musik lädt die Nachbarn und Freunde zum Kosten ein; sie muss also von weitem hörbar sein.«

Freunde und Nachbarn strömen herbei, betreten das Zelt des Gastgebers, nehmen auf Matten oder Teppichen Platz und haben an der Zeremonie der Kaffeezubereitung teil. Dazu braucht man mindestens drei Kännchen aus verzinntem Kupfer, die zwar eine ähnliche Form, aber verschiedenen Größen und Namen haben. Man benötigt außerdem einige Tassen aus Steingut oder Porzellan, welche die Nomaden früher in eigens dafür angefertigten Kupferbehältnissen transportierten. In der größten Kanne, die stets auf dem Feuer bleibt, köchelt der Satz der vorhergehenden Kaffees. Das in ihr enthaltene braune Wasser wird vom Kaffeekoch in die Kanne mittlerer Größe gegossen. Dabei wird der Satz mit Hilfe eines Pfropfens aus trockenen Kräutern im Schnabel zurückgehalten. Wenn das Wasser der zweiten Kanne kocht, gibt er Kaffeepulver hinzu und lässt es etwa zehn Minuten sieden. Dann darf sich der Satz absetzen und der Kaffee wird in die kleinste Kanne gegossen, die einige Bohnen oder Kardamompulver und eine Prise Safran enthält. Er bringt sie nochmals zum Kochen und lässt sie vor dem Servieren ruhen. Ein Moment der Spannung und Erwartung, die noch zögernde Unterhaltung bricht schließlich ab und verstummt ganz, sobald serviert wird. Das Getränk in den kleinen Tassen auf dem Kupfertablett ist dick, sehr schwarz, ungezuckert, bitter.

In den kleinen Cafés Ägyptens steht dem Gast stets die *chicha* (Wasserpfeife) zur Verfügung (oben): Man raucht darin mit Honig versetzten Tabak, manchmal mit Apfel oder Erdbeere aromatisiert … »Wir treffen uns in unserem Café … solange sich die Einwohner Kairos noch in ihrem Café treffen, so lange kann man noch von den Cafés Kairos sprechen und von dem, was sie Wesentliches für das Leben der Ägypter und der großen Stadt bedeuten …«, bekräftigte 1985 der ägyptische Autor Gamal Al Ghitani in einer Kairo gewidmeten Anthologie (gegenüber oben, ein Café am Platz Bab el-Louk, unten ein Straßen-Kaffeeverkäufer zu Beginn des Jahrhunderts).

Dieses Darreichungsritual, wie es der Forscher Alois Musil 1928 so gut beschrieb, hat sich nicht geändert, auch wenn der Koch kein Sklave mehr ist: »(Der Sklave) schenkt sich ein, begutachtet die Farbe, nimmt einen Schluck, schnalzt mit der Zunge und kostet schließlich den Kaffee. Danach gießt er einen feinen Strahl Kaffee in die vier bis sechs Tassen, die er in seiner linken Hand hält. Sobald der Boden der Tasse bedeckt ist, reicht er sie dem nächstsitzenden Gast. Dieser nimmt sie mit der rechten Hand entgegen, schnuppert den Kaffee, schnalzt mit der Zunge und trinkt langsam. Es ist unhöflich, den Kaffee in einem Zug zu trinken. Der Sklave bedient dann die restlichen Gäste. Wenn der erste Gast seine Tasse geleert hat, schenkt der Sklave nach. Der Gast muss die vierte Tasse zurückweisen, auch wenn er noch Durst hat. Nach einer Pause kann er jedoch nochmals nehmen.« (*Sitten und Gebräuche der Rwala Beduinen*) Dies alles vollzieht sich unter absolutem Schweigen. Auch andere Gesten sind heute noch während dieser Zeremonie üblich: Die leere Tasse wird umgedreht (in der Hand, die Tasse wird nie abgestellt) um anzuzeigen, dass man nochmals bedient werden möchte; im Gegensatz dazu schüttelt man sie, wenn man genug hat, und gibt sie sofort zurück, damit sie nach dem Spülen für andere Gäste gebraucht werden kann.

Dieses Kaffeeritual der Beduinen ist einmalig auf der Welt. Selbst heute, wo man den Kaffee meist gebrannt und gemahlen kauft und die

Musik des Mörsers nach und nach verschwindet, lebt die Zeremonie weiter und trägt so zu sozialer Harmonie, gewachsener Solidarität und Gastfreundschaft bei.

ITALIEN ODER DIE GROSSE KUNST DES *ESPRESSO*

Die erste Begegnung der Italiener mit dem Kaffee dürfte um 1600 stattgefunden haben, dank der venezianischen Händler, deren Beziehungen zu Konstantinopel bis ins XII. Jahrhundert zurückreichen. Es gibt zwar keine Dokumente mit genauen Daten, aber man vermutet, dass zu jener Zeit ein paar miesepetrige Kirchenmänner von Papst Clemens VIII. (gestorben 1605) forderten, er möge sich gegen jenes Satansgebräu aussprechen. Der Papst, so sagt man, verlangte, davon zu kosten. Dann rief er aus: »Dieses Getränk ist so köstlich, es wäre eine Sünde, es den Muselmanen allein zu überlassen! Wir werden Satan besiegen, indem wir es segnen und ein christliches Getränk daraus machen!« Zweifellos blieb er aber lange Zeit eingeweihten Kreisen vorbehalten, denn 1615 verfasst der Sprachwissenschaftler und Reiseschriftsteller Pietro Della Valle, der sich gerade in Konstantinopel aufhielt, einen Brief mit einer Lobeshymne auf den Kaffee und kündigte an: »Bei meiner Rückreise werde ich davon mitnehmen und in Italien bekannt machen, was ihm bisher vielleicht unbekannt ist.« Noch einige Jahrzehnte lang verkauften nur Apotheker die grüne Bohne. Kaffee war somit nur einigen wenigen Privilegierten vorbehalten, die seinen stimulierenden Effekt kannten, vielleicht nachdem sie das erste Buch auf der Welt über Kaffee gelesen hatten, in Rom 1671 erschienen und auf Latein verfasst von Fausto Nairone, einem maronitischen Mönch syrischer Herkunft.

Einigen Quellen zufolge eröffnete die erste *bottega del caffè* – ein Lokal, welches das Gebräu wie eine Erfrischung anbot – 1683 auf dem Markusplatz, unter den Arkaden. Der *bottega* war sofort Erfolg beschieden, und Dutzende anderer kleiner Cafés in der ganzen Stadt folgten ihrem Beispiel. Im Jahr 1750 war ganz Venedig erobert. Diese Begeisterung inspirierte Carlo Goldoni zu

In *Bottega del caffè* brachte Carlo Goldoni den Wirt eines kleinen venezianischen Cafés, Ridolfo, auf die Bühne: »(...) Man muß im Morgengrauen aufstehen, um alle Gäste zu bedienen. Die Reisenden kommen zu früher Stunde, ebenso die Arbeiter, die Gondoliere, die Seeleute (...). Alle wollen es eben wie alle machen, Trappola! Früher war der Schnaps in Mode, und heute ist der Kaffee gefragt!« Solche Läden wurden auch auf Bildern verewigt (gegenüber: *La Boutique de café*, anonym, nach Pietro Longhi). Guiseppe Bertini (1825–1898) zeigt den berühmten Maler Francesco Guardi, seine Bilder den Gästen im Café Florian anbietend (oben).

seiner Komödie *La Bottega del caffè*, die Wirt, Ober und Gäste eines kleinen Cafés an einer *piazetta* der Stadt in Szene setzt.

Außerhalb dieser kleinen Läden traf sich das vornehme Venedig in luxuriösen Etablissements. Mit Fluchten kleiner Säle und mit Privatsalons ausgestattet, boten sie Lebemännern und Kurtisanen komfortable Räumlichkeiten, wo sie ihre amourösen oder politischen Intrigen spinnen konnten. Der erste dieser Kaffee-Paläste wurde 1720 von Floriano Francesconi eröffnet, ebenfalls unter den Arkaden am Markusplatz. Zuerst hieß dieses renommierte Café *Triumphierendes Venedig*, bald aber wurde es auf den Namen seines Besitzers getauft und wurde so zum Café Florian. Mit seinen kleinen, hellen Marmortischchen und den Bänken mit kirschfarbenen Samtbezügen, den wunderbaren Mahagonitäfelungen und bemalten Decken, den orientalistischen Gemälden in den kleinen Salons und den verblichenen Spiegeln bleibt das Florian – wenn es nicht von Touristen überschwemmt ist – eines der schönsten Cafés der Welt. Auf der Terrasse spielt ein Orchester, die restaurierte Dekoration ist in etwa die gleiche wie zur Zeit von Casanova (das Florian gestattete als einziges Café Frauen den

»Man sitzt im Café Florian in kleinen, mit Spiegeln und fröhlichen Allegorien getäfelten Räumen, die Augen halb geschlossen, innerlich den Bildern des Tages nachhängend, die sich aneinanderreihen und wie im Traum verändern, man läßt parfümierte Sorbets auf der Zunge zergehen, wärmt sich dann mit einem exquisiten Kaffee wieder auf, wie man ihn anderswo in Europa nicht findet …« Nichts oder fast nichts hat sich im Florian am Markusplatz in Venedig verändert (gegenüber), seit Taine es um 1850 in seiner Italienreise beschrieb. Dagegen ist das prächtige Café dei Serri in Mailand – von Giuseppe Bernardino Bison (oben) zu Beginn des XIX. Jahrhunderts gemalt – leider verschwunden.

Zutritt), Goldoni (der es mit vierzehn Jahren zum erstenmal besuchte), Guardi (den ein berühmtes Bild von Bertini beim Verkauf seiner Bilder an die Gäste zeigt) und, später, Chateaubriand, Gautier, Goethe, Byron, George Sand und Musset, Proust und viele andere …

Nach dem Florian öffneten viele elegante, teilweise prächtige Cafés ihre Pforten in allen großen Städten der Halbinsel: das Quadri in Venedig, ebenfalls am Markusplatz, aber auf der Sonnenseite gelegen, gegründet von Giorgio Quadri, der, aus Korfu stammend, die Kunst des türkischen Kaffees mitbrachte; das Café Greco, 1760 in Rom von einem Griechen – daher sein Name – eröffnet, das zum Rendezvous aller Durchreisenden oder in der Stadt lebenden Künstler wurde; das Pedrocchi, zwischen 1815 und 1831 in Padua erbaut, ein außerordentliches Kitschmonument aus Stein und Marmor, in dem sich verschiedenste Stile wirr durcheinander mischen. Die Städte Triest mit dem Tommaseo und dem San Marco, Florenz mit dem Giubbe Rosse und dem Gilli, Turin mit dem San Carlo und dem Torino, Neapel mit dem Gambrinus bekamen ebenfalls berühmte Kaffeehäuser, die zum großen Teil noch heute existieren.

Wenn auch nicht alle italienischen Kaffeehäuser prächtig ausgestattet waren, wenn nicht alle exquisiten Kaffee servierten (man trank ihn noch türkisch, also gekocht, aber gefiltert, um den Satz zurückzuhalten), so war doch die Mehrheit der Cafés in den großen Städten eine Bühne für intensiven intellektuellen, künstlerischen und politischen Austausch. In der Stadt Brescia, in der Lombardei, wurde im Jahr 1764 schließlich sogar eine Zeitschrift mit dem Titel *Il Café* gegründet. Der politisch liberale, von Maria Theresia von Österreich unterstützte Wirtschaftsexperte Pietro Verri war Vater dieses Blattes, in dem die üblichen Themen der intellektuellen Kaffeehausgesellschaft behandelt wurden: Wirtschaft, Recht, Wissenschaft, Politik und Literatur. Pietro Verri und seine Freunde gründeten auch den Kreis *Società del Caffè*, in dem über die

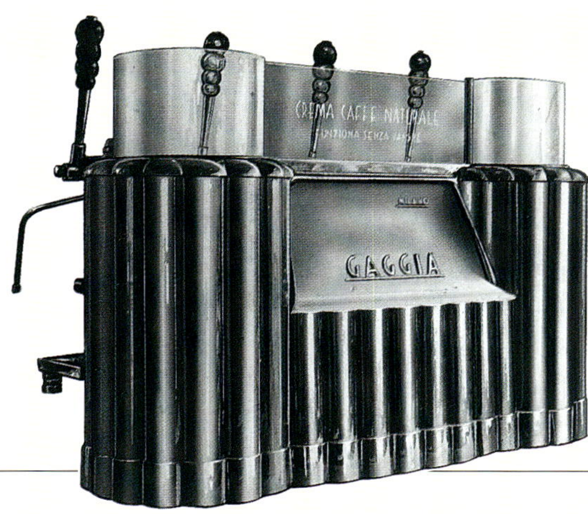

Keiner hat wohl die Welt des Kaffees so bereichert wie Achille Gaggia: 1948 tüftelte er die ideale Espressomaschine aus (oben eine Gaggia aus den Vierziger Jahren). Auf den Marmortischchen des sehr schönen Cafés Mulassano in Turin (gegenüber) wird der Kaffee mit Schokolade serviert. Seit langer Zeit schätzt man hier die Verbindung dieser exquisiten Aromen, die auch in der berühmten Spezialität der Stadt, dem *bicerin*, gefeiert wird: ein göttliches Getränk aus exzellentem Kaffee, feiner Schokolade und dicker Creme. In italienischen Bars, wo gewöhnlich fröhliche Geschäftigkeit herrscht, trinkt man normalerweise am Tresen stehend (folgende Doppelseite) seinen Lieblings-Espresso: ristretto, cappuccino, macchiato …

gleichen Themen diskutiert wurde. Die Revue *Il Café* erschien drei Jahre lang, hatte ein großes Echo in ganz Norditalien und wurde übersetzt auch in der Schweiz publiziert.

Später dann, im XIX. Jahrhundert, spielten die italienischen Cafés eine herausragende Rolle bei der Verbreitung der Ideen des Risorgimento, so dass man durchaus sagen konnte, die Einheit Italiens wäre ohne sie nicht zustande gekommen. In der Zeit um 1820 bewirtete das Florian auch gerne die *carbonari*, die Aufständischen.

»Italien ist gemacht, jetzt muss man die Italiener schaffen«, dieser berühmte Ausspruch des Marquis d'Azeglio hallte vielleicht in den Cafés der Halbinsel nach der Vereinigung wieder. Doch heute befassen sich die Italiener ernsthaft mit der Qualität des Kaffees, den sie trinken. Diese Qualität, die eine der Blüten ihrer Kultur werden sollte, lässt sich in ein Wort fassen: Espresso. In der Mitte des XIX. Jahrhunderts wurden einige Versuche gemacht, die Qualität des Kaffees zu verbessern: Um zu vermeiden, dass das Getränk, bisher in großen Mengen bereitet und in der Kanne warm gehalten, an Frische verlor, musste man ein Mittel finden, es nur auf Bestellung, also schnell zu brühen – daher der Name *espresso*. Dutzende von Kaffeemaschinen mit Dampfdruck wurden in Europa erfunden. Aber der Druck war nicht ausreichend, das Wasser zu heiß, der espresso nicht gut.

Die Revolution fand 1948 statt, als Achille Gaggia seine Espresso-Maschine erfand. Dieser Mailänder Barmann litt so sehr darunter, dass er seinen Gästen nur bitteren Kaffee vorsetzen konnte, dass er nach und nach, seit 1930, seine Traummaschine entwickelte. Man konnte nicht nur die Wassertemperatur regeln, sondern auch der durch einen Kolben erzeugte Druck war erheblich stärker als bei vorhergehenden Maschinen und erlaubte die Emulsion der im Kaffee enthaltenen Öle. Das Ergebnis war der ideale Espresso, mit reichem Körper, großer Dichte und seiner feinen Creme, diesem dicken, nussfarbenen Schaum. Aber auch sein unvergleichliches Aroma, seit der Röstung an die Fettstoffe gebunden, dann aus der dampfenden Tasse in die schnuppernde Nase des Kaffeeliebhabers steigend und schließlich sein Geschmack, der sich weniger durch Vielfalt als vielmehr dadurch, dass praktisch überhaupt keine Bitterstoffe den intensiven Nachgeschmack des Kaffees stören, machten den Espresso unwiderstehlich.

Man muss in ein italienisches Café gehen, oder besser noch in eine der unzähligen kleinen Bars, wo man den Espresso im Stehen am Tresen trinkt, um die Kunst des täglichen Lebens auf der Halbinsel zu verstehen und schätzen zu lernen. Ob im Norden oder im Süden, ob in Turin, Mailand, Rom oder Neapel, überall duftet es nach dieser exquisiten, weichen Quintessenz reinen Kaffees. Auch wenn der Geschmack je nach Region leicht schwankt – der Kaffee wird im Norden weniger geröstet als im Süden –, überall ist der Espresso sagenhaft gut. Nirgendwo sonst auf der Welt erreicht er diesen Grad der Vollendung. Alle Kaffeeliebhaber sind sich einig: Der italienische *barista*, der Kaffeekoch der italienischen Bars, muss ein Geheimnis haben. In Wirklichkeit hat er vor allem zwei Leidenschaften: für seine Maschine und seinen Kaffee. Der *barista* kümmert sich um jede Einzelheit, ohne auf seine Zeit zu achten oder Pfusch zu machen: Rigorose Auswahl der Bohnen, Qualität des Mahlens, gute Aufbewahrung und, vor allem, täglich gewissenhafte Pflege der Maschine sind die ersten Gebote – hinzu kommen dann die nötige Erfahrung und das *gewisse Etwas*.

In Italien bestellt man selten einfach nur *caffè*. Der Gast wünscht einen ristretto, einen starken Espresso, der den Grund der Tasse bedeckend, ein wunderbares Konzentrat darstellt, nie bitter, stets subtil; oder einen einfachen *espresso*, der die halbe Tasse füllt; oder einen *lungo*, einen verlängerten Espresso, der die ganze Tasse oder sogar eine größere verlangt. Jeder dieser Kaffees ist mit der gleichen Menge, etwa sieben Gramm Pulver, zubereitet. Manchen Feinschmeckern genügt das nicht, sie bestellen einen *doppio*, einen doppelten mit vierzehn Gramm in der kleinen Tasse. In Rom hört man oft Leute gesetzteren Alters einen *caffè al vetro* bestellen, also einen Kaffee im Glas, so dass man einen zusätzlichen Genuss hat, nämlich den der Farbe.

Der *barista* kennt sich nicht nur mit schwarzem Kaffee aus. Er ist auch unangefochtener Meister einer weiteren italienischen Spezialität, und zwar der des leichten Milchschaums. Große Künstler schaffen mit einer Bewegung aus dem Handgelenk wunderbare Schaumbilder auf der Oberfläche des Kaffees. Um das Vergnügen noch zu steigern, fügt man eine Prise Kakao hinzu. Der *cappuccino* verdankt seinen Namen der zweifarbigen Kapuze – weiß und braun – der Kapuzinermönche. Etwas leichter ist der *caffè macchiato (gefleckt)*, ein Espresso von zwei leichten Milchwölkchen gefärbt, dessen Antipode die *latte macchiato* ist: Milch mit ein paar Tröpfchen Kaffee darin. Fügt man dem *caffè macchiato* eine Prise Kakao hinzu, wird daraus ein *marocchino*. Etwas dicker, weil mit einem Hauch Schlagsahne angerichtet, stammt der *caffè con panna*, genau wie der *cappuccino con panna;* seit etwa zwanzig Jahren vor allem in Mailand getrunken, eigentlich aus Wien. Die Italiener trinken auch *caffèlatte*, vorzugsweise beim Frühstück zu Hause. Es ist der gleiche Milchkaffee, wie er auch in Frankreich getrunken wird, ohne Schaum, mit viel Milch, in einer normalen Kaffeemaschine, einer neapolitanischen oder einer mit Dampfdruck, zubereitet.

Unter den Schätzen des italienischen Kaffees finden sich noch andere göttliche Spezialitäten: Der stimulierende *caffè corretto* mit Grappa oder der sanfte *bicerin*, von dem bereits die Rede war. Aber zum guten Schluss habe ich mir etwas aufbewahrt, das noch italienischer ist als Espresso, etwas so leichtes und fröhliches wie die *ragazzi* auf einer Vespa, schön wie ein Sonnenuntergang in Rom, frisch wie eine Quelle in Kalabrien im Sommer: Die *granita di caffè*, oder einfacher gesagt, kalter Kaffee über gestoßenes Eis gegossen, mit oder ohne Sahnehäubchen. Sizilianer trinken selbst im Winter zum Frühstück eine *granita di caffè con panna* und essen dazu eine Art süßes Brötchen. Das ist, als würde es Kaffee schneien, mit tausend köstlichen Flocken und man ließe jede einzelne glückselig im Munde zergehen …

In Italien trinkt man seinen Espresso meist ohne Zucker. In den großen Städten, wo viel gestohlen wird, findet der Liebhaber gezuckerten Kaffees oft ausgeklügelte Zuckerspender (oben), die den Zucker nur portionsweise abgeben. Gegenüber ein Plakat für die italienische Tageszeitung *Il Resto del Carlino*.

In Europa beschäftigte sich die graphische Kunst schon bald nach seinem ersten Auftauchen mit dem Kaffee – Karikaturen, Frühstücksszenen etc. Vor allem im XIX. Jahrhundert tauchen dann Szenen auf, in denen der Kaffee die Familienatmosphäre (oben, La Pergola, vom toskanischen Impressionisten Silvestro Lega, 1868) oder großbürgerlichen Komfort (gegenüber, L'Après-midi, vom spanischen Maler Roman Casas y Carbo, 1893) symbolisiert.

PARIS ODER DIE KUNST, IM CAFÉ ZU LEBEN

Nach Venedig war Marseille der nächste große europäische Hafen, in den Kaffee geliefert wurde. Musste man in Paris bis 1669 warten, ehe der Kaffee *à la turque* in Mode kam, so ließ sich die fröhliche Gesellschaft von Matrosen und Händlern aus Marseilles nicht lange bitten, ihn einzubürgern, sogleich gefolgt von den Gourmets der provenzalischen Küsten und des Languedoc. Im Jahre 1660 wurden im Hafen von Marseille neunzehntausend Doppelzentner *Mokka* aus Ägypten ausgeladen, davon blieb ein Drittel in der Provence, der Rest wurde nach Italien, der Schweiz und Nordeuropa weiterexportiert. Erst elf Jahre später eröffnete das erste Café Frankreichs in Marseille, nahe der Börse, seine Pforten. Wie überall in Europa tauchten Cafés erst zwanzig bis dreißig Jahre nach Beginn des privaten Kaffeekonsums auf.

Im Juli 1669 kam Soliman Aga, Botschafter Sultan Mehmets IV., in diplomatischer Mission an den Hof Ludwig XIV. nach Paris, der ihn aber erst im Dezember empfing. Doch der Botschafter hatte es nicht eilig. Er hatte in der Hauptstadt ein prächtiges Gebäude gemietet, es mit unerhörtem orientalischen Luxus ausgestattet und empfing jeden Tag, in türkischer Kleidung und bequem auf dem Sofa liegend, die Pariser Lebewelt. Turbantragende Diener liefen zwischen den Gästen umher und verteilten kleine Porzellantassen mit dem neuen Getränk, von dem man neuerdings so viel sprach. Nachdem die ersten Besucherinnen es als untrinkbar abgelehnt hatten, begriff der feinsinnige Aga sogleich, dass man es den Europäern mit Zucker servieren sollte. Seitdem konnte niemand mehr widerstehen. Die Mode des Orientalismus kam auf, über die sich Molière im folgenden Jahr in seinem *Der Bürger als Edelmann* lustig machte.

Einige Monate später, 1672, eröffnete ein Armenier mit Namen Pascal den ersten Pariser Kaffeeausschank, in einem der hundertvierzig Schuppen des Marktes von Saint-Germain. Nichts konnte mehr die Begeisterung für den Kaffee und die Cafés stoppen, weder die Zulassungsarbeit des Doktor Colomb aus Marseille, in der er behauptete, Kaffee greife das Hirn an, verursache Lähmung, Impotenz und schreckliche Magersucht, noch eine Polizeiverordnung, die 1695 die Schließung der Cafés vor Einbruch der Nacht befahl, seien sie doch meist »Versammlungs- und Zufluchtsorte für Diebe, Gauner und andere Herumtreiber und Randfiguren«.

Als die ersten Cafés eröffneten, war das Getränk, wie wir wissen, in der Provence bereits weit verbreitet. Dort, in den Häusern Marseilles und des Hinterlandes erschienen Mitte des XVII. Jahrhunderts erstmals in Frankreich auch jene Küchengeräte, die jedem Haushalt drei Jahrhunderte lang vertraut sein sollten. Anfangs handelte es sich dabei meist um eine lokale Adaption der orientalischen Methode: Die ersten

In Frankreich ging die Mode, Kaffee zu trinken, mit der des Orientalismus einher. Er beeinflusste alle Künste, wie wir an diesem Portrait einer Frau, orientalisch gekleidet, sehen (oben, anonyme Malerei französischer Schule des XVIII. Jahrhunderts). »Der Kaffee ist in Paris sehr verbreitet: Es gibt eine große Zahl öffentlicher Häuser, wo er ausgeschenkt wird … darunter eines, wo man den Kaffee so zubereitet, dass er jenen, die ihn trinken, Geist verleiht: Zumindest glauben alle, die herauskommen, sie hätten viermal mehr Geist als vorher«, schreibt Montesquieu in seinen *Persischen Briefen*. Sprach er von einem der beiden im XVIII. Jahrhundert berühmten Pariser Cafés, dem Café de Manouri oder dem Café du Caveau beim Palais Royal? (gegenüber)

VUE INTÉRIEURE DU CAFFÉ DE MANOURI
Présentée à Monsieur Du Pont Intendant de l'École royale militaire

Vue du Caffé du Caveau du
Palais Royal

Röstpfannen zum Brennen der Bohnen, die man einfach *Pfannen zum Kaffeerösten* nannte. Sie waren zwar ähnlich den orientalischen Pfannen, im Grunde aber doch nur eine Abart der *sartans*, der traditionellen provencalischen Pfanne. Nach und nach wurden sie durch zylindrische oder sphärische Röster aus Eisen oder verzinntem Kupfer ersetzt, die man hermetisch abschloss, um sie dann mit einer Kurbel über dem Feuer zu drehen. Später benutzte man Wärmequellen, die gleichmäßiger als Feuer brannten, zum Beispiel Dampf oder Gas, aber die alten Röster blieben in Haushalten und Cafés weltweit bis in die Jahre 1920–1930 in Gebrauch. Ein anderes Gerät des täglichen Gebrauchs fand man noch bis 1960 in vielen Haushalten, die Kaffeemühle aus Holz. Ihre Form, der Holzwürfel mit Schublade und Drehkurbel, stammt aus dem XVIII. Jahrhundert. Aber abgesehen von der Grundform gab es extrem viele Varianten – bemalt, geschnitzt, Motive aus Emaille. Die bekannte Firma Peugeot war der größte Hersteller und produzierte von 1840 bis zur Einstellung der Fabrikation 1975 viele Millionen Kaffeemühlen.

»Kaffee gekocht – wird nicht gemocht«, heißt ein französisches geflügeltes Sprichwort. Es stimmt, dass man in Frankreich zuerst die geniale Idee hatte, den Kaffee aufzugießen, statt ihn zu kochen und damit sein Aroma und seinen Geschmack besser zu erhalten. Diese neue Art der Kaffeezuereitung setzte sich 1710 durch, mit dem Auftauchen einer Kaffeekanne, die im Inneren mit einer Beutel aus Stoff versehen war. In den Beutel gab man das Pulver, dann goss man mit siedendem Wasser auf, ließ es einige Zeit durchziehen und nahm dann den Stoffbeutel heraus. Ein halbes Jahrhundert später hatte sich diese Methode in Frankreich vollends durchgesetzt. Aber es soll um 1800 gewesen sein, als ein gewisser Jean-Baptiste de Belloy mit der Erfindung der Filterkanne den großen Schritt nach vorne tat. Dabei handelte es sich um eine Kanne aus zwei aufeinandergesetzten Teilen. Der Boden des oberen Teils war der mit kleinen Löchern versehene Filter, in dem man das Kaffeepulver hineindrückte: Danach goss man das heiße Wasser hinein, das Tropfen für Tropfen in den unteren Teil gelangte. Die *De Belloy* hatte großen Erfolg und wurde, mit einigen Varianten, weltweit nachgemacht. Das Original war zweifellos aus Eisen, aber die traditionelle französische Kaffeekanne, nach dem gleichen Prinzip gebaut, war später aus Porzellan oder emailliertem Guss, oft mit bunten Motiven verziert. Der erste der großen Gastronomen, Brillat-Savarin, war ihr kompromissloser Anhänger: »Ich habe nach und nach alle Methoden, die man bis heute kennt, versucht«, schreibt er über Kaffeemaschinen in seiner *Physiologie des Geschmacks* (1825), »und bin nach all diesen Erfahrungen bei der Dubelloy geblieben, wobei man siedendes Wasser in einen mit kleinen Löchern versehenen Behälter aus Porzellan oder Silber gießt.«

»Das Feuer aus trockenem Reisig brannte bereits. Auf dem kleinen Glutofen aus blauem Steingut kochte die Milch. In einem Fingerbreit Wasser schmolz die Schokolade für mein Frühstück. In ihren Korbstuhl gezwängt, mahlte meine Mutter den selbstgebrannten Kaffee. Die Morgenstunden waren stets ihr Element: Sie trug ihren rosigen Schimmer auf den Wangen.« (Colette: *La Maison de Claudine*) Bis zur Mitte des XX. Jahrhunderts waren Röster aus Eisen zum Brennen des Kaffees (oben: ein Röster aus dem letzten Jahrhundert) und Kaffeemühlen aus Holz (gegenüber: *Die junge Hausfrau* von L. L. Boilly, um 1800) in allen Haushalten gegenwärtige Utensilien.

Balzac, der angeblich bis zu fünfzig Tassen Kaffee täglich trinken konnte, benutzte sie auch, allerdings auf andere Weise. Er spricht in seinen *Traité des excitants modernes*, erschienen 1839, davon: »Wenn der Kaffee mit der unsterblichen Maschine nach de Belloy gemacht wird, ist er mit kaltem Aufguss noch besser als mit heißem Wasser …« Balzac war auf dieses Getränk, das ihm beträchtlich, besonders nachts, dabei half, eines der herausragendsten Werke der französischen Literatur zu verfassen, geradezu versessen. In seinem Roman *Eugénie Grandet* bringt Charles seiner Tante bei, Kaffee nicht mehr zu *kochen*. Sie sollte stattdessen eine *Chaptal* benützen. Diese Chaptal, wohl eine Variante der de Belloy, kommt auch in einer Passage von Ursule Mirouet vor, in der Balzac in Wirklichkeit beschreibt, wie er selbst seinen Kaffee zubereitet: »Der Doktor bot ihm, was einer persönlichen Auszeichnung gleichkam, eine Tasse seines Mokkas an, gemischt mit Kaffee Bourbon und gebranntem Martinique Kaffee, von ihm selbst in einer silbernen Kanne, die man Chaptal nennt, zubereitet.« Man weiß, dass der Autor, ein wirklicher Kenner, regelmäßig einen halben Tag auf den Einkauf seines Kaffees verwandte: Nie hätte er seinen Bourbon anderswo als bei einem Händler in der Rue du Mont-Blanc (heute Rue de la Chaussée d'Antin) gekauft, seinen Martinique außerhalb der Rue des Haudriettes und seinen Mokka anderswo als in der Rue de l'Université … wie Brillat-Savarin zerstieß er dann die Bohnen in einem Mörser, den er einer Mühle bei weitem vorzog.

Als 1736 der neue Kaffee von den Antillen, billiger als der Mokka, nach Frankreich importiert wird, steigt der Verbrauch des schwarzen Gebräus deutlich an. Ludwig XV., wie seine Maitresse Du Barry, ein großer Kaffeeliebhaber, tat das Seine dazu. Der König genoss das Privileg, einige Male im Jahr Kaffee aus der Hauptstadt zu genießen: Es wuchsen nämlich, nur für seinen Gebrauch, einige Kaffeepflanzen in den Gewächshäusern Versailles'. Ludwig XV. brannte die Bohnen in einem zylindrischen Röster aus massivem Silber selbst und bereitete seinen Kaffee in einer der drei goldenen Kannen zu, die er 1754 und 1755 beim Hofjuwelier Lazare Duvaux bestellt hatte. Die Liste berühmter Kaffeeliebhaber ist lang: Die Pompadour besaß eine goldene Kaffeemühle mit eingraviertem Kaffeebusch; Fontenelle und Voltaire hielten den Gegnern des Kaffees als Argument ihr hohes Alter und ihre gute Gesundheit vor Augen; auch Jean-Jacques Rousseau, Buffon und, später, Talleyrand oder Napoleon gehörten zu den berühmten Kaffeebefürwortern. Für sie und für andere Großbürger und Adelige schufen Goldschmiede und Porzellanmanufakturen prächtige Kaffeeservices.

Dank der reichlichen Produktion in den Kolonien und relativ vernünftiger Preise (was bei Tee und Kakao nicht der Fall war), erreichte der Kaffee um 1750 auch das gewöhnliche Volk, wo er beim Frühstück die Suppe ersetzte. D'Aussy schreibt darüber 1782 in seinem *Das Privatleben der Franzosen*: »Auf öffentlichen Märkten, in bestimmten Passagen und Straßen der Hauptstadt haben sich Frauen etabliert, die der Bevölkerung etwas, das sie Milchkaffee nennen, verkaufen – das heißt, schlechte Milch gefärbt mit Kaffeesatz, den sie bei den Verwaltern großer Häuser oder beim Cafétier kaufen. Die Flüssigkeit wird in einem eisernen Behälter mit einem kleinen Hahn zum Ausschenken und einem Ofen, um es warm zu halten, aufbewahrt. In der Nähe des Schuppens oder Lädchens der Verkäuferin findet sich gewöhnlich eine Holzbank. Und plötzlich, überraschenderweise, kommt eine Marktfrau oder ein Träger und verlangt Kaffee.«

Um 1780 wird der billige Kaffee aus den Kolonien auch in den unteren Volksschichten getrunken. In den Straßen von Paris etablieren sich Milchkaffee-Verkäufer (gegenüber Kaffeeverkäuferin an der Ecke Porte Saint Denis), die für zwei Sous an die Arbeiter Kaffee verkaufen. Für die wohlhabenden Bürger und Adeligen stellen die Manufakturen herrliche Services her. Zu diesem wunderbaren Empire-Service gehört auch eine konisch zulaufende *Tasse der Königin* mit Deckel.

Im XIX. Jahrhundert suchen die Arbeiter vor allem ein anregendes Mittel gegen die Kälte und Erschöpfung. In *Germinal* beschreibt Emile Zola die beträchtliche Bedeutung eines Produkts, beinahe ebenso wichtig wie Brot, für die Kumpels im Norden: »Noch im Gehen gab sie bereits die hundert Sous aus: erst Brot, dann Kaffee, dann ein Viertel Butter, ein Scheffel Kartoffeln ...«. In der Bretagne hatte der Kaffee eine andere Bedeutung. Auf dem Land waren Verkäufer unterwegs, die mit der Aufschrift *Planteur de Caiffa* bis zum Ersten Weltkrieg von Dorf zu Dorf fuhren. In seinem Buch *Le Cheval d'orgueil* beschreibt Pierre Jakez-Helias den Stellenwert, den der Kaffee im sozialen Leben der Bretonen zu Beginn des Jahrhunderts einnahm: »Erst der Kaffee verleiht für die Damen, die ihn sich leisten können, dem Tage Glanz. Für ihn sind sie zu allen Opfern bereit. Mit Tränen in den Augen sehen diejenigen, die nur noch die Schwindsucht im Geldbeutel haben, das Wägelchen des Kaffeeverkäufers vorüberfahren. (...) Wenn Onkel Daniel in seinem Hof den Röster dreht, die rotgeränderten Augen hinter seiner großen Brille himmelwärts gerichtet, duftet das ganze Dorf danach, und die Frauen seufzen vor Erleichterung. Um vier Uhr nachmittags schlägt in allen ehrbaren Häusern die Stunde des Kaffees mit Butterbrot. Der Tee der Angelsachsen. (...) Die Männer gewöhnen sich zwar langsam an diese Festivitäten, nehmen aber selten daran teil. Für sie ist der Kaffeeklatsch nur eine Beschäftigung gelangweilter Frauen, eine Mode, aufgebracht von den Ehefrauen der Matrosen, um der langen Einsamkeit zu entgehen.«

Doch die Mode war sehr bald zur Gewohnheit geworden und versammelte die Franzosen an den Tischchen der Cafés. Diese an Tradition reiche Institution geht auf das XVII. Jahrhundert zurück, in dem die Pariser Etablissements zu Zentren des intellektuellen, künstlerischen und politischen Lebens wurden. Nach dem Konkurs Pascals, Wirt des ersten Pariser Kaffeehauses, folgten ihm viele andere: Armenier, Syrer oder Griechen, mehr oder weniger vorübergehend oder auch als ambulante Straßenverkäufer in orientalischen Kostümen. Wie überall in Europa nördlich der Alpen waren die ersten Verkäufer Fremde aus dem mediterranen Raum, deren Erscheinung und Akzent, passend zum exotischen Getränk, ein zusätzlicher Kaufanreiz waren. Trotzdem überlebten die ersten Kaffeehäuser nicht lange. Zweifellos, weil sie eher Schankstätten ähnelten, man auch Wein und Bier verkaufte, und die Liebhaber des neuen, noch recht teuren Getränks dort nicht eintreten wollten.

Der erste, der begriff, dass der Kaffee ein entsprechendes Ambiente verdiente, war ein Sizilianer namens Francesco Procopio dei Coltelli. Zwei Jahre nach seiner Ankunft in Paris, mit zwanzig Jahren, wurde er 1672 von Pascal angestellt. Nachdem er 1686 drei nebeneinander stehende Häuschen in der Rue des Fossés-Saint-Germain (heute Rue de l'Ancienne-Comedie) gekauft und umgebaut hatte, eröffnete er das Café Procope, das erste wirkliche Kaffeehaus der Hauptstadt. Dieses Lokal war keine kleine orientalische Taverne. Procops Café war ein eleganter Salon mit verspiegelten Wänden, wo Kaffee, Eis und Sorbets auf Marmortischen serviert wurden. Gegenüber dem Jeu de Pomme, wo sich die Comedie Francaise etabliert hatte, und nur zwei Schritte vom Jeu de Boules und dem Odeon Theater gelegen, wurde das Procop rasch zum Treffpunkt einer ausgelassenen und wohlhabenden Jugend, von Autoren, Schauspielern und Musikanten. Damen wagten sich zwar noch nicht

Der Keller des Café Italien – eines der luxuriösen Etablissements des Palais-Royal – wurde auch *Blindenkeller* genannt, weil dort jeden Tag ein Orchester von Blinden spielte (gegenüber oben, von Travies de Villors). Manchmal begleitete sie die berühmte Sängerin Rosalba. »Warum Blinde, so werden Sie sich fragen, in einem Kellercafé? Weil zur Zeit seiner Gründung, in der Revolutionsepoche, sich dort Dinge zugetragen haben, die einen Sehenden schaudern ließen ...«, erklärte später Gerard de Nerval. Während des Directoire boten die Cafés den *Incroyables* (gegenüber, unten) die bevorzugte Bühne für ihre Exzentrik.

hinein, ließen aber ihren Wagen vor der Tür anhalten und sich ihr Lieblingsgetränk bringen. Im folgenden Jahrhundert erlebte das Café dann seine Blütezeit, alles, was Paris an Geist und Brillianz aufzubieten hatte, traf sich dort. Kein Café der Welt hat je so viele Berühmtheiten und Genies gesehen. Michelet schrieb darüber: »Der starke Kaffee San Domingos, den Buffon, Diderot und Rousseau trinken, heizt mit seiner Wärme die Köpfe der Philosophen bei Procop an, die auf dem Grund des schwarzen Gebräus die Zukunft sehen.« Auch D'Alembert war dort Gast und man sagt, dass hier die Idee der Enzyklopädie geboren wurde. Voltaire (dessen Tisch man ebenso wie den Rousseaus noch heute zeigt), Beaumarchais (der hier die Premiere von Figaros Hochzeit feierte), Fontenelle, Condorcet, Crébillon gehörten zu den berühmten Gästen.

Procops Erfolgt ermunterte andere zur Eröffnung von Cafés und im Jahr 1720 waren es bereits über dreihundert. Die ganze politische Philosophie der Aufklärung diskutierte man hier, wo völlige Freiheit und vollkommener Nonkonformismus herrschten und Geist zum guten Ton gehörte. Dieser intellektuelle Schmelztiegel war besonders in den *In*-Cafes anzutreffen, im Palais-Royal, die heute fast alle verschwunden sind: Im Café de la Régence wurden die besten Schachpartien gespielt, und Diderots Meisterwerk, *Le Neveu de Rameau*, spielt hier. Im außergewöhnlichen Café Mécanique saßen die Gäste an *magischen* Tischen, die mit Schlauchsystemen ausgerüstet waren und es erlaubten, sich den Kaffee an einem Hahn selbst zu zapfen. Das Café du Caveau in einem Untergeschoss war mit Öllämpchen erleuchtet; ein Gast, Mayeur de Saint-Paul, bemerkte dazu: »Sechs Sous für eine Tasse angeblichen Mokkas sind teuer, wenn man für fünf Sous im Café du Pont Saint-Michel eine exzellente Tasse bekommt, aber wir sind eben im Palais-Royal!« Und schließlich, nach der Entlassung des Ministers Necker, stachelt Camille Desmoulins am 12. Juli 1789, im Café du Foy die erregte Menge an, die Waffen zu ergreifen – die Folgen kennen wir alle: die Französische Revolution.

Das erste große Pariser Café, das Procope, zählte im XVIII. Jahrhundert viele Berühmtheiten zu seinen Gästen, darunter Buffon, Diderot, d'Alembert, Marmontel, Rousseau und Voltaire (oben). In der zweiten Hälfte des XIX. Jahrhunderts ist Kaffee Bestandteil des täglichen Lebens und in jedem Restaurant (gegenüber, *In a French Restaurant*, anonym) beschließt er ein gutes Mahl … oft von einem Schnaps gefolgt.

Der große Portraitist der Pariser Gesellschaft des beginnenden Jahrhunderts, Jacques-Emile Blanche, malte *André Gide und seine Freunde im Café Maure der Weltausstellung 1900* (gegenüber): der spätere Nobelpreisträger in Gesellschaft von Athman ben Salah, Henri Ghéon und Charles Chanvin. Zwanzig Jahre später beschreibt Gide in *Si le grain ne meurt* die schicksalhafte Entdeckung 1895 in einem Café Algiers, wohin ihn sein Freund Oscar Wilde mitgenommen hatte: die Schönheit eines jungen Flötisten und, zum erstenmal, die Erfüllung … Oben, die Familienausgabe des Künstlercafés, *Le Déjeuner à l'atelier*, wo Manet 1968 seinen Sohn in den Vordergrund stellte.

Im nächsten Jahrhundert lassen sich eine großen Anzahl Auvergner, vor allem aus Aveyron, als Cafétiers in Paris nieder. Dieses Phänomen dauert bis zum heutigen Tage an. Als die großen Boulevards und die Oper gebaut wurden, traf sich das Großbürgertum im Tortoni, Ecke Boulevard des Italiens und Rue Taitbout, wo Gästen, die sich in ihrer Ehre gekränkt fühlten, ein Saal für Duelle zur Verfügung stand … Die Pariser mochten auch das Café de Paris gleich gegenüber oder das Café de la Paix am Place de l'Opéra (das einzig noch existierende), das vom selben Architekten – Charles Garnier, der auch das Theater gestaltet hatte –, eingerichtet wurde. Nennen wir auch das Grand Café, ebenfalls prächtig ausgestattet, wo man Billard spielen konnte. Dort fand am 28. Dezember 1895 im indischen Salon die erste Kinovorstellung der Brüder Lumière statt: vor fünfunddreißig Zuschauern, die pro Platz einen Franc Eintritt bezahlt hatten und *La Sortie des usines Lumière* bestaunten.

Außer dem traditionellen schwarzen Kaffee und dem Milchkaffee boten die französischen Cafés damals etliche Spezialitäten an, die heute verschwunden sind. Der *mazagran* zum Beispiel wurde um 1840 von aus Algerien heimgekehrten Offizieren der Kolonialtruppen eingeführt: In der Nähe der Stadt Mazagran (heute Mezghrane) hatte man ihnen Kaffeextrakt mit kaltem Wasser verlängert in großen Stielgläsern serviert. Später wurde dieser *Mazagran* mit Selters zubereitet. Das Getränk geriet aus der Mode, das Glas jedoch nicht, das immer noch unter dem Namen der algerischen Stadt benutzt wird. Es gab auch *Gloria*, Kaffee mit Schnaps oder Cognac gestreckt, den man heute noch serviert, aber vor allem mit Calvados und dann *café-calva* nennt. Alle geistigen Getränke – Schnaps, Cognac, Calvados, Armagnac –, die man nach einem guten Essen und einem guten Kaffee zu sich nimmt, werden in der Umgangssprache *pousse-café* (Kaffeedrücker) genannt.

Auch das XX. Jahrhundert hatte seine Mode-Cafés, die von Intellektuellen und Künstlern frequentiert wurden, um sich dort zu sehen und gesehen zu werden. Zwischen den Weltkriegen war Montparnasse der Nabel der Welt für Maler und Schriftsteller: Apollinaire, André Breton, Dos Passos, Hemingway, Picasso, Modigliani, Chagall gingen ins Select, ins Dôme, in die Rotonde oder ins La Coupole. Nach dem Zweiten Weltkrieg war das Viertel Saint-Germain-des-Prés in Mode. Künstler und Intellektuelle versammelten sich im Floré oder im Deux Magots, wo seit dem Krieg Jean-Paul Sartre und Simone de Beauvoir schrieben und ihre Bewunderer empfingen. Diese Cafés sind heute noch Treffpunkte von Literaten und allen, die sich für solche halten, vor allem aber von Touristen aus aller Welt und der Kaffee ist immer noch – wie eh und jeh – exzellent.

»Die Kaffeemaschine, voller Röhren und so kompliziert wie ein physikalisches Gerät, das gut riecht«, schreibt Marcel Proust in Jean Santeuil über die Perkolatoren, Vorläufer der Espressomaschinen, die um 1850 aufkamen. (gegenüber, La Maison du Café in der Avenue de l'Opera im Jahre 1937, und oben im Jahre 1920). Manche Cafés behalten ihren Perkolator zur Dekoration, aber nur wenige sind noch in Betrieb. In Paris findet man den letzten in Gebrauch in der Brasseroe de l'Isle Saint-Louis (einen *Paris-Express* von 1931), aber er gibt nur noch heißes Wasser ab … Vielleicht trauern manche Pariser dem Straßenkaffee nach, wie man ihn noch 1900 vor den Markthallen servierte (folgende Doppelseite).

Zur Zeit gibt es in Frankreich etwa siebzigtausend Cafés, wo täglich etwa fünf Millionen Gäste ihren *kleinen Schwarzen* trinken; allerdings ist diese Kaffeehauskultur vom Rückzug ins eigene Heim und vom Fast Food bedroht.

Manche schaffen sich zuhause ein wenig Café-Atmosphäre und kaufen beim Trödler alte, chromblitzende Perkolatoren und Bistrotische mit den dazu passenden Stühlen. Wie im Café trinkt man auch zuhause mehr und mehr italienischen Espresso und versucht, mit seiner kleinen Espressomaschine einen *café-creme* (das Äquivalent des italienischen Cappuccino, ohne Kakao) zu zaubern, um den Croissant einzustippen. Vergebliches Unterfangen. Selbst im Café ist der Espresso niemals so gut wie in Italien. Und zuhause ist der Filterkaffee, trotz einiger kürzlich gemachter Fortschritte, selten so gut wie in Deutschland. Tatsächlich leidet Frankreich unter ein paar historischen Handicaps, die es heute zu

In ihren *Memoires d'une jeune fille rangée* erinnert sich Simone de Beauvoir (gegenüber, photographiert 1944 im Deux Magots von Robert Doisneau), daß die jungen Hochschüler sie nie ins Café einluden, denn »sie hätten nie junge Mädchen mitgenommen«. Bis 1930 war die Kundschaft der guten Pariser Cafés tatsächlich zum größten Teil männlich. Frauen ohne Begleitung konnten sich höchstens auf die Terrasse setzen, aber, wie Robert Doisneau eines Tages bemerkte: »Im Café tun unbegleitete Frauen so, als erwarteten sie jemand, das ist schicklicher« ... oder sie lesen die Zeitung, wie diese junge Frau auf einer Caféterrasse nahe beim Holzkohlenofen, die Andre Kertész 1928 im Cafè du Dôme am Montparnasse fotografierte(oben).

LES

BEAUJOLAIS
CAFÉ
10c LA TASSE
AVEC PETIT VERRE
15 & 20
BILLARDS
TÉLÉPHONE

überwinden versucht. Zum einen, und das ist auch in Italien nicht anders, ist da die aus dem Orient stammende Tradition der stets gleichen und oft zu starken Röstung, die den authentischen Geschmack des Kaffees zerstört. Zum zweiten hat der häufige Gebrauch von Chicorée, einer Endivienpflanze, die auch so ähnlich schmeckt, als getrockneter und gebrannter Kaffeeersatz eine doch immerhin spürbare Geschmacksbeeinträchtigung verursacht.

Während der Kontinentalblockade, die Napoleon I. verordnet hatte, fanden die Franzosen Geschmack am Chicorée. In Nordfrankreich wird er immer noch mit normalem Kaffee vermischt. Das dritte Handicap waren die schlechten Robustas aus den afrikanischen Kolonien, die vom Anfang des Jahrhunderts bis in die sechziger Jahre gekauft werden mussten. Auch dies hat den Nationalgeschmack beeinträchtigt. Deshalb findet man im Handel immer noch einen großen Anteil von Robusta-Mischungen, die für die große Leidenschaft der Franzosen, den morgendlichen Milchkaffee, gerade gut sind. Die Hälfte der in die europäische Union importierten Robustas werden in Frankreich konsumiert. Aber die Zeiten ändern sich. Im ganzen Land bieten Hunderte kleiner Röstereien ausgezeichnete Arabicas an und die industriellen Brenner wie Jaques Vabre schließen sich dieser Tendenz an. In der Fachwelt ist man sich einig: Die Franzosen entdecken den wahren Geschmack guten Kaffees.

»Das Café ist sicher die solideste Einrichtung Frankreichs. (...) Ob man es Auberge, Taverne, Cabaret, Trinkhalle, Kneipe oder Bar nennt, stets erkennt man es unter seinen wechselnden Identitäten. Heute nennt man es: Bistro.« (Leon-Paul Fargue, Poisons). Für seine musikalische Komödie *Ein Amerikaner in Paris* mit Gene Kelly (oben) rekonstruierte Vincente Minelli 1950 ein Bistro am Montmartre. Gegenüber das Restaurant Square Trousseau in Paris, in einem früheren Bistro untergebracht (oben), das Bistro du Peintre an der Bastille (links unten), und ein Kartentisch in der Clown Bar (rechts), neben dem Cirque d'Hiver, mit geschützter Fassade und Inneneinrichtung.

BACH UND DIE KAFFEEKANTATE

Die ersten Europäer, die von der Existenz des Kaffees erfuhren, waren die Deutschen durch einen Reisebericht des Augsburger Botanikers Lenhart Rauwolf im Jahre 1582. Beinahe ein Jahrhundert später gründete 1673 in Bremen der Holländer Jan Dantz den ersten Kaffeeausschank. 1677 war Hamburg an der Reihe. Die beiden großen Hafenstädte bekamen die Bohnen aus England geliefert. Andere Städte folgten ihrem Beispiel, so Leipzig, wo das Getränk bei Eröffnung der berühmten Messe 1694 großen Erfolg hatte. Es gab dort 1711 acht Cafés. Wie überall in Europa hatten diese gastfreundlichen und angenehmen Etablissements, wo man sich verabredete, Neuigkeiten austauschte und Zerstreuung geboten bekam, großen Erfolg, wenn sie auch nie so zahlreich wurden wie in Italien und Frankreich.

Zu einer Zeit, in der es noch keine öffentlichen Konzertsäle gab, erlaubten manche Cafés den Deutschen ihre musikalischen Leidenschaften zu stillen, indem sie sogenannte *collegia musica* zuließen, die dort musizierten. So spielte in den Jahren 1720–1740 jeden Freitag abend ein *collegium musicum* aus Leipzig in Zimmermanns Kaffeehaus. Ein paar Jahre war Johann Sebastian Bach der Dirigent. Sehr wahrscheinlich fand 1734 die Uraufführung seiner bekanntesten profanen Kantate bei Zimmermann statt: Die Kaffeekantate. Bach hatte Gefallen an einer Fabel von Picander gefunden, die humorvoll von der Begeisterung der Pariser für dieses Getränk erzählte. Er bat den Dichter, ihm ein Libretto zum selben Thema zu schreiben. Der altmodische Schlendrian möchte seiner Tochter Lieschen den geliebten Kaffee verbieten: »Vater, wie seid Ihr doch hart! Bekomme ich nicht täglich meine drei Tässchen Kaffee, werde ich austrocknen wie

Der Brauch, seinen Gästen bei Empfängen oder Besuchen Kaffee anzubieten, kam in Deutschland im XVIII. Jahrhundert auf. Nicht selten lud man auch seine Freunde zum Morgenkaffee ein. (Oben, *Die Familie Remy* von Januarius Zick, 1776). Die besten Manufakturen Europas schufen prächtiges Porzellan. In Deutschland kommen aus Bayreuth wunderschöne Kaffeekannen für betuchte Kaffeetrinker (Vignette). Häufig goss man damals seinen Kaffee oder Kakao in die Untertasse, um ihn vor dem Trinken abzukühlen (gegenüber, *Stillleben mit Frau und Kaffeetasse*, von Peter Jakob Horemans, 1700–1776).

Petrus

ein schlecht begossener Braten!« Der Vater versucht es daraufhin mit Erpressung: »Wähle zwischen Kaffee und einem Gatten!« Lieschen gibt scheinbar nach, lässt aber jeden, der es wissen will, hören: »Keiner wird meine Hand erhalten, wenn er nicht verspricht, dass ich nach Herzenslust Kaffee trinken kann!« Neben ihrer großen Schönheit zeigt uns diese Kantate von Bach, welche Meinung manche deutschen Bürger zu Beginn des XVIII. Jahrhunderts zu diesem neuen Modegetränk haben konnten: Es konnte störend wirken, weil es Traditionen über den Haufen warf.

Trotzdem stieg der Verbrauch in der ersten Hälfte des XVIII. Jahrhunderts spektakulär an, sowohl im Volk als auch bei den Adeligen und im Großbürgertum, das seinen Kaffee aus schönen Meißener Tassen trank. Jeder Krämer, jeder Apotheker wollte ihn verkaufen und die Ausschankstätten verfielfältigten sich. Friedrich II., obwohl selbst großer Kaffeeliebhaber, beunruhigte dieser Erfolg, bedrohte er doch einen Teil der preußischen Wirtschaft, die auf den Anbau von Gerste, Brauereien und Bierkonsum ausgerichtet war. Andererseits konnte der Kaffeehandel dem Staat erhebliche Gewinne einbringen, vorausgesetzt er hatte das Monopol. So wurden Rechte zur Einfuhr und später zur Röstung an einige Adelige und Kirchenfürsten vergeben. Die meisten deutschen Staaten folgten Friedrichs Beispiel. Das Einfuhrmonopol führte zu fleißigem Schmuggel mit seinen amüsanten Nebenerscheinungen (wie zum Beispiel: Kaffee in Särgen mit angeblich Lepratoten zu verstecken, um die Zöllner zu täuschen), das Röstmonopol, das den Bürgern verbot, die kostbaren Bohnen zuhause zu brennen, beschäftigte im preußischen Staat Kaffeeschnüffler, die Straßen von Städten und Dörfern auf der Suche nach dem unwiderstehlichen Aroma durcheilten …

Der Philosoph Emmanuel Kant war einer der großen Kaffeefreunde jener Zeit. In *Die letzten Tage von Emmanuel Kant* beschreibt der englische Schriftsteller Thomas De Quincey mit außergewöhnlichen Worten wie extrem die Leidenschaft des Philosophen an seinem Lebensende wurde: »Der Kaffee musste sofort gebracht werden. (…) Wissend was geschehen würde, trug ich Sorge, dass alle Vorbereitungen vorher getroffen wurden. Der Kaffee war gemahlen, das Wasser kochte; im Moment als das Wort ausgesprochen wurde, sauste der Diener pfeilschnell herbei und gab den Kaffee ins Wasser. Man musste ihn also nur noch kochen. Aber selbst diese kleine Verzögerung schien Kant unerträglich. (…) Wenn man ihm sagte: ›Lieber Professor, der Kaffee wird

Lange Zeit waren Cafés die einzigen öffentlichen Plätze in Europa, wo man sicher sein konnte, eine Zeitung zu bekommen. In Deutschland waren die Cafés von Hamburg und Leipzig für die Vielzahl der Blätter berühmt, die sie ihren Gästen gratis bereithielten: mehrere hundert Zeitungen, sowohl deutsche als auch ausländische! (gegenüber, der Lesesaal eines deutschen Cafés, gesehen von Gustav Taubert, *Jeder liest alles*, 1832). Oben, Franz Schubert, von Gabor Melegh (1801–1835). Die Vignette zeigt eine Servicerin in Hamburg mit Kaffeeservice, Aquatinto von Christoph Suhr (1815).

Gus. Taubert
1832

gleich aufgetragen werden‹, ›Wird gleich‹, antwortete er, ›genau das schmerzt, dieses wird gleich: Nie hat der Mensch das Glück, stets wird er es haben.‹ Sagte ein anderer: ›Der Kaffee kommt sofort‹, antwortete er: ›Ja, und die nächste Stunde auch und so lange werde ich wohl darauf warten müssen.‹ Dann richtete er sich mit stoischer Miene auf und sagte: ›Warum sollte man eigentlich nicht sterben: man stirbt nur, und in der nächsten Welt, Gott sei Dank, trinkt man keinen Kaffee, also braucht man auch nicht auf ihn zu warten.‹ (...) Hörte er dann endlich die Schritte des Dieners auf der Treppe, wandte er sich uns zu und rief, fröhlich wie ein Wächter im Mastkorb: ›Land! Land! Liebe Freunde, ich sehe Land!‹«

Was Beethoven anbelangt, so hätte er die Zubereitung seines Kaffees niemals einem Dienstboten überlassen. Es war eine heilige Handlung, welcher sich der Komponist mit Sorgfalt widmete und dabei besonderen Wert auf die Menge der Bohnen legte. Es mussten sechzig pro Tasse sein, nicht mehr, nicht weniger. Er zählte sie selbst und zögerte auch in Anwesenheit von Gästen nicht, sie nochmals zu zählen. Man weiß auch, dass er eine gläserne Kaffeemaschine benutzte, was den Historikern erlaubt, das Erscheinen der ersten Aufgusskannen vor 1827, seinem Todesjahr, zu datieren. Diese wunderbaren Kaffeemaschinen mit zwei Glaskugeln, vermutlich in Deutschland erfunden, erhielten später den Namen der englischen Marke Cona.

Vor Beginn des XIX. Jahrhunderts, in dem Deutschland die Geburt der Café-Konditoreien feierte, stand es für eine Frau, die auf ihren Ruf hielt, außer Frage, ein Café zu betreten. Aber es gab andere Einrichtungen, Pavillons oder Zelte, in den öffentlichen Parks und auf Promenaden, die man sonntags bei schönem Wetter mit der Familie aufsuchte, wo man Kaffee trank. »Hier können Familien Kaffee kochen«, stand auf Schildern: Die Gäste brachten ihren eigenen Kaffee mit, das Haus lieferte heißes Wasser. Bis 1900 gab es um Berlin Dutzende dieser Zelte. In der Stadt selbst besuchte der elegante Berliner das Café Kranzler, 1825 von dem Wiener Johann Georg Kranzler gegründet.

Die Deutschen sind zweifellos mit die besten Kaffeekenner der Welt und haben mit den größten Verbrauch (94% der Bevölkerung trinken 50% mehr Kaffee als Italiener oder Franzosen!). Das Hauptmerkmal des deutschen Kaf-

Um 1700 entstand im Bürgertum der deutschen Städte die Tradition des Kaffeekränzchens, bei dem sich vor allem die Damen nachmittags reihum einluden. So umgingen sie es, ein Café zu besuchen, was damals den Männern vorbehalten war. Solche Kaffeekränzchen waren oft von Musik oder Kartenspiel begleitet. Vor dem Krieg waren sie noch recht häufig (gegenüber, Kaffeekränzchen im Freien, Berlin 1932) und sind bis heute nicht verschwunden. Oben, Portrait des Malers Benno Becker von Lovis Corinth (1892).

fees liegt in der Tradition der leichten Röstung, die den ganzen Geschmack bewahrt und die leichte Säure der besten Arabicas erschließt (nur 10% des Verbrauchs sind Robustas). Ein weiterer Vorteil ist die Art des Vertriebs. Während zum Beispiel in Frankreich die erdrückende Mehrheit der Käufer abgepackte Industriekaffees kauft, geht man in Deutschland schon eher zum Röster, um frisch gerösteten Kaffee zu holen. Wer im Supermarkt Bohnenkaffee kauft, kann ihn meist selbst mit einer dort installierten professionellen Kaffeemühle mahlen. Die Deutschen trinken ihr Lieblingsgetränk (noch vor dem Bier) zu jeder Tageszeit, zuhause wie im Büro, häufig mit Milch und manchmal etwas zu dünn ... Gerne witzelt man über den *Bliemchenkaffe* der sparsamen Sachsen (so dünn, dass man das Blumenmuster der Tasse hindurch schimmern sieht): Angeblich handelt es sich dabei um den Aufguss des Schattens einer Bohne, an einem Faden über das kochende Wasser gehängt ... In dem Land, in dem Melitta Bentz 1908 den Papierfilter erfand, trinkt man immer noch am liebsten Filterkaffee. Selbst in den Cafés, die leider oft ja immer noch meist um 19 Uhr schließen, oder bei den Röstern wie Eduscho oder Tchibo, wo man Mischungen und Spitzenkaffees frisch gebrannt kaufen oder stehend an Tischchen trinken kann. Aber wie überall findet auch in Deutschland der Espresso mehr und mehr Anhänger.

Während des ganzen XIX. Jahrhunderts waren die Zelte und Kioske an öffentlichen Plätzen beim ersten Sonnenstrahl das Ausflugsziel der Großstädter. Im Gegensatz zu den Stadtcafés konnten hier auch ehrbare Frauen verkehren. In Berlin waren die Cafés des Tiergartens (oben, um 1900) an der Spree jeden Sonntag voll ... In den dreißiger Jahren imitierten manche Cafés den Pariser Brauch, die Terrassen mit Holzkohleöfen zu heizen (gegenüber, Berlin).

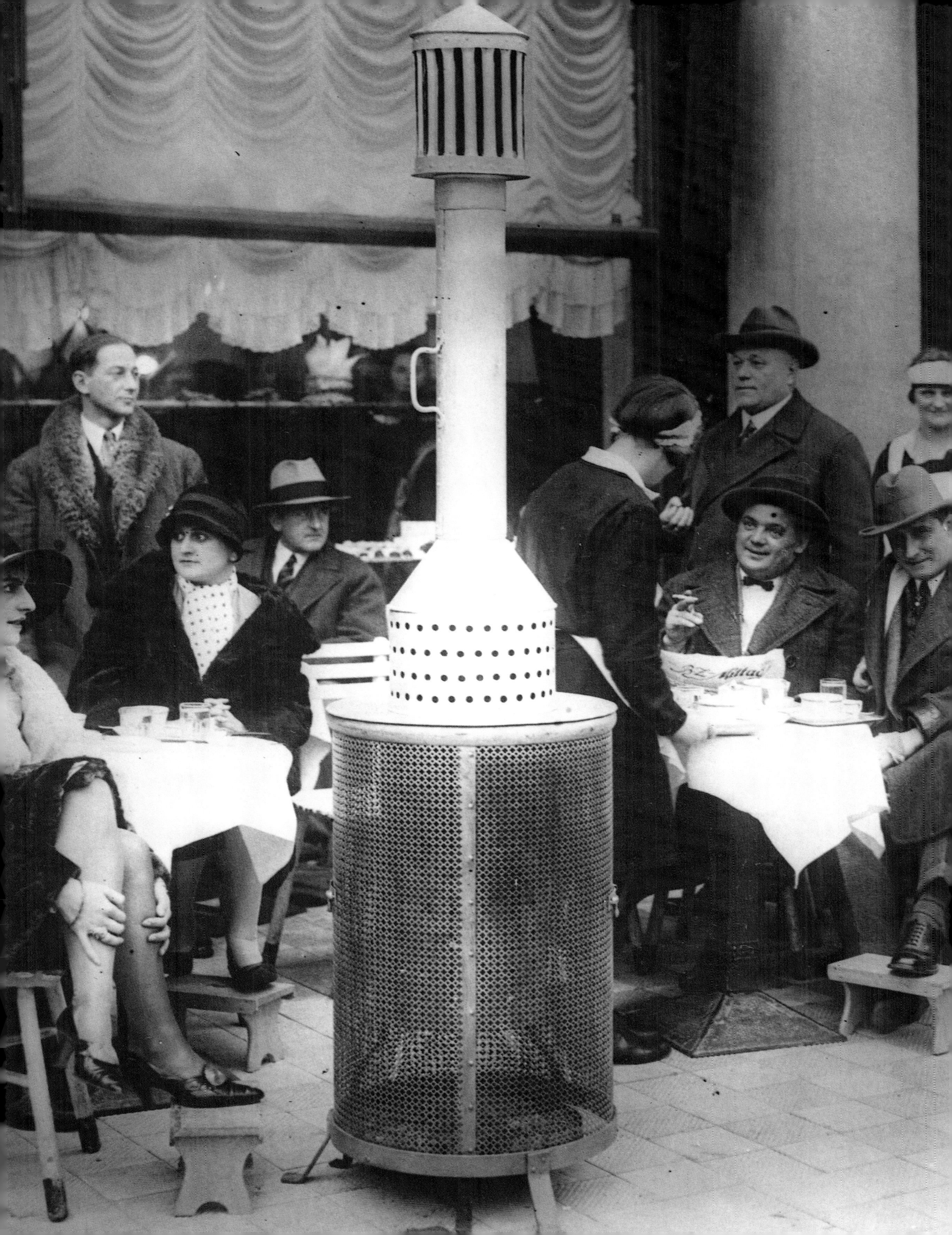

WIEN ODER DER KAFFEEHAUSWALZER

Die Mode des Orientalismus verbreitete sich in Wien unter sehr ähnlichen Umständen wie in Paris – nur vier Jahre früher. Im Jahr 1665 schickte der Sultan Mehmet IV den Pascha Kara Mehmet als Botschafter zu Kaiser Leopold – mit einem bescheidenen Gefolge von dreihundert Personen. Darunter befanden sich zwei beflissene Diener, Mehmet und Ibrahim, die allen Gästen des Botschafters ein seltsames schwarzes Gebräu servierten. Der Kaffee kam bei den Wienern so gut an, dass für seine Zubereitung den ganzen Tag lang ein Feuer unterhalten werden musste und der kaiserliche Buchhalter auf diplomatischem Wege gegen die dadurch entstehende exzessive Holzverschwendung protestierte. Der Botschafter verließ Wien im März 1666, aber die Wiener waren begeistert von dem neuen Getränk und bereiteten sich den Kaffee zu Hause, mit Bohnen, die bei orientalischen Handelsgesellschaften oder durchreisenden levantinischen Händlern erstanden wurden.

Im Jahre 1683 kamen die Türken, diesmal mit weniger friedlichen Absichten, zurück nach Wien. In diesem Jahr belagerten die eroberungswütigen ottomanischen Truppen die Stadt. Ein in der Stadt anwesender polnischer Bürger namens Franz Georg Kolschitzky, der einige Zeit bei den Türken gelebt und ihre Sprache gelernt hatte, erbot sich, als Türke verkleidet, die feindlichen Linien zu umgehen und dem Herzog von Lothringen einen Brief mit der Bitte um Hilfe zu überbringen. Die Mission wurde tadellos ausgeführt, der Herzog rückte mit Verstärkung bis nach Wien vor und zwang die Belagerer zum Abzug. Sie verließen ihre Lager in aller Hast und vergaßen dabei fünfhundert Sack grüne Kaffeebohnen in einem Zelt. Zuerst glaubte man, sie seien zum Füttern der Kamele bestimmt gewesen. Kolschitzky kannte jedoch die köstlichen Bohnen aus dem Orient und erreichte, dass ihm alle Säcke überlassen wurden. Um ihn für seine Tat zu belohnen, erhielt er außerdem eine schöne Geldsumme und ein Haus in der Stadt. Dort gründete er das erste Café Wiens, Die Blaue Flasche, in dem die Bohnen der türkischen Armee nach dem Sieg Tasse um Tasse getrunken wurden.

So lautet die Legende, die man noch heute in der Stadt hören kann. In Wirklichkeit scheint Kolschitzky seine Bohnen wesentlich bescheidener von Tür zu Tür verkauft zu haben ... Tatsächlich kommt die Ehre, das erste Café, Ahnherr all der wunderbaren Kaffeehäuser, die zu Wiens Ruhm beitrugen, eröffnet zu haben, einmal mehr einem Armenier namens Johannes Diodato zu. Der erhielt im Jahre 1685 das Privileg, »als einziger während zwanzig Jahren das türkische Getränk verkaufen zu dürfen«, in einem Geschäft, dessen Namen die Geschichte vergessen hat. Als wieder Frieden einkehrte, kam 1700 eine neue Botschaft der Hohen Pforte in die Hauptstadt der Habsburger. Die diplomatische Mission verbrauchte täglich 25 Kilo Kaffee. Die Händler, die sie begleiteten, organisierten öffentliche Verkostungen des orientalischen Getränks für die Wiener. Nach diesem Datum war Kaffee nicht mehr aus der Stadt wegzudenken, im Jahr 1714 gab es elf Cafés. Ein Jahrhundert später konnte man sie schon nicht mehr zählen. Der türkische Brauch, den Kaffee mit einem Glas Wasser zu servieren, hat sich bis heute erhalten.

Es scheint, als hätte man den Croissant in Wien erfunden, als Gedenken an den Sieg über die Türken, deren Emblem der Halbmond war.

In den historischen Cafés Wiens läßt sich noch der Prunk des österreichisch-ungarischen Reiches bewundern. Im Demel (gegenüber) wurde der Glanz von einst 1985 restauriert. Dieses berühmte Exemplar einer Wiener Café-Konditorei bietet in seinem Rokoko-Dekor zahlreiche Leckereien – nicht zuletzt die Nostalgie ...

Schon bald wurde er in allen Cafés der Stadt serviert, gefolgt von anderen Leckereien, die bis heute den Ruf Wiens als Caféhausstadt festigen. Hier wurden auch zum erstenmal Filterkaffee und Milchkaffee serviert. Die Wiener Caféhäuser waren bald wegen ihrer Schönheit, ihres Komforts und der zahlreichen Annehmlichkeiten, die sie ihren Kunden boten und die sie wie ein zweites Zuhause erscheinen ließen, in ganz Europa berühmt. Nicht selten suchte man sie dreimal täglich auf, um seine Freunde zu treffen und seine Gewohnheiten zu pflegen, wozu auch der stets reservierte Tisch mit Stuhl gehörten.

Im XIX. Jahrhundert tauchten in den Wiener Cafés Designs und Accessoires auf, die bald überall imitiert wurden. Im Daumschen Caféhaus sah man erstmals 1849 die berühmten von Michel Thonet entworfenen Stühle aus gebogenem Holz, die sich in ganz Europa bis nach Istanbul verbreiteten. Auch für die Einrichtung des neuen Museumscafés 1899, dessen klare Linien mit der verspielten österreichischen Tradition brachen – es existiert noch immer in der Friedrichstrasse –, verwandte der Architekt Adolf Loos Thonet-Stühle, nach seiner Meinung »die klassischste Leistung seit Aischylos«. Häufig nachgebaut, fin-

Im XIX. Jahrhundert war das Café Griensteidl (oben), das immer noch in Wien existiert, eines der berühmtesten Etablissements der Hauptstadt. Man besuchte es zum Zeitunglesen, aber auch zum Kartenspiel oder zu politischen Diskussionen (hier trafen sich die Marxisten). Es war bekannt dafür, daß sich hier beinahe nur Männer trafen … Man sieht hier auch die Thonet-Stühle, die nach ihrem ersten Auftauchen in Wien in allen Cafés Europas Einzug hielten.

det man echte Exemplare nur noch in wenigen alten Cafés, vor allem in Mitteleuropa, und natürlich bei Antiquitätenhändlern. In Wien, wo die Cafés ihren Gästen eine große Auswahl an Tageszeitungen bieten, erschienen auch erstmals die Zeitungshalter, lange Klemmen aus poliertem Mahagoni, die die Handhabung erleichterten, das leichte Einstecken der Zeitung dagegen erschwerten … eine Tradition, die in Österreich noch nicht verschwunden ist. Außerdem waren die Wiener Etablissements für ihre Billardrunden und ihre Spiegel berühmt, die nicht nur den Raum vergrößerten, sondern auch dem Sehen und Gesehenwerden entgegenkamen.

Von den sechshundert Cafés Wiens um die Jahrhundertwende sind viele berühmt geblieben und einige gibt es sogar noch. Manche waren mit unglaublichem Luxus ausgestattet, mit Marmor, Kristalllüstern und Statuen. Das Café Silber machte seinem Namen alle Ehre: Service und Kleiderhaken waren aus massivem Silber und für die Damen gab es einen extra reservierten Salon. Andere, nicht minder prächtig, beherbergten die Wiener Bohème, wie zum Beispiel das berühmte Central, eine wahrhafte Café-Bibliothek mit einem für Schachspieler reservierten Salon, den Trotzki während seines Exilaufenthalts in Wien vor 1914 häufig frequentierte. Noch heute weht

Bis in die dreißiger Jahre suchten viele Wiener ihr Stammcafé dreimal täglich auf (oben, um 1910): zum Frühstück zwischen acht und neun, für den schwarzen Kaffee nach dem Essen um drei und am Abend gegen acht Uhr. Die ersten beiden Besuche waren vor allem der Zeitungslektüre vorbehalten: in Wien, wo die Cafés stets Zeitungen zur Verfügung hatten, tauchte auch der Zeitungshalter auf. Am Abend dagegen ging man ins Café, um Freunde, Vereins- oder Clubkameraden zu treffen oder, eine Besonderheit der Wiener Kaffeehäuser, Billard zu spielen.

dem Besucher des Café Central ein Hauch dieser vergangenen Welt entgegen, die Stefan Zweig, zwischen den Weltkriegen, Stammgast im Central, so gut beschrieb. Viele andere Cafés bewirteten Schriftsteller und Künstler, wie das Griensteidl, von Sozialisten bevorzugt, oder das Imperial, Stammcafé der Komponisten Mahler und Bruckner, das Sperl, in dem sich Maler, Bildhauer und Zeichner der Wiener Sezession trafen (steht heute unter Denkmalschutz).

Die Wiener, die zweimal soviel Kaffee wie die Franzosen trinken, würden sich weigern, ein Getränk zu konsumieren, das ihrer feinen Zuckerbäckereien nicht würdig wäre. Die Kaffees, die man in den besten der vierhundert Wiener Caféhäuser bestellen kann, sind von einer Raffinesse, die auch den verwöhntesten Gaumen befriedigt. Zuerst der einfache schwarze Kaffee, den man auch einen Schwarzen oder Mokka nennt und der traditionell auf dem Silbertablett mit einem Glas Wasser serviert wird. Der Mokka kann auch ein Espresso sein. Dann gibt es natürlich die vielen verschiedenen Varianten des Milchkaffees: Die Melange – Kaffee und Milch werden zu gleichen Teilen gemischt; der Kapuziner mit einem Schlag Sahne; der Verkehrt, bei dem die Milch nur mit einem Schuss Arabica gefärbt wird, und sein Gegenspieler, der Braune, ein dunkler Kaffee mit einer milchigen Wolke; oder die Schale Gold, eine goldbraune Mischung. Früher bot der Herrenhof, in dem sich die künstlerische Avantgarde traf, eine Auswahl von zwanzig verschiedenen Milchkaffees an! Eine andere Wiener Spezialität sind die Kaffees mit Schlagsahne: der Einspänner – schwarzer Kaffee im Glas mit einer Haube Schlagsahne; der Eiskaffee – schwarz und kalt auf zwei Kugeln Vanilleeis und mit Schlagsahne gekrönt. So entdeckt man die Seele Wiens von Café zu Café ein wenig mehr, vom Mokka zum Apfelstrudel ...

»Es ist wahr, daß man sich im alten Österreich (...) in den Zeitungen oder im Parlament beleidigte, aber nach ihren ciceronischen Tiraden vereinten sich die Gegner friedlich um einen Tisch, Bier oder Kaffee trinkend«, schrieb Stefan Zweig in *Die Welt von gestern*. Der Schriftsteller war Stammgast im Café Central (gegenüber), 1986 wurde das venezianische Originaldekor restauriert. Andere Wiener Cafés bieten gemütlicheres Ambiente, so wie das Hawelka, das stark von Journalisten und Studenten frequentiert wird und 1939 von Leopold Hawelka (oben) gegründet wurde. Nächste Doppelseite: ein Kaffee unter Freunden in Mitteleuropa, vom Maler Giuseppe Tomiz (1790–1866) dargestellt.

DIE LEICHTEN KAFFEES DES NORDENS

Holland spielte in der Geschichte des Kaffees eine wichtige Rolle. Es startete mit den Schiffen der Ostindischen Handelsgesellschaft den Handel mit den kostbaren Bohnen, stahl den Arabern im Jemen einige Pflanzen, um damit in Java große Plantagen zu gründen und machte Amsterdam zu einem der größten Kaffeeimporthäfen des XVII. Jahrhunderts. Der private Konsum des Getränks begann etwa 1595. Die ersten Cafés öffneten ihre Pforten um 1660 in Den Haag, Haarlem und Amsterdam. Der preiswerte und im Überfluss importierte Kaffee aus Ostindien, der erstmals 1711 in Amsterdam eintraf, ließ den Verbrauch enorm ansteigen: Die Holländer waren bei weitem die größten Kaffeetrinker des XVIII. Jahrhunderts. Noch heute liegen sie weltweit auf dem fünften Platz, jeder Einwohner trinkt drei bis vier Tassen am Tag, acht Kilo Kaffee pro Jahr. Wie in Deutschland und Skandinavien liebt man den Filterkaffee, meistens mit etwas Sahne getrunken und von 90% der Niederländer in einer elektrischen Kaffeemaschine zubereitet. Doch wie überall gewinnen auch hier Cappuccino und Espresso an Terrain, zu Hause wie im Café.

Amsterdam ist eine Stadt der Cafés, oft mit Terrasse, und mit Frühlingsbeginn sitzt man am Ufer der Grachten. Das Ambiente hat einen Charme, der nirgendwo sonst zu finden ist. Zunächst mal die *Braunen Cafés* (bruine kroegen), mit seit ewigen Zeiten unveränderter Einrichtung, alt und voller Patina: Wände und Tische aus dunklem Holz, kupferne Zapfanlagen und alte Lampen, warmes Halbdunkel schaffen eine Atmosphäre, als sei die Zeit stehen geblieben – und so fühlt man sich wohl auch. Auf einem Tisch stapeln sich die Zeitungen; an einem der hinteren Tische sitzen sich zwei Schachspieler gegenüber; der Kaffee dampft und das Parkett knarzt. Einer der berühmtesten *kroege* ist das Hoppe. Im Jahr 1670 gegründet und somit vielleicht das älteste Café Europas. Als Treffpunkt von Schriftstellern und Journalisten ist es heute einer der besuchtesten Plätze der Hauptstadt und hat zu Spitzenzeiten solchen Zustrom, dass sich eine lange Warteschlange bildet, manchmal bis vor die Tür. Ein anderer, De Druif, wo sich häufig Kartenspieler treffen, hat sich in einer alten Distillerie aus dem Jahre 1636 eingerichtet. Es gibt Dutzende dieser angenehmen, heimeligen Plätze. Leider fehlt heute das Gekroond, im XVIII. Jahrhundert wegen seines Kaffeebrunnens bei den Gästen beliebt.

Seit einigen Jahrzehnten haben die niederländischen Architekten mit der Tradition der kleinen dunklen Ecken gebrochen. Neben den *bruinen kroegen* findet man deshalb in Amsterdam sehr schöne moderne, lichte und großzügige Cafés. Das berühmteste und älteste darunter ist das Café Americain, im gleichnamigen Hotel, das der Architekt Willem Kromhout 1902 in reinstem *modern style* erbaute. Außer Lampen und Fresken hat sich seitdem nichts verändert. Nach 1933 war es der Treffpunkt politischer Asylanten aus Deutschland, die vor dem Nazi-Regime flohen. Noch weiträumiger ist das De Jaren, dessen wunderbare Terrassen auf die Amstel hinausgehen. In der frischen Seeluft wärmt man sich dort an einer Tasse *koffie* und träumt von Indien und den Clippern früherer Zeiten.

Noch höher im Norden treffen wir auf die größten Kaffeetrinker der Welt: Die Finnen und Schweden halten den

In Amsterdam heißen einen die antiken Läden der Kaffeehändler (gegenüber, oben, das Haus Keijzer-Simon Levelt) oder die *bruinen kroege*, die ältesten Cafés Europas (unten, das Papeneiland), willkommen: Das knackende alte Holz und das gedämpfte Licht versetzen den Besucher in die Anfangszeit der Kaffeehäuser zurück. Im XVIII. Jahrhundert trank man hier den Kaffee aus chinesischem Porzellan. Erst im folgenden Jahrhundert begannen die niederländischen Fayence-Manufakturen mit der Herstellung von Trinkgefäßen, wie dieser schönen Kanne, auch als Kaffeekanne nutzbar, die um 1760 in Arnhem hergestellt wurde (Vignette).

absoluten Weltrekord mit mehr als dreizehn Kilo Kaffee pro Jahr und Kopf, also mehr als fünf großen Tassen täglich. Wie die Deutschen schätzen sie leicht gebrannte Arabicas bester Qualität und trinken den Kaffee sehr leicht, aber heiß, meist in Thermoskannen serviert. Dieser Kaffee wärmt Körper und Seele auf.

Für einen Kaffeefan ist es beruhigend festzustellen, dass die Länder, in denen der Kaffee einen schwierigen Start hatte, heute jene sind, die am meisten verbrauchen. Als er um 1680 in den nordischen Ländern auftauchte, fand er nur langsam Freunde und die Autoritäten führten einen ständigen Kampf gegen ihn. Stockholm zum Beispiel wies ein Jahrhundert später nur fünfundvierzig Kaffeehäuser auf, eine sehr bescheidene Zahl verglichen mit anderen europäischen Großstädten. Zwischenzeitlich mussten sie auch noch mit Beschränkungen rechnen. Zunächst einmal durfte ab 1731 nicht gespielt, später auch kein Kaffee (und kein Tee) ausgeschenkt werden, die im Jahre 1746 als schädlich und überflüssiger Luxus betrachtet wurden; die Maßnahme wurde allerdings ein Jahr später zurückgenommen, da die schwedische Regierung es klüger fand, die Produkte hoch zu besteuern. In den Jahren 1756, 1766, 1794 und 1799 gab es neue Verbote mit anschließender zeitweiliger Aufhebung und natürlich Erhöhung der Steuern… Dieses ständige Auf und Ab dauerte bis 1853, seitdem konnten sich die Schweden endlich ungestört ihrer Liebe zum Kaffee hingeben. Bestimmt erzählte man auch damals schon die Geschichte über Gustav III. und die Zwillinge: Am Ende des vorhergehenden Jahrhunderts wollte der schwedische König die Schädlichkeit von Tee und Kaffee miteinander vergleichen. Dazu wählte er in den Kerkern des Königreiches zwei wegen Mordes zum Tode verurteilte Zwillingsbrüder aus und ließ den einen nur Tee, den anderen nur Kaffee trinken, um zu sehen, welcher als erster stürbe. Das Experiment fand unter medizinischer Kontrolle statt und endete mit dem Tode… der Ärzte. Die Ernährung schlug bei den Zwillingen so gut an, dass sie beide dreiundachtzig Jahre alt wurden. König Gustav war da schon längst ermordet worden.

Wie in Schweden wurde das Kaffeetrinken auch in den anderen skandinavischen Ländern erst Mitte des XIX. Jahrhunderts alltäglich. Lange Zeit war die übliche Zubereitung langes Kochen. Diese Methode ist noch nicht ganz zugunsten des Filterkaffees verschwunden, denn besonders in Norwegen kocht ein Drittel der Verbraucher den Kaffee auch heute noch. Man trinkt ihn vor allem im Büro und zu Hause. Überall gibt man gerne Milch dazu und zögert nicht, ihn zu *kräftigen:* Der schwedische *kaffekask* besteht aus Kaffee und Aquavit, sein dänisches Gegenstück ist der *kaffepunch.*

Mit oder ohne Schnaps ist Kaffee auch das Lieblingsgetränk der Lappen, die in dem Getränk von den Ufern des Roten Meeres finden, was der Polarregion fehlt. Wie könnte man die Weltläufigkeit des Kaffees besser beweisen?

Kleine Porzellantassen, Kanne aus Zinn und Komplimente: *In einem flämischen Café* gesehen von J. Horemans (1682–1759). Der nordische Forscher Roald Amundsen wurde nach seiner Rückkehr von der Expedition zum Südpol 1911 mit einem grandiosen Empfang im Wintergarten des Hotel d'Angleterre in Kopenhagen gefeiert (gegenüber). Auch heute noch wird in Stockholm, wo der Kaffee als ein Nationalgetränk gilt, nach alter Tradition den Nobelpreisträgern nach der Verleihung Kaffee gereicht.

KAFFEE GEGEN TEE

Um 1650 entdeckten die Briten gleichzeitig zwei Neuheiten: Kaffee und Tee. Wir wissen, welches Getränk schließlich ihr Herz eroberte, aber der Kampf dauerte ein knappes Jahrhundert. Das erste englische Café eröffnete 1650 in Oxford und gehörte einem libanesischen Juden namens Jacob. Es wurde hauptsächlich von Studenten besucht. Zwei Jahre später hatten auch die Londoner ihr *coffee house*. Es lag in Cornhill, in der St. Michael Alley. Der Wirt, ein Grieche namens Pasqua Rosée, erfand die erste Kaffeereklame: Er ließ ein von ihm getextetes Plakat drucken – das Britische Museum bewahrt noch ein Exemplar davon auf – welches die zahlreichen Eigenschaften eines Getränks preist, das sowohl Husten, Skorbut, schlechte Verdauung, Schnupfen, Kopfweh und den *spleen* heilen konnte. Tatsächlich linderte der Kaffee ein Übel, das damals die britische Nation plagte: den Alkoholismus. Anerkannte Ärzte propagierten den Kaffee, um die Sucht zu bekämpfen, und lösten damit einen Ansturm auf das neue Produkt aus, der überall *coffee houses* an Stelle der Bier- und Weinschänken entstehen ließ. Ende des XVII. Jahrhunderts schien London die europäische Kaffeehauptstadt zu sein und jeder Berufszweig, jede Bevölkerungsschicht, jede Partei hatte seine oder ihre Stammcafés. Nach Zeitzeugen zählte die Stadt damals etwa dreitausend Cafés. Die Leute aus der City konnten die Börsenkurse bei Garraway's oder Jonathan's verfolgen; Soldaten zerstreuten sich bei Old oder Young Man's; die beiden feindlichen Parteien *whigs* und *tories* versammelten sich in zwei Cafés der St. James Street, dem St. James und dem Ozinda's.

Das Grecian war eines der Intellektuellen-Cafés, die man in London wegen des bescheidenen Mindestbetrages, den man dort ausgeben musste (minimum charge), *penny universities* nannte. Dort trafen sich gewöhnlich Hans Sloane, Gründer des Britischen Museums, Edmond Halley, der durch den berühmten Kometen unsterblich gewordene Astronom, und Isaac Newton.

Ende des XVIII. Jahrhunderts hatten die meisten der dreitausend Londoner *coffee houses* ihre Pforten geschlossen und nur die elegantesten wandelte man in Clubs für Gentlemen um. Andere wurden eher anrüchige Etablissements, wie das Pantheon in der Oxford Street (oben, *The Humours of the Pantheon*, mezzotinto von William Humphrey, 1772).

Eines Tages zerlegten sie dort, vor den Augen eines aufgeregten Publikums, einen Delphin, der aus der Themse gefischt worden war. Einige *penny universities* waren auch Büchereien, wie das Salmon Coffee House, andere Zeitungsredaktionen, wie das St. James, wo der Tatler und der Spectator gegründet wurden. Zwei davon waren wahre Tempel der englischen Literatur, in denen sich Autoren und Verleger trafen. Zunächst das Wills', wo Schriftsteller wie Swift, Pope, Addison oder Pepys mit John Dryden, der jeden Tag kam und seine Zuhörerschaft wegen seines ungewöhnlichen Charismas faszinierte, am Tisch saßen. Um 1712 war dann ein *coffee house* mit dem Namen seines Gründers, Daniel Button, an der Reihe, die Elite der englischen Literatur und besonders die Parteigänger der *whigs* anzuziehen.

Die Werke William Hogarths (1697–1764) zeigen sowohl populäre wie auch besonders gepflegte Cafés, dabei Realismus und Karikatur mischend, und legen damit bewundernswertes Zeugnis für die besondere Begeisterung ab, die der Kaffee im London der Jahre 1680 bis 1750 erweckte. In seinem Frühstück der Comtesse (oben) erkennt man den schwarzen Diener und den »Gesellschaftsmohren«: Man konnte sich in London in manchen coffee houses von schwarzen Sklaven versorgen lassen. Die Vignette zeigt eine silberne Kaffeekanne vom Goldschmied George Methmen aus dem Besitz Georgs III.

Aber das Café mit dem seltsamsten Schicksal sollte das der Seeleute, ob einfacher Matrose, Kapitän oder Reeder sein. Das Lloyd's Coffee House wurde um 1685 von Edward Lloyd in der Tower Street eröffnet, ehe es 1691 in die Lombard Street umzog. Schnell wurde es zum Zentrum der Schifffahrt, egal, ob es sich um Anheuern, Handel oder Schiffskäufe handelte. Im Jahre 1695 gründete Edward Llloyd seine eigene Zeitung, Lloyd's News, wo man alle möglichen Nachrichten über die Seefahrt lesen konnte. Damit nicht genug, er betätigte sich auch als Makler, organisierte Transporte, besorgte Pässe, beschaffte Versicherungen. Der geschäftstüchtige Wirt starb 1712. Seine Nachfolger vernachlässigten das Café nach und nach zugunsten dessen, was später die bekannteste Versicherungsagentur der Welt werden sollte, Lloyd's of London.

Der schnelle Erfolg der *coffee houses* und die freien Reden, die dort gehalten werden durften, erregten natürlich auch Eifersucht und Unruhe. Puritaner, verlassene Frauen und auch die Brauer machten gemeinsam gegen das schwarze Gebräu, dem sie alle Übel zuschrieben, Front. »Es ist eine Schande für Christenmenschen, um jeden Preis Türke sein zu wollen!« empörte sich jemand auf einem Pamphlet 1663. Elf Jahre später ließen ein paar wütende Ehefrauen eine Petition der Frauen gegen den Kaffee in London herumkreisen, die eine furchtbare Verleumdung enthielt: »Kaffee macht den Mann ebenso steril wie die Wüste, aus der dieses elende Gewächs stammt.« Ins Mark getroffen, veröffentlichten die Männer ein wunderbares Plädoyer als Antwort der Männer auf die Petition der Frauen gegen den Kaffee. König Charles II., der gewöhnlich klüger war, mischte sich ein: Am 3. Januar 1676 wurde per Dekret die Schließung aller Cafés angeordnet; in den Straßen plakatierte man die Erklärung, dass dort »Unruhe gegen die Regierung seiner Königlichen Majestät und das ganze Land durch skandalöse und böswillige Gerüchte gesät werde«. Das Verbot dauerte so lange, wie es auch in anderen Ländern gedauert hatte, nämlich nur wenige Tage. Länger konnte es dem beträchtlichen Druck des empörten Volkes nicht standhalten.

Erst ein anderer Gegner, subtiler und wirksamer, machte in den Jahren um 1730 der außergewöhnlichen Begeisterung der Engländer für den Kaffee ein Ende. Über die Gründe, warum sie plötzlich den Tee vorzogen, wurde viel geschrieben. Eine Frage des Temperaments, meinen einige, so auch H. E. Jacob in seiner Geschichte des Kaffees: »(Der Kaffee) ist kein Familiengetränk. Kaffee bringt in Schwung, macht redsam, diskussionsfreudig, und zwar auf sittsame Art. Er ermuntert zu Kritik und Analyse. Er macht nicht träge, lädt nicht zu Träumereien am Kamin ein, während das Auge dem Verglimmen der Scheite folgt. (...) Der Tee dagegen liebt die Ruhe, das Schweigen des Buddhismus. Es ist ein Getränk für Schweigsame, also gut für die Engländer geeignet.« Tatsächlich gibt es mehrere Gründe für die plötzliche Abwendung. Zunächst mochten die Engländer vor allem die coffee houses mehr als den Kaffee, den ohnehin keiner richtig zubereiten konnte. Er wurde gekocht, schlecht gefiltert, ohne Zucker serviert ... dafür manchmal mit Senf! Dann hatten die Gentlemen die Coffee Houses satt, wo sich jedes Individuum für einen *penny* an ihren Tisch setzen konnte. Die Vorliebe der Briten für strenge Trennung der Schichten trägt schließlich den Sieg davon und die Mehrzahl der Cafés wird in

Mit Zylinder, Redingote und sorgfältig gebundener Krawatte trifft sich die elegante Männerwelt Londons, im XIX. Jahrhundert der Coffee Houses beraubt, in den Clubs. Die meisten verfügen über einen *coffe room* (gegenüber, der prächtig ausgestattete des Army and Navy Clubs, auf einer Lithographie von R. K. Thomas 1851), wo das stimulierende Getränk in kostbarem Porzellan serviert wird. Die Vignette zeigt Werbung von anno dazumal für den *Elephant French Coffe*.

private Clubs oder in einfache Tavernen, wo billiger Alkohol in Strömen fließt, umgewandelt. Der Tee gewinnt auch aus ökonomischen Gründen: Die East India Company, die im Gegensatz zu den holländischen und französischen Handelshäusern so gut wie keinen Kolonialkaffee zu handeln hatte, wandte sich lieber dem chinesischen Tee zu. Die Regierung unterstützte sie bei diesem neuen Engagement nach Kräften. Im XIX. Jahrhundert übernimmt schließlich der Tee unangefochten die Herrschaft im britischen Empire …

Das hindert einen heute nicht, in Großbritannien, wo es ausgezeichnete Röster gibt, guten Kaffee zu trinken. In London findet man zur Freude der Liebhaber von Spitzenkaffees einige renommierte Häuser wie Whittard of Chelsea, Algerian Coffee Stores oder H. R. Higgins. Doch trotz neuerwachten Interesses an Qualität, konsumiert die Mehrzahl der Briten löslichen Kaffee.

Zwei ungewöhnliche Szenen im Lande des Tees: Am 29. September 1950 teilen französische Soldaten bei gemeinsamen Manövern in Davenport wohlgemut den Kaffee der britischen Kameraden …(oben) Am Sloane Square macht am 10. September 1958 der Bürgermeister von Chelsea Pause bei einem Straßen-Kaffeeverkäufer (gegenüber).

1816-P27

Auch auf der anderen Seite des Ozeans, in Neu-England, ersetzt im Laufe des XVIII. Jahrhunderts der Tee nach und nach den Kaffee. Die Kolonisatoren der Neuen Welt kennen den Kaffee mindestens seit 1668, als das Getränk, gezuckert und mit Zimt gewürzt, erstmals bei einigen Großbürgern New Yorks auftaucht. Die ersten Coffee Houses ähneln jenen Londons. Das London Coffee House eröffnete 1689, 1696 gefolgt vom berühmten Kings'Arms in New York, von dessen auf dem Dach gelegenen *Observatorium* man bequem im Sessel sitzend das wunderbare Panorama von Hudson Bay und Stadt bewundern konnte. Das Etablissement, in dem sich Kaufleute, Richter und Bankiers trafen, hatte bis 1709 keine Konkurrenz. Die später in allen großen Städten eröffneten Cafés servierten eher Tee als Kaffee. Um 1670 war Tee bei allen Bevölkerungsschichten sehr beliebt. Deshalb rief auch die Entscheidung der Krone, den Amerikanern hohe Importsteuern für das Produkt abzuverlangen, heftige Reaktionen seitens der Nationalisten hervor. Sie kulminierten schließlich am 16. Dezember 1773 in der bekannten Boston Tea Party: Amerikanische Patrioten enterten drei im Hafen ankernde Schiffe der East India Company und warfen dreihundertzweiundvierzig Kisten mit Tee über Bord. Als Symbol der britischen Vorherrschaft wurde er überall boykottiert. Der Kaffee hatte seine Revanche: Rasch wurde er zum beliebtesten amerikanischen Getränk. Im Merchants Coffee House in New York, das sich sehr im Unabhängigkeitskampf engagiert hatte, gab denn auch der erste Präsident der Vereinigten Staaten, George Washington, am 23. April 1789 seinen Empfang anlässlich der Amtsübernahme.

Zu dieser Zeit tranken die Amerikaner einen recht anständigen, aber leider gekochten Kaffee von den französischen Antillen. Im Gegensatz zu den Franzosen, die seit Beginn des XVIII. Jahrhunderts die Schädlichkeit des langen Kochens begriffen hatten, ignorierten sie lange Zeit die Segnungen des Aufgusses oder der Perkolation. Nur New Orleans machte da eine Ausnahme, wo die französische Präsenz schon bald dafür sorgte, dass guter Kaffee genossen wurde, ob in den Hafengassen oder den eleganten Cafés des französischen Viertels. Dem Rest des Landes empfahl noch 1844 ein Kochbuch, den Kaffee zwanzig bis fünfundzwanzig Minuten zu kochen. Erst Ende des XIX. Jahrhunderts tauchten die ersten Filterkannen auf. Ab 1912, mit der Gründung der nationalen Vereinigung der Kaffeeröster, dem Better Coffee Making Committee (Verband für bessere Kaffeezubereitung), setzte diese eine sehr nützliche Informationskampagne in Gang, um mit vergleichenden Methoden die Vorzüge von Filterkannen und Perkolatoren, Papier- oder Tuchfiltern zu beschreiben. In den zwanziger Jahren ließ die Prohibition den Kaffeekonsum weiter ansteigen. Nun tauchte auch der lösliche Schnellkaffee in den amerikanischen Küchen auf, so praktisch, dass er in kurzer Zeit Millionen Amerikaner für sich gewann und sie an einen recht zweifelhaften Geschmack gewöhnte – der durch den steigenden Anteil von Robustas in den Mischungen der großen Hersteller nicht verbessert wurde.

Man muss es so sagen: Zwischen einem mittelmäßigen löslichen und einem faden, überkoffeinierten Robusta eine gute Tasse Kaffee zu bekommen, grenzte im Amerika der sechziger Jahre an ein Wunder. Erst ab 1970 setzte eine Reaktion ein, die zur außergewöhnlichen Begeisterung, die wir heute antreffen, führte. Einer der

Am Broadway setzte ein Musical vor einigen Jahren einen Büroangestellten in Szene, der seiner Kaffeepause beraubt wird: »Something within me dies…« (»In mir stirbt etwas…«) seufzt er verzweifelt. Der *coffee break*, unverzichtbarer Moment der Entspannung, wurde in den USA erfunden (gegenüber, oben, Kaffeepause für Rock Hudson und Laureen Bacall bei Dreharbeiten 1956). Gegenüber, unten, Familienkaffee: Walter Pidgeon, Greer Garson und Donna Corcoran bei Dreharbeiten. Die Vignette zeigt ein Werbeplakat Ende des XIX. Jahrhunderts.

profundesten amerikanischen Kaffeekenner, der Journalist Corby Kummer, beschreibt in seinem Buch *The Joy of Coffee* die Rolle, welche der holländische Röster Alfred Peet für diese neue Begeisterung spielte: Seit 1966 in Berkeley wohnend, gelang es ihm, die Kalifornier auf den Geschmack eines guten Arabicas zu bringen. Drei seiner treuen Bewunderer, Studenten, gründeten 1971 die Firma Starbucks in Seattle, die seitdem, mit Hunderten von Ladencafés und Verkauf per Katalog, eine wirkliche Institution des guten Kaffees in den USA geworden ist. In der Folge wurden mehrere Ketten dieser Art gegründet. Sie und Starbucks lancierten 1980 die Mode des *espressos* und *cappuccinos*. Aber die Kaffees auf italienische Art sind meist dem amerikanischen Geschmack angepasst: Viel Milch mit wenig Kaffee und man erfand den *caffè americano*, Espresso mit Wasser gestreckt. In Seattle, dem Mekka des Espressos, gibt es überall gute Händler, in Einkaufszentren wie in Büchereien, und Straßen-Espressoverkäufer mit speziell eingerichteten Wägelchen (die *espresso carts*, in den USA sehr in Mode) trifft man an jeder Straßenecke. In jeder Stadt gibt es mehrere Röster mit einem großen Angebot an Spitzengewächsen, die man dort trinken, mitnehmen oder über Katalog bestellen kann. Im ganzen Land werden Kaffeefestivals organisiert und Reisebüros bieten Besuche auf Plantagen an. Viele Spezialzeitschriften (Coffee Companion, Strong Coffee, Fresh Cup, Coffee Talk Magazine etc.) besprechen für ihre Leser die letzten Neuerscheinungen und diskutieren endlos Techniken des Dekoffeinierens oder die Vorzüge dieser oder jener Kaffeemaschine. Von der Westküste ausge-

»Es gibt in Amerika kein einziges Café, in dem man stundenlang sitzen könnte, gäbe es eines, dann wäre es kein angenehmes, wäre es angenehm, hätte es längst Pleite gemacht«, läßt der österreichische Schriftsteller Alfred Polgar eine seiner Figuren, einen amerikanischen Verleger in den dreißiger Jahren, sagen. Wenn es den Amerikanern auch immer noch nicht liegt, Stunden in einem Café zu verbringen, so entdecken sie doch mit Begeisterung guten Espresso und einige Espressobars haben großen Erfolg. Oben *Nachtvögel* von Edward Hopper (1942).

hend, hat die Mode des mit verschiedenen Sirups parfümierten Kaffees (Vanille, Nuss, Karamel, Schokolade, Pfefferminz) das ganze Land ergriffen und erfreut sich zunehmenden Erfolgs. Ihr Hauptverdienst ist es, dass sie junge Leute, die eher an Sodas gewöhnt sind, mit der Welt des Kaffees bekannt machen. Klassischer (und besser) ist der Eiskaffee, wohltuend an heißen Tagen und überall zu haben.

Ein weiteres untrügliches Erfolgszeichen ist der Kaffee im Internet. Dort findet man sowohl Rezepte für beispielsweise geeisten Kaffee auf vietnamesische Art als auch Adressen der besten Cafés in Vancouver oder Dutzende amerikanischer Ausdrücke für das Getränk: Bean soup, a cup of good morning America, liquid love, etc. Dort findet sich auch die bekannte Kaffeeküche der Universität von Cambridge in England, in der ständig eine Kamera läuft: So weiß stets die ganze Welt, ob es in Cambridge noch Kaffee gibt …

Die gleiche ebenso überraschende wie heftige Begeisterung herrscht in Japan. Das traditionell unersättlich Tee trinkende Volk der Japaner hat den Verbrauch von Kaffee in den letzten zwanzig Jahren verdreifacht. Es wird heute im Durchschnitt mehr Kaffee getrunken als in England. Die Japaner trinken ihn in den *kissatens* (Cafés) oder, dank zumindest origineller Verpackungen, auf der Straße oder zuhause. Im Land der aufgehenden Sonne schätzt man dieses Getränk nämlich in Dosen – heiß oder kalt, gezuckert oder nicht, mit Milch oder Natur – aus dem Automaten. Es existiert auch in Einliterkartons oder Dreiliterkanistern! Aber Japaner, die sich mit Kaffee auskennen, brauchen die Kaffeekenner der Welt nicht zu beneiden: Europäische Importeure der grünen Bohnen toben, weil ihre japanischen Kollegen manche Spitzengewächse zu ebensolchen Preisen aufkaufen und sie damit für uns unzugänglich machen. Der berühmte jamaikanische Blue Mountain, einer der begehrtesten Kaffees der Welt, hat dort solchen Erfolg, dass die Preise ins Unermessliche klettern. Die *kissatens* bieten ihren Gästen die besten Arabicas der Welt an, in kleinen Kaffeemaschinen vom Typ Cona zubereitet. Als Gipfel der Raffinesse servieren manche Lokale den Kaffee je nach Sorte in Tassen verschiedener Form und Farbe, um seine Individualität noch zu unterstreichen.

So ist der Kaffee zu einem Weltgetränk geworden. Unter den Getränken, die wir alle gemeinsam haben, ist er sicher das am wenigsten gleichförmige. Im Gegensatz zu gewissen Erfrischungsgetränken, die sich der Welt aufdrängen, ohne sie zu respektieren, passt sich der Kaffee den Eigenheiten der Völker an und lässt ihnen ihre Unterschiede: Welches andere Getränk eignet sich ebenso gut für die Riten nomadischer Gastfreundschaft wie zum *keyif* der Orientalen, wo mit Wonne die verstreichende Zeit bis zum Sinken des Kaffeesatzes genossen wird, als auch für die fröhliche Geschäftigkeit italienischer Espressobars mit ihren tausend Espressi pro Stunde? Der Kaffee hat Länder und Menschen erobert, ohne sie zu unterwerfen. Wir meinen deshalb, er hat es verdient, geliebt zu werden, wegen seines herrlichen Dufts, seines exquisiten Geschmacks und wegen seiner Fähigkeit, Menschen einander näher zu bringen.

Bei der Begutachtung einer neuen Kaffeemaschine im Jahre 1932 (gegenüber) könnte diese Hausfrau aus Philadelpia *A cup of coffee, a sandwich and you* (Eine Tasse Kaffee, ein Sandwich und du), *Coffee in the morning and kisses in the night* (Kaffee am Morgen und Küsse in der Nacht) oder *You're the cream in my coffee* (Du bist die Milch in meinem Kaffee) summen: Während der Prohibition trugen populäre Songs und Werbekampagnen zur beträchtlichen Steigerung des Kaffeeverbrauchs in den USA bei.

Filterkaffee oder Liebestrank? Das Paradies aus der Sicht Hollywoods: Lana Turner und Bob Hope in *Bachelor in Paradise* von Jack Arnold 1961.

Führer für Kaffeefreunde

DIE GUTEN ADRESSEN

Es ist unmöglich, sämtliche Plätze auf dieser Welt, an denen man guten Kaffee kaufen oder trinken kann, zu beurteilen. Deshalb stellten wir die Adressen der Häuser zusammen, die wir persönlich kennen, und jener, die uns Kenner – Liebhaber oder Profis – genannt haben. Daraus erklärt sich die zwangsläufig beschränkte Auswahl. Auch sind aufgrund ihres geschichtlichen Hintergrunds oder besonderen Atmosphäre berühmte Cafés aufgeführt, genauso wie aus unterschiedlichen Gründen gern besuchte, auch wenn der Kaffee dort nicht unbedingt immer perfekt ist. Da die Adressen für guten Kaffee bestimmt weltweit mehrere tausend zählen, möge der Leser die ein oder andere unvermeidbar übersehene verzeihen!

WO MAN GUTEN KAFFEE KAUFT

Wir haben unsere Adressen vor allem unter dem Gesichtspunkt aufgelistet, dass die Häuser Kaffee im Einzelverkauf anbieten, ihn frisch rösten und ihn in ganzen Bohnen oder auf Wunsch gemahlen verkaufen. Wir geben an, ob es möglich ist, vor Ort Kaffee zu trinken, was oft der Fall ist. Fast alle diese Einrichtungen verkaufen auch Zubehör und man hat dort die größte Auswahl und die beste Beratung beim Kauf von Kaffeekannen, Espressomaschinen, Mühlen, Dosen, etc.

DEUTSCHLAND

EDUSCHO
Sitz: Lloydstraße 4, 28217 **Bremen.**
Tel.: 04 21/3 89 30
In der gesamten Bundesrepublik Deutschland tragen ca. 800 Geschäfte das Zeichen dieser sehr bekannten Bremer Rösterei und vertreiben ihre acht Mischungen, die in Bremen und Berlin geröstet werden. Man kann hier im Stehen eine ganze Reihe von Kaffeesorten trinken und gleichzeitig von besonders günstigen Angeboten verschiedener Artikel (Kleidung, Uhren, Geschenkartikel) zu konkurrenzlosen Preisen profitieren.

WACKER'S
Kornmarkt 9–11, 60311 **Frankfurt am Main.**
Tel.: 069/28 78 10.
Eine sehr schöne Rösterei, die 1914 gegründet wurde und ca. zwanzig verschiedene hervorragend gebrannte Kaffees anbietet: reine Sorten wie Maragogype aus Mexiko, Kaffee aus Java, Guatemala, Costa Rica, Mokka Sidamo und einige raffinierte Mischungen wie den »Meister« auf der Basis von Arabicas aus Zentralamerika. Alles kann gekostet werden (Foto S. 88)

TCHIBO
Sitz: Überseering 18, 22297 **Hamburg.**
Tel.: 040/63 870
Mehr als 600 Tchibo-Café-Geschäfte vertreiben die Kaffeesorten dieser großen Rösterei, der zweitgrößten Deutschlands. Man geht hierher, um ausgezeichneten Kaffee zu trinken (Filterkaffee, Espresso, Cappuccino, Kaffee mit Haselnuss- oder Vanillegeschmack) oder um, wie bei Eduscho, von speziellen Angeboten verschiedenster Artikel zu profitieren, die nichts mit Kaffee zu tun haben und wöchentlich wechseln.

ALOIS DALLMAYR
Dienerstraße 14-15, 80331 **München.**
Tel.: 089/21 35-0
Ein sehr edles und vornehmes Feinkostgeschäft. Das wunderbare Kaffeeregal dient als Schmuckkasten für die außergewöhnlichen, bemalten Porzellanbehälter, in denen die Kaffeebohnen aufbewahrt und mittels eines kleinen Spenders abgefüllt werden. Alle hier verkauften Kaffeesorten sind Auslesen reiner Arabicas aus unterschiedlichen Lagen, vom Haus kunstvoll in feinen Kompositionen, von denen die bekannteste »Prodomo« heißt, geröstet.(Foto S. 82)

EILLES
Residenzstraße 13, 80333 **München.**
Tel.: 089/22 61 84
(Weitere Adresse: Schweizer Straße 34–35, 60594 **Frankfurt.** Tel.: 069/62 16 43).
Diese bekannte Haus wurde 1873 gegründet und war Bayerischer Hoflieferant. Heute gehört es zu der bekannten Hamburger Rösterei J. J. Darboven. Man findet dort eine reiche Auswahl exzellenter Kaffeesorten.

FRANKREICH

PARIS UND UMGEBUNG

BRÛLERIE DE L'ODÉON
6, rue Crébillon, 75006 Paris.
Tel.: (01)43 26 39 32
Dieses Café mit altmodischem Charme war früher die Rösterei des hervorragenden Hauses Suavor, das seit 20 Jahren in seiner kleinen Fabrik in Vitry röstet, aber den Laden am Odéon behalten hat, aus dem ein Kaffee- und Teesalon wurde. Man kann dort einige der guten Kaffeesorten von Suavor lose kaufen.

DIE AUSLESEN AUF DEM KAFFEEMARKT
Als unabhängiger Röster bietet Gérard Mathieu seine Auslesen auf verschiedenen Märkten an. Sie sind klassisch, aber mit viel Feingefühl und Rücksicht auf ihre Verschiedenheit geröstet: der Maragogype aus Mexiko braun, der Sigri aus Neu-Guinea heller (»robe de moine«), der Kaffee aus Haiti dunkel ... Gérard Mathieu führt auch Kaffee aus Costa Rica, Kuba, die Mokkas Harrar und Sidamo, einen entkoffeinierten Kaffee und eine italienische Mischung, d. h. schön kräftig und für Espresso geeignet. Alle kann man kosten (8.30 bis 13.30 Uhr: mittwochs und sonntags auf dem Marché de Grenelle – Metrohaltestelle Dupleix; donnerstags und samstags auf dem Marché de Saxe-Breteuil – Ebene 31, avenue de Saxe; freitags auf dem Marche de Mouton-Duvernet.)

BRÛLERIE DES TERNES
10, rue Poncelet, 75017 Paris.
Tel.: (01)-46 22 52 79
(Weitere Adresse: Torréfaction de Passy, 28, rue de l'Annonciation, 75016 Paris. Tel.: (01)-42 88 99 90). Rémie Romieu, Sohn eines Kaffeerösters mit zwanzigjähriger Geschäftserfahrung, röstet täglich 90 Kilogramm guten Kaffees: Sul de Minas aus Brasilien, die Mokka Sidamo und Harrar, Kona aus Hawaii, Antigua aus Guatemala, Supremo aus Kolumbien, Malabar Monsun und den unübertrefflichen Blue Mountain. Man findet dort auch eine große Anzahl von Mischungen, darunter den Klassiker »Mélange des Rois« (Königsmischung, aus drei großen Arabicas). Die Röstung variiert je nach Sorte und nach Nachfrage der Kunden: Man bietet ausgezeichneten Maragogype aus Mexiko hell geröstet und ölhaltige, schwarze brasilianische Sorten für türkischen Kaffee an.

CAFÉS ESTRELLA
34, rue Saint-Sulpice, 75006 Paris.
Tel.: (01) 46 33 16 37
Herr Lesage pflegt eine Vorliebe für Sorten aus Vulkangebieten wie Hawaii, Puerto Rico und Blue Mountain aus Jamaika. Diese Köstlichkeiten gibt es einige Monate im Jahr zu kaufen. Andere große Klassiker sind auch im Angebot wie die Mokkas Harrar und Sidamo, der AA aus Kenia sowie die augenblickliche Neuheit, der einzigartige australische Skybury. Das Haus bietet ein perfektes kleines Geschenkpaket aus Sidamo, Kenia AA und Kaffee aus Guatemala, in kleinen Döschen zu 125 Gramm an. Liebhaber der neuen Geschmacksrichtung können sich auf aromatisierte Kaffeesorten freuen (Vanille, Schokolade, Orange und Irish Cream).

CAFÉS LHÉRITIER
111, rue Mouffetard, 75005 Paris.
Tel.: (01) 47 07 13 83 (Weitere Adressen: 11, rue Lepic, 75018 Paris; 86, rue de Paris, 94220 Charenton.)
Dieses Haus bietet bei den klassischsten Sorten immer Kona aus Hawaii, Blue Mountain, Sigri aus Neu-Guinea und gelegentlich eine interessante Rarität wie einen Bonifieur aus Guadeloupe an, eine der weltbesten Sorten, die es lange Zeit nicht mehr gab und bei einigen Röstern in Frankreich heute wieder zu hohen Preisen produziert wird. Es wird nicht in den Geschäften geröstet, sondern in einer Fabrik bei Paris.

CAFÉS MARNA
24, rue du Faubourg-Montmartre, 75009 Paris.
Tel.: (01) 47 70 33 43
Hier röstet man von ganz hell bis ganz dunkel. Unter anderem gibt es Kenia AA, Caracoli aus Costa Rica, Mokka aus Äthiopien, Maragogypes aus Kolumbien, Mexiko und Nicaragua, Kaffee aus Hawaii, Puerto Rico, Blue Mountain genauso wie einen mit Kardamom aromatisierten Kaffee zur türkischen Zubereitung. Herr Méry bie-

tet außerdem sechs Mischungen an, drei davon 100% Arabicas, und kreiert nach Geschmack der Kunden. Alle Kaffees kann man kosten. Gelegentlich findet man noch alte Kaffeemühlen und Kaffeekannen. Marna Kaffee gibt es auch im Kaffee- und Teesalon Caoua, 207, rue du Faubourg-Saint-Antoine, 75011 Paris, zu kaufen. (Tel.: (01) 43 48 60 97).

CARACOLI
31, avenue Gallieni (RN4), 94340 Joinville-le-Pont. Tel.: (01) 48 85 69 45
Natürlich findet man hier ausgezeichnete Caracoli aus Costa Rica. Das Haus bietet auch andere Auslesen: Kaffee aus Kolumbien, die Mokkas Sidamo, Harrar und Djimah, Kenia AA, wunderbaren Yauco aus Puerto Rico, Maragogype aus Mexiko. Von den fünf Mischungen trägt der »Cinq Délice«, 100% Arabica, zu Recht seinen Namen (»Fünf Köstlichkeiten«). An einer kleinen Bar bekommt man Kostproben. Sonntags kann man manche dieser Sorten in der Konditorei gegenüber kaufen.

COMPTOIR DES THÉS ET CAFÉS
15, rue Le Marois, 75016 Paris.
Tel.: 0033-1-42 88 62 79
Eine gute Auswahl an großen Arabicas, darunter weniger bekannte Sorten wie ein ausgezeichneter Kaffee aus Burundi oder Malabar aus Indien, werden hier geröstet. Bemerkenswert ist auch eine schöne Auswahl an Kaffeekannen.

COULEUR CAFÉ
34, rue de Ponthieu, 75008 Paris.
Tel.: (01) 42 56 00 15
Mehr als zehn Jahre röstet Nathalie Braley schon vor ihren Kunden Kaffeesorten bester Herkunft. Hier, zwei Schritte von den Champs-Élysées entfernt, heißt die Kundschaft Gérard Depardieu, Catherine Deneuve, Jeanne Moreau, Jean-Paul Belmondo … Bestseller des Hauses ist der Mokka, der je nach Lieferung ein Sidamo oder ein Lekempti (aus einer Pflanzung, die holländischen Missionaren gehört) sein kann. Andere wunderbare Sorten: Sigri aus Neu-Guinea, Maragogype aus Mexiko oder Nicaragua. Die sehr harmonische Mischung »Hauts Plateaux«, 100% Arabica, besteht aus Costa Rica, Mokka und brasilianischem Kaffee. Nathalie Braley bietet auch drei aromatisierte Kaffesorten an (Vanille, Orange und Irish Coffee).

FAGUAIS
30, rue de la Trémoille, 75008 Paris.
Tel.: (01) 47 20 80 91
Philippe Memponte, der Enkel des Gründers Paul Faguais, übernahm diesen berühmten Feinkostladen 1989. Hier gibt es nur beste Arabicas, sei es in Säcken bereit zum Rösten oder schon geröstet in großen Schubläden : Der absolut märchenhafte, aber nicht immer erhältliche Mokka Caracoli aus Sidamo, Mysore und Monsun-Malabar (sehr hell geröstet), Sigri aus Neu-Guinea und ein außergewöhnlicher Kaffee aus Guatemala, Tres Marias, sind unter den Auslesen, auch Blue Mountain. Die Mischungen, die die Berühmtheit dieses Hauses ausmachen, enttäuschen den Kenner nie: Die N° 22, (ziemlich kräftig, aus elf Arabicas) ist immer noch der Bestseller, während die N° 78 mehr den Liebhaber des milderen Geschmacks anspricht (sie besteht aus asiatischen Sorten, u. a. dem Malabar). Das Haus bietet eine ausgezeichnete Auswahl an Kaffekannen, Tassen und mit Schokolade überzogenen Kaffeebohnen. Die Geschenkpackungen mit verschiedenen Kaffeesorten, erlesenen Produkten rund um den Kaffee und Kaffeekannen sind in den Kaufhäusern Printemps, Galerie Lafayette und in manchen Geschäften außerhalb von Paris erhältlich. (Foto S. 91).

LA FINCA
15, rue de Deux-Portes, 78000 Versailles.
Tel.: (01) 39 50 33 72
Dieses ausgezeichnete Haus wurde von der Großmutter Catherine Serris gegründet, die täglich mit viel Sorgfalt die klassischen Auslesen röstet (Kolumbien, Sidamo Mokka, Maragogype aus Mexiko, Guatemala, Neu-Guinea, Costa Rica, Salvador und Kenia). Die fünf Mischungen, darunter ein entkoffeinierter Kaffee, entsprechen den unterschiedlichsten Geschmacksrichtungen.

GASTON LE GRAIN
121, rue Grande, 77300 Fontainebleau.
Tel.: (01) 64 22 80 03
Gerard Belletestes Großvater war bereits Röster. Der Enkel folgt der Tradition und bietet die meisten Auslesen der Welt und sogar einen reinen Robusta aus Kamerun an. Er selbst röstet seine Sorten, die man dort auch probieren kann, in seinem Kaffeegeschäft (Röstgrad: hell). Und er ist auch bereit, Mischungen nach Wunsch herzustellen – heutzutage eine Seltenheit.

LA GRANDE ÉPICERIE DE PARIS (LE BON MARCHÉ)
38, rue de Sèvres, 75007 Paris.
Tel.: (01) 44 39 81 00
Obwohl noch nicht lange geöffnet – der Kaffee wird vor den Augen der Kunden wie in einer richtigen Rösterei geröstet -, ist sie eine wunderbare Bereicherung: die Grande Epicerie mit nur gut gewählten Auslesen (Mokka Sidamo, Kenia AA, Excelso aus Kolumbien, Pacamara aus Salvador, Blue Mountain etc) und eigenen Mischungen, darunter ein sehr harmonischer »Rive Gauche«. Alle Kaffeesorten werden als Bohnen oder nach Wunsch gemahlen verkauft.

GRILLERIE DU VIEUX PILORI
1 bis, rue d'Alsace, 78200 Mantes-la-Jolie.
Tel.: (01) 30 33 12 92.
Zwölf Sorten, sieben pure und fünf Mischungen, werden hier täglich geröstet. Die Ankunft einer neuen Auslese ist immer Anlass zu einer Kostprobe. Große Auswahl an Kaffeekannen.

CATHY UND PASCAL GUIRAUD
21, boulevard de Reuilly, 75012 Paris.
Tel.: (01) 43 43 39 27
Hier gibt es die besten Auslesen der Welt, braun geröstet (»robe de moine«). Zu den Seltenheiten gehören außer Blue Mountain und Bonifieur aus Guadeloupe ein hochwertiger Kaffee aus Haiti, ein großer Kaffee aus Guatemala, Tres Marias, Kaffee aus Puerto Rico, ein Malabar Monsun … Den Guirauds fehlt es nicht an Mut, denn sie bieten auch einen puren Robusta an (ein Kouillou aus Madagaskar, sehr koffeinhaltig, bitter und kräftig) und eine Mischung »Special Dessert« aus großen Arabicas in Kakao.

DIE CAFÉS DER RÖSTEREIEN

Seit kurzer Zeit eröffnen die großen Röstereien selbst Cafés (oder geben ihren Namen) mit ihren Produkten.

LE MALONGO CAFÉ. In Paris: Lafayette Gourmet, Inno Montparnasse et Passy 16ieme. Auch in Saint-Laurent-du Var (Cap 3000), Ecully (galerie marchande Carrefour) und Lattes (centre commercial Carrefour).
In mehreren großen Kaufhäusern oder Einkaufszentren gibt es Filialen der Rösterei Malongo, mit frisch abgepacktem Kaffee und großer Auswahl an der Bar : wunderbare, besonders gut sortierte Auslesen (ein Caracoli aus Guatemala, ein Monsun-Malabar, ein Kaffee aus Costa Rica, ein Tachira aus Venezuela, etc.), aber auch ausgezeichneten Espresso, Ristretto, Cappuccino, Wiener Kaffee, Frappé.
SEGAFREDO ZANETTI. In Paris: 38, boulevard des Italiens. Auch in Rouen, Rennes, Toulouse, Montpellier, Dijon, Valence, Caen, Saint-Étienne, Lille, Nice …
Der italienische Kaffeeröster betreibt um die dreißig kleine italienische Stehcafés in Frankreich, immer im gleichen Stil (zeitgenössisches Design in den Farben rot, schwarz und weiß). Sie bieten ausgezeichneten Espresso, eine kleine Auswahl an italienischen Speisen (Panini, Tiramisu …) und verkaufen Kaffee, der vom Haus verpackt ist, Kaffeekannen und Espressomaschinen.
SENTEUR CAFÉ. Marche Saint-Germain, 14 rue Lobineau, 75006 Paris. Tel.: (01) 43 29 25 95. In dem kürzlich renovierten Marché Saint-Germain, an der Stelle, wo 1672 das erste Café in Paris eröffnet wurde, bietet diese kleine Café-Bar perfekten Espresso an, der ausschließlich aus den besten Kaffeesorten der Gruppe Kraft Jacobs Suchard Frankreich besteht: die vier Kaffees reiner Herkunft des Hauses Jaques Vabre (aus Antigua, Bahia, Popayan und Kitalé), Carte Noir Espresso und Espresso Jaques Vabre.

ESPRESSO BARS IN PARIS

Ihre Gründer nennen sie Espresso Bars: Die zwei Columbus Bars sind die amerikanische Version der italienischen Café-Bars, nach Paris importiert. Mit Gefühl entworfen von Gérard Barrau (Architekt der FNAC), kann man eine Auswahl sehr guter italienischer Kaffees genießen: Espresso, Cappuccino, Macchiato oder Mocaccino, eine erstaunliche Mischung aus Espresso und Kakao. Das Ganze wird liebevoll und richtig im italienischen Stil serviert. Wie in den Vereinigten Staaten, so findet man auch hier eine Reihe von Sirups zum Aromatisieren des Kaffees. Alle Kaffeesorten gibt es auch entkoffeiniert und auf Eis. Natürlich kann man vor Ort eine Auswahl an Kaffees in verschiedenen Röstgraden erstehen, gemahlen oder in ganzen Bohnen.
COLUMBUS ESPRESSO BARS, 13, passage des Princes, 75002. Tel.: (01) 40 15 98 99; Centre commercial Galaxie, 24, place d'Italie, 75013. Tel.: (01) 45 89 60 50.

HÉDIARD
21, place de la Madeleine, 75008 Paris.
Tel.: (01) 43 12 88 88
Dieses vornehme Feinkost- und Kaffeegeschäft beweist ausgesprochen guten Geschmack und röstet täglich vor den Augen der Kunden. Die besten Auslesen der Welt sind im Angebot und ausgewählte Mischungen, die vom Haus Suavor zusammengestellt werden, entsprechen vielen unterschiedlichen Geschmacksrichtungen.

LAPEYRONE
3, rue Brantôme, 75003 Paris.
Tel.: (01) 40 27 97 57
Bruno Saguez, der als Importeur von grünem Kaffee begann, ist ein großer Kenner und Meister des Röstens. Von hell bis dunkel praktiziert er alle Grade der Röstung je nach Sorte: Kaffee aus Kenia eher dunkel, Maragogype Liquidampar aus Mexiko wird in zwei Versionen angeboten: hell und braun(»robe de moine«). Andere erlesene Sorten, die man kosten kann: Mokka Sidamo,Yauco-Selecto aus Puerto Rico, Queensland (Skybury) aus Australien, Pacamara aus El Salvador. Außerdem stellt Bruno Saguez einige sagenhafte Mischungen zusammen, vom sehr italienischen »Palatino« für italienischen Kaffee bis zum sehr leichten »Grand Soir« auf der Basis von Mokka und Santos aus Brasilien, dunkel geröstet. Das Haus bietet eine schöne Geschenkpackung aus sechs Päckchen Kaffee (drei pure und drei Mischungen), außerdem eine Auswahl an Kaffeekannen und Kaffeemühlen (u. a. auch traditionelle Handmühlen). Schließlich sind noch die Zimtkekse (Spekulatius) oder die gerösteten Mandelkekse zu erwähnen, die wunderbar zum Kaffee passen. (Foto S. 95).

LA MAISON DES COLONIES
47, rue Vieille-du Temple, 75004 Paris.
Tel.: (01) 48 87 98 59.
(Weitere Adressen: 95, rue du Commerce, 75015; 76, rue Louis-Rouquier, 92300 Levallois-Perret.)
Dieses Haus wurde 1930 gegründet und bietet erlesene Sorten, die gekostet werden können, wie der feinste vom feinen Kaffee aus Hawaii, gewaschene Mokkas, ein hervorragender Tachira aus Venezuela (der beste). Die Mischung »3 Etoiles«, aus Hochlandsorten (u. a. aus Kenia und Costa Rica) schmeckt zur Freude des Kenners leicht säuerlich. Große Auswahl an Kaffeemaschinen z. B. mit Dampfdruck (im Stil von Cona, aber Marke Hellem), und traditionellen Handmühlen.

SYDO-LANNI
125, avenue de Clichy, 75017 Paris.
Tel.: (01) 45 27 43 38
(Weitere Adressen: Brulerie San José, 30, rue des Petits-Champs, 75002 Satafé-Lanni; 85, rue due Faubourg-Saint-Denis, 75010; Satafé-Lanni, 1, rue du Poteau, 75018).
Ein ausgezeichnetes Haus, mit Seltenheiten wie dem wunderbaren Skybury, der vom Haus Jobin, Le Havre, importiert wird, sehr aromatisch und voll im Geschmack. Die kleine Bohne des Sidamo und die große Bohne des Maragogype Liquidambar gibt es ebenso wie den Blue Mountain und meine Lieblingssorte, den kräftigen, satten Kaffee aus Costa Rica. Alle Sorten sind braun (»robe de moine«) oder dunkel geröstet.

TORRÉFACTION MARBEUF
25, rue de Marbeuf, 75008 Paris.
Tel.: (01) 47 23 95 75.
Marie-Paule Brunet sucht mit hohem Anspruch ihre Arabica-Auslesen aus, die sie selbst röstet: u. a. Mokka Sidamo (gewaschen) und Lekempti (natur), Kenia AA, Armenia Supremo aus Kolumbien. In einem vornehmen Viertel gelegen, ist die Rösterei das ganze Jahr über mit Blue Mountain ausgestattet und bietet ihrer libanesischen Kundschaft eine stark geröstete Variante für den türkischen Kaffee. Der »Gourmet« – auf Basis von Kaffees aus Brasilien, Kolumbien, Neu-Guinea, Guatemala und Kenia entspricht mehr den Liebhabern des feinen Geschmacks.

VERLET
256, rue Saint-Honoré, 75001 Paris.
Tel.: (01) 42 60 67 39
Der große Pierre Verlet, einer der ersten, die reine Kaffees anboten (schon vor dreißig Jahren), übergab sein Haus Eric Duchossoy, einem begabten Röster, der in Le Havre von seinem Vater ausgebildet wurde. Der Charme der Rösterei mit Tee- und Kaffeesalon blieb erhalten. Ebenso die Qualität des Kaffees, der mit großer Genauigkeit geröstet wird, ob es sich nun um die großen Klassiker (es gibt stets Tonnen von Blue Mountain, Kenia AA, Santos aus Brasilien, einen guten Kaffee aus Kolumbien, die Mokkas Sidamo und Harrar) oder um seltenere Kostbarkeiten (Kona aus Hawaii, Puerto Rico, Australien, Pacamara aus El Salvador, Tournan aus Costa Rica) handelt. Die große Kunst des Paul Verlet zeigt sich auch in seinen exquisiten Mischungen, natürlich 100% Arabica : »Haute Mer«, »Grand Pavois« und die »Mélange de Saison«. Das Haus ist eines der wenigen in Frankreich, die nach Wunsch abfüllen. Alle diese Kostbarkeiten kann man probieren und dazu ein Wiener Gebäck aus dem Hause Stübli genießen.

WHITTARD OF CHELSEA
22, rue de Baci, 75006 Paris. Tel.: (01) 43 29 96 16.
Dieses kleine Geschäft wurde 1996 eröffnet und bietet alle Variationen der Kaffees des Londoner Hauses Whittard an. Für die Franzosen eine sehr interessante Neuheit, weil man dort für bestimmte Kaffees, wie aus Kenia, Mokka oder Blue Mountain sehr helle Röstgrade findet, die dem Geschmack bestens gerecht werden. Der »Kaffee des Monats« ist immer eine wunderbare Rarität. Auf der Theke sind in Gläsern Kaffeeproben aufgestellt, so dass man sie anfassen, riechen und probieren kann. Die Kaffees von Whittard gibt es ebenfalls in **The Conran Shop**, 117, rue du Bac, 75007 Paris, Tel.: (01) 42 84 10 01.

PROVINZ
(in alphabetischer Reihenfolge der Orte)

BRÛLERIE DU MARCHÉ – CAFÉS SUAU
17, rue Sainte-Julie, 81000 **Albi.**
Tel.: (05) 63 54 12 29
Ein solides Haus seit Generationen. Die klassischen Auslesen werden genau so geröstet, wie es sein muss: leicht. Die zwei Mischungen reiner Arabicas sind sehr fein, besonders die auf der Basis von Maragogype aus Mexiko.

LE PETIT PLANTEUR – CAFÉS BRAND
7, rue de la Republique, 74000 **Annecy.**
Tel.: (04) 50 45 09 41
Das bekannte Haus organisiert für Gruppen von 5–6 Leuten auf Bestellung Kostproben seiner Auslesen. Man röstet hier vor den Kunden in einer kleinen Maschine, die nicht mehr als 11 Kilogramm Bohnen fasst. Dies garantiert Frische. Die weltweit besten Sorten gibt es hier, u. a. Kona aus Hawaii und natürlich Blue Mountain, und von Zeit zu Zeit den ausgezeichneten Kaffee aus Guadeloupe, über den man sich in Frankreich nach langer Abwesenheit freut.

CAFÉ AURIL
4, rue Emile-Duclaux, 15000 **Aurillac.**
Tel.: (05) 71 48 25 73
Bei diesem hervorragenden Röster findet man drei sehr klassische Kaffees reiner Herkunft: Mokka Harrar, Maragogype aus Kolumbien und Kaffee aus Costa Rica. Alle Mischungen enthalten Robusta und sind sehr kräftig.

CAFÉ AU BRÉSIL
24, rue des Fourbisseurs, 84000 **Avignon**
Tel.: (04) 90 82 49 71
Man kann den französichen Röstern vorwerfen, dass sie zu wenig Mut haben und sich immer an die klassischen Sorten halten. Dies ist nicht der Fall bei Michèle Bouquet, der seit 20 Jahren jeden Tag Kaffees brennt (im hellen Braunton »robe de moine«), die man anderswo selten findet: Mokka Yrgacheffe, Malabar Monsun aus Indien, Custepec aus Mexiko, Chamchamayo Valley aus Peru und Sul de Minas aus Brasilien. Alle sind wirklich außergewöhnlich. Man findet aber auch die meisten der großen Klassiker.

BAUD
4, Grande-Rue, 25000 **Besançon.**
Tel.: (03) 81 81 20 12
Diese in Besançon bekannte Konditorei mit Tee- und Kaffeesalon ist auch eine ausgezeichnete Rösterei. Der Konditor Pierre Baud brennt seit 40 Jahren donnerstags 33 oder 44 Kilogramm Kaffee und glaubt, die kleinste Rösterei in Frankreich zu haben. Er gibt gerne zu, dass dies sein Hobby ist und dass man ihn auf keinen Fall beim Rösten seiner puren Kaffees (Mokkas Sidamo und Harrar, Excelso aus Kolumbien) und seiner feinen Mischungen 100% Arabica stören darf. Alles wird braun (»robe de moine«) gebrannt. Man kann im Café, in dem man perfekten Espresso, Cappuccino, Eiskaffee und Mokkakekse, Palets oder Mokkaeis – alles auf der Basis des Kaffees des Hauses – serviert, alle Sorten kosten.

BRÛLERIE GAMA
111, rue Porte-Dijeaux, 33000 **Bordeaux.**
Tel.: (05) 56 48 15 17
Michel Laclide, Sohn eines Rösters, gehört zu den immer seltener werdenden Profis, die gegen das Prinzip der reinen Kaffees sind. »Ein sehr guter Kaffee kann nur das Ergebnis einer Mischung sein«, sagt er. Wir sind nicht seiner Meinung, aber schätzen seine Qualität: Seine Mischung bestehend aus sechs Arabicas, der »Café Doré«, ist von großer Raffinesse. Das Haus ist in Bordeaux auch wegen seiner ausgezeichneten »petits noirs« und seiner Cappuccini bekannt.

BRÛLERIE SOUBIRA
262, rue Sainte-Catherine und 41, rue Fondaudège, 33000 **Bordeaux.** Tel.: (05) 56 91 73 70.
Eine ausgezeichnete Auswahl einiger klassischer purer Kaffees (Mokka Sidamo, Kenia, Sigri aus Neu-Guinea, Supremo aus Kolumbien, Sul de Minas aus Brasilien und Maragogype aus Liquidambar) werden hier ziemlich hell geröstet. Alle können gekostet werden.

CHAGNARD
19, cours de Verdun, 01000 **Bourg-en-Bresse.**
Tel.: (04) 74 23 17 87
Hier röstet Frau Quenaud selbst; eher hell, was die Qualität hervorhebt. Man findet den Tres Marias aus Guatemala, Sidamo aus Äthiopien, Maragogype aus Mexiko. Man sollte auf jeden Fall den »Kaffee des Monats« beachten: eine sehr gute Auslese, die zu einem Sonderpreis angeboten wird. Es kann gekostet werden.

L'AMOUR DU CAFÉ – CAFÉS RICHET
12, rue Pasteur, 59400 **Cambrai.**
Tel.: (02) 27 81 09 55
Philippe Theron röstet auf sehr feine Weise ein halbes Dutzend Auslesen, von denen die originellste und jüngste ein milder Arabica aus Sambia ist. Er bietet auch alle Arten von Kaffeekannen und Mühlen an.

CAFES LE VOLCAN
8, rue des Trois-Raisins, 63000 **Clermont-Ferrand.** Tel.: (05) 73 91 06 78
In diesem Haus findet man einen seltenen und ausgezeichneten Caracoli aus Tansania, der mysteriöserweise auch »Négus« genannt wird. Er ist mild und kräftig und Michel Bras führt ihn in seinem Restaurant in Laguiole. Andere Auslesen sind der Yauco Selecto aus Puerto Rico, Maragogype aus Nicaragua und Mexiko, Sigri aus Neu-Guinea. Die Mischung »Hauts Plateaux«, bestehend aus Arabicas Zentralamerikas, ist wunderbar mild.

CAFÉS THOMAS
7, rue Ballainvilliers, 63000 **Clermont-Ferrand.**
Tel.: (05) 63 91 42 81
In ihrer seit mehr als einem Jahrhundert bestehenden Rösterei, die kürzlich renoviert wurde, benutzen die Thomas, Vater und Sohn, einen kleinen Röster, der nur geringe Mengen Kaffees bewältigt – ein großes Plus für die Qualität. Die Sorten sind guter Herkunft (Kenia, Caracoli aus Äthiopien, Neu-Guinea, Blue Mountain, Puerto Rico etc.). Was die beste Mischung 100% Arabica betrifft, ist sie von Felix Thomas Anfang dieses Jahrhunderts auf der Basis von fünf Sorten der Antillen, Amerika und Afrika vervollkommnet worden.

CAFÉS AU BON NÈGRE
9, rue des Têtes, 68000 **Colmar.**
Tel.: (03) 89 41 25 32 (Weitere Adresse: 22, rue du Sauvage, 68100 **Mulhouse**).
Alle klassischen Auslesen von Arabicas werden hier braun (»robe de moine«) geröstet. Sie können im Café im ersten Stock in gemütlicher Atmosphäre gekostet werden (schöne Sammlung alter Emailschilder und Kaffeemühlen).

OLIVIER
18, rue Saint-Jacques, 76200 **Dieppe.**
Tel.: (02) 35 84 22 55
Claude Olivier, Sohn eines Kaffeerösters, ist auch Feinkost-, Käse- und Weinhändler. Die wenigen Auslesen (Kona aus Hawaii, San Salvador, Kuba ...) und zahlreichen Mischungen reiner Arabicas werden hier täglich in kleinen Mengen geröstet, was perfekte Frische garantiert.

CAFÉ CAMPANINI
18, rue Musette, 21000 **Dijon.**
Tel.: (03) 80 30 21 12
Hier im Herzen Dijons wird seit 1840 geröstet! Heute findet man dort wenige pure Kaffees, aber sie sind gut gewählt und fein gebrannt. Die Mischungen sind zahlreich und ein halbes Dutzend sind 100% Arabicas. Dem Kunden wird auf Wunsch ein kleines Café geöffnet, in dem er alle Sorten kosten kann. Schließlich findet man auch eine große Auswahl der besten Marken von Kaffeemaschinen und Mühlen.

TORRÉFACTION FOMBARON
12, rue Georges-de-La-Tour, 88000 **Épinal.**
Tel.: (03) 29 82 14 43
Bernard Fombaron röstet täglich Kaffee in seinem Geschäft, das außerdem ein Feinkostladen ist. Fünf ausgewählte Auslesen werden ziemlich hell gebrannt und bieten eine komplette Palette aller Geschmacksrichtungen: Medellín Excelso aus Kolumbien, Costa Rica, Maragogype Liquidambar, Mokka Sidamo und Kenia. Dieselbe Einfachheit herrscht auch bei Mischungen vor: ein Kaffee aus Costa Rica-Guatemala-Mexiko und ein Mokka Sidamo-Kenia-Costa Rica, beide kräftig und aromatisch.

BRÛLERIE MODERNE
9 bis, rue des Lombards, 27000 **Évreux.**
Tel.: (02) 32 33 03 26
Dieses Familienunternehmen wurde 1936 gegründet. Jacques Deprés röstet in seinem Geschäft große Arabicas mit viel Sorgfalt. Die Kaffees kommen aus Kolumbien, Kuba, Äthiopien, Costa Rica und Mexiko. Seine Mischungen aus 100% Arabicas sind vollmundig und harmonisch.

GROSSE RÖSTEREIEN

COFFEA. Dieses Haus in Le Havre besitzt ungefähr sechzig kleine Röstereien in ganz Frankreich, meist in Einkaufszentren gelegen. Man findet dort sieben verschiedene Kaffeesorten, die vor Ort geröstet werden und die man meist auch kosten kann. Darunter zwei reiner Herkunft, ein Medellín aus Kolumbien und ein Maragogype (im allgemeinen aus Costa Rica) und zwei Mischungen 100% Arabicas, davon ein sehr starker in italienischer Geschmacksrichtung.
MÉO. Dieses Familienunternehmen in Lille (siehe »Markenverzeichnis«) besitzt heute acht Röstereien in Paris und zehn in Lille und Umgebung. Zwei Adressen in Paris mit dem Zeichen »Couleurs Café« sind für Kostproben eingerichtet: in der Galerie des Champs-Élysées (84, Champs-Élysées) und im Einkaufszentrum »Quatre Temps« in La Défense. Das Haus bietet alle großen Klassiker, die oft vor Ort geröstet werden.

LA BRÛLERIE DES ALPES
56, cours Jean-Jaurès, 38000 **Grenoble.**
Tel.: (04) 76 46 29 80
René Bellin ist zu Recht stolz auf seine sehr alte Kohlenröstmaschine, derentwegen er seine Röstungen »nach alter Art« nennen kann. Das Wesentliche ist aber nicht das Brennmaterial, sondern die Feinheit, mit der er seine wenigen Auslesen leicht röstet. Er bietet auch drei Mischungen an, darunter ein starker »Arabica Spécial«, mit Kaffees aus acht Herkunftsländern, sehr mild und sanft.

CAFÉS FRÉDÉRIC
21, Grande-Rue, 38000 **Grenoble.**
Tel.: (04) 76 44 41 75
In diesem charmanten, kleinen, altmodischen Geschäft in der Fußgängerzone des Zentrums röstet Henri Frodeau wunderbar leicht seine Auslesen. Man findet hervorragenden Mysore aus Indien und Maragogype aus Kolumbien. Zu kosten in einer Filiale im Einkaufszentrum am Grand-Place.

DUCHOSSOY
39-41, parvis Saint-Michel, 76600 **Le Havre.**
Tel.: (02) 35 41 31 66 (Weitere Adresse: **LA BRÛLERIE**, 23, place des Halles)
Am großen französischen Kaffeeumschlagplatz, wo die Kaffeeliebhaber anspruchsvoll und die Geschäftsleute zahlreich sind, gilt Michel Duchossoy als »Feinschmecker«. Sohn und Vater eines Kaffeerösters, brennt er sehr genau und mischt mit viel Feingefühl. Seine Mischung »Spécial« ist ein Meisterwerk an Ausgewogenheit, Stärke und Feinheit. Versuchen Sie auch den erstaunlichen Tournon aus Costa Rica, kräftig und fruchtig, oder den sehr seltenen Caracoli aus Kamerun, der leicht bitteren, aromareichen Kaffee ergibt. Viele andere Auslesen für Kenner.

CAFÉS ERREL
13, rue Adrien-Dubuché und 19, rue Saint-Martial, 87000 **Limoges.** Tel.: (05) 55 34 11 69.
Die gute und alte Firma bietet eine Reihe von Kaffees an, einfach, aber korrekt: sechs reine Sorten (Kolumbien, Brasilien, Kenia, Costa Rica, Maragogype aus Guatemala) und vier Mischungen, darunter eine entkoffeinierte. Im Geschäft in der rue Saint-Martial können diese guten Produkte gekostet werden.

FLAHERTY & CO
11, rue Ferrerie, 87000 **Limoges.**
Tel.: (05) 55 33 34 39
Die schöne Rösterei in der Fußgängerzone mit sehr irischer, ganz mit Holz verzierter Fassade, bietet ca. zehn Arabica-Auslesen an, darunter Caracoli aus Costa Rica und Mysore Monsun. Die Mischung »Flaherty«, 100% Arabica, sehr mild und leicht säuerlich, ist bemerkenswert. Die Kaffees, braun (»robe de moine«) geröstet, können an einer kleinen Bar gekostet werden.

LA BRÛLERIE – CAFÉS BOC
6, rue Couthardy, 72000 **Le Mans.**
Tel.: (02) 43 24 19 06
Gutes Haus, in dem täglich geröstet wird. Die außergewöhnlichsten Kaffeesorten können hier dank der »Auswahl des Monats« entdeckt werden (Costa Rica, Peru, Guatemala ...). Die zwei Mischungen reiner Arabicas, ein kräftiger und ein etwas milder, sind sehr gut gelungen.

AU VIEUX NÈGRE
17, rue de la Tête-d'Or, 57000 **Metz.**
Tel.: (03) 87 75 17 29
Das sehr schöne Haus in der Fußgängerzone bringt sechzehn große Arabicas und fünf Mischungen heraus. Man hat die Wahl zwischen drei verschiedenen Maragogypes, dem wunderbaren Caracoli aus Costa Rica, Kona aus Hawaii, Blue Mountain und einigen anderen Klassikern.

CAFÉS NELLOU
6, rue de la Comédie, 82000 **Montauban.**
Tel.: (05) 63 20 26 70
Paul Thorard röstet in einer kleinen Röstmaschine für 10 Kilogramm seine hervorragenden Sorten aus Kuba, Kolumbien, Mokkas aus Harrar und Sidamo, Altura aus Mexiko, Kenia ... selbst. Der »Kaffee des Monats« ist immer eine Seltenheit (ein Caracoli aus Costa Rica z. B. oder ein sehr milder Sambia). Es werden auch ungefähr zehn Mischungen angeboten.

JACQUES BEAUGER
9, rue du Pont, 03000 **Moulins.**
Tel.: (04) 70 46 18 42
Jacques Beauger gehört zu den Röstern, die gegen den Konsum von purem Kaffee sind. Seine Mischungen röstet er mit großer Sorgfalt, darunter eine originelle Komposition verschiedener Maragogypes. Man kann sie vor Ort kosten.

AU BON CAFÉ CLAVREUL
3, rue Saint-Léonard, 44000 **Nantes.**
Tel.: (02) 40 47 16 55
Jean Grayon röstet sieben reine Kaffeesorten, die eine komplette Palette verschiedener Geschmacksrichtungen bilden, vom wilden und starken Mokka Djimah über den leichten, aromatischen Maragogype aus Mexiko bis zur wunderbar blumigen, aber starken Hochlandsorte Huehuetenango aus Guatemala. Die vier Mischungen 100% Arabicas sind sehr aromareich, besonders der »Spécial Clavreul« aus vier sehr guten zentralamerikanischen Sorten.

BRÛLERIE CENTRALE
3-9, rue de la Fosse, 44000 **Nantes.**
Tel.: (02) 40 48 23 19
Dieses Haus (das man in Nantes unter seinem alten Namen »Au Nègre« kennt) röstet seit mehr als einem Jahrhundert täglich mit viel Sorgfalt: Mokka Sidamo, Supremo aus Kolumbien, Caracoli aus Kolumbien und Maragogype aus Mexiko werden heller als üblich gebrannt, was ihre Qualität hervorhebt. Die drei Mischungen sind 100% Arabicas. In Nantes kann man diese Kaffeesorten in zwei Teehäusern, die zum Haus gehören, kosten (Debotte, 3, rue de Budapest, und 15, rue Crébillon).

CAFÉS JEANNE D'ARC
7, rue de la Republique; 13 bis, faubourg Saint-Jean; 16, rue Royale, 45000 **Orleans.**
Tel.: (02) 38 53 33 50
Ein Haus, fast ein Jahrhundert alt, in dem man regelmäßig zehn Sorten sehr guter Herkunft und hin und wieder seltenere Kaffesorten wie den Blue Mountain und den Skybury aus Australien röstet. Alle Kaffees brennt man sehr sorgfältig »robe de moine«.

PAU'S CAFÉ
34, rue du Maréchal-Joffre, 64000 **Pau.**
Tel.: (05) 59 27 84 85
Marc Pere brennt selbst täglich die besten Arabicas der Welt, darunter Kona aus Hawaii und Blue Mountain, den er unter Umständen sogar in 100-Gramm-Packungen verkauft, je nach Preis. Die zwei Mischungen aus 100% Arabica sind perfekt, die eine leicht und etwas säuerlich, die andere etwas mehr geröstet und stark für den italienischen Geschmack. Alle Produkte können gekostet werden. Es gibt auch Kaffeebohnen in Schokolade, Kaffeegelee und Schokoladencreme mit Kaffeegeschmack.

LA CAFETIÈRE
17, rue de l'Ange, 66000 **Perpignan.**
Tel.: (04) 68 51 82 65
Louis Battle röstet einige Auslesen (Blue Mountain und Maragogype aus Mexiko, sehr hell geröstet, was den sauren Geschmack betont) und stellt wohlschmeckende Mischungen zusammen. Die sehr kräftige und fruchtige »N° 6« basiert auf Mokka Lekempti und anderen Arabicas aus Zentralamerika. Die »N° 8« wird aus einer kenianischen Sorte und den gleichen Arabicas gemischt, leicht geröstet und spricht eher die Liebhaber des säuerlichen Geschmacks an. Man kann die Kaffees kosten.

VERSANDHÄUSER

BRÛLERIE DU HAVRE DE GRÂCE
57, rue des Moteaux, 7019 X – 76080 Le Havre Cedex. Tel.: (02) 35 46 01 54
Dieses sehr geschäftstüchtige Haus in Le Havre beliefert ganz Frankreich nur über Versand mit wunderbaren Auslesen (Blue Mountain, Tarrazu aus Costa Rica, Kaffee aus Neu-Guinea) und ausgezeichneten Mischungen mit sehr ansprechenden Namen (»Jardin de Nelghery«, »Kalossi de Makassar«, »Régal du Maharadjah«, Paquebot de la Transat« etc.)

CAFÉ PRIVILÈGE
59139 Wattignies. Tel.: (03) 20 62 53 08
Dieses Haus, das zur Kraft Jacobs Suchard Frankreich Gruppe gehört, bietet seit zwanzig Jahren nur über Versand eine Palette ausgezeichneter Mischungen von 100%-igen Arabicas an, die im allgemeinen aus den besten Plantagen Südamerikas kommen. Die Kaffeesorten werden gemahlen oder in ganzen Bohnen in vakuumverpackten Päckchen angeboten. Seit einigen Jahren vertreiben sie auch die besten Kaffees reiner Herkunft.

CLUB NESPRESSO
121, rue Edouard-Vaillant, 92309 Levallois-Perret Cedex. Tel.: (01) 47 56 10 15
Der Club Nespresso gehört zum Haus Nestlé und bietet sieben verschiedene versiegelte Dosen von frisch gemahlenem Kaffee für die Krups-Nespresso-Espressomaschine frei Haus (siehe »Eine Auswahl an Kaffeekannen«). Darunter sind vier reine Arabicas und ein auf Wasserdampfbasis entcoffeinierter Kaffee. Der Club bietet auch verschiedenes Zubehör zur Kaffeezubereitung und ausgezeichnete kleine Schokoladetafeln an.

TORRÉFACTION DE STEIR
12, quai du Steir, 29000 **Quimper.**
Tel.: (02) 98 95 19
Seit 30 Jahren rösten Anne und Dominique Philippe jeden Morgen in ihrem Geschäft. Von den Mischungen ist die »Rose«, bestehend aus mehreren Maragogypes, sehr leicht und mild wie man den Kaffee in dieser Gegend liebt. Die Philippes verkaufen das ganze Jahr über zwei Auslesen, einen Supremo aus Kolumbien und einen Mokka Sidamo, darüber hinaus zwei »Außergewöhnliche Kaffees« nach Verfügbarkeit: Blue Mountain, Bonifieur aus Guadeloupe, Skybury. Dazu gibt es noch den »Kaffee des Monats«, eine klassische Auslese. Alle können sie als Espresso an einer kleinen Bar gekostet werden.

AU FIN CAFÉ
1, rue de Nemours, 35000 **Rennes.**
Tel.: (02) 99 79 06 67
Didier Guillotin röstet mit viel Sorgfalt seine Mischungen und reinen Sorten selbst. Es gibt zwei Mokkas (Djimah und Sidamo), ausgezeichneten Altura aus Mexiko, Costa Rica, Santos aus Brasilien. Das Haus bietet eine komplette Palette an Mischungen aus Robustas und Arabicas.

BRÛLERIE LORIN
17, rue Vasselot, 35000 **Rennes.**
Tel.: (02) 99 79 09 45
Michel Binesse brennt und verkauft nur ausgezeichnete Arabicas, die man an der Theke kosten kann. Die Röstung ist ausschließlich »robe de moine«, was gute wie auch schlechte Überraschungen verhindert. Hier findet man vier sehr klassische Kaffees reinen Ursprungs: Maragogype aus Mexiko, ein Kolumbianer, Kaffee aus Kenia und ein Mokka Sidamo.

CAFÉS THIVOYON
Halles Diderot, 44, rue Diderot und 100, rue Jean-Jaurès, 42300 **Roanne.**
Tel.: (04) 77 70 22 04
Die Thivoyons sind Röster seit vier Generationen und lassen sich nicht von der Mode der puren Sorten überrollen: ein Mokka Sidamo und ein Maragogype Liquidambar (sehr fein geröstet) müssen alle Geschmäcker zufriedenstellen (unter ihren berühmtesten Kunden sind die Brüder Troisgros). Jacques Thivoyon liebt vor allem seinen Beruf als »Mixer«. Seine zwei 100%-igen Arabicas schmecken besonders gut.

SAVEUR CAFÉ, 4 bis, rue Thiers, 17000 **La Rochelle.**
Tel.: (05) 46 41 52 98
Gegenüber dem Hauptmarkt in La Rochelle rösten Herr und Frau Besson ihre besten Kaffeesorten. Man kostet sie vor Ort, ebenso ein halbes Dutzend sehr einfallsreicher Mischungen, z. B. »Safari«, bestehend aus sieben Arabicas. Die Bessons zählen zu den seltenen Röstern, die ihre Mischungen nach Wunsch auswiegen.

GRANDE BRÛLERIE DE L'AVEYRON
CAFÉS RUTHENA
8, place Charles-de-Gaulle 12000 **Rodez.**
Tel.: (05) 65 68 01 15
Vier reine Kaffesorten (Kolumbien, Mokka, Kuba, Maragogype aus Mexiko und Costa Rica)

und drei Mischungen, darunter ein reiner Arabica, werden täglich geröstet, in einem eher hellen Braunton (»robe de moine clair«). Geringe Auswahl, aber perfekte Qualität.

LES CAFÉS LA TI-TANE
17, rue du Gros-Horloge und 121, rue Saint-Sever, 76000 **Rouen.**
Tel.: (02) 35 71 45 41 (Und Einkaufszentren du Barentin und Tourville-la-Rivière).
Die beiden Cousins Jean-Michel und Antoine Blaiset folgen der Tradition dieses 1939 von ihrem Großvater gegründeten Hauses, haben aber auch Neuerungen eingeführt: Sie bieten vier aromatisierte Kaffeesorten an (reine Arabicas mit Vanille-, Orange-, Schokoladen- und Kakaogeschmack). Die Auswahl an Kaffeesorten ist makellos (Neu-Guinea, Guatemala, Kenia ...). Sie werden täglich »robe de moine« geröstet.

CAFÉS RECK
8–10, rue de la Mésange und rue du Noyer, 67000 **Strasbourg.** Tel.: (03) 88 32 37 22
Im Elsaß heißt Georgette Schulé – die Seele dieses vornehmen Hauses – die »Kaffeemadam«. Sie ist schon seit mehreren Jahrzehnten in der Welt des Kaffees sehr aktiv, Schöpferin zahlreicher Mischungen und eine große Sammlerin von Kaffeemühlen. Heute hat sie die Herrschaft über das Haus ihrer Tochter, Frau Riegert, und ihrem Enkel Thomas Riegert überlassen. Reck bietet dem Liebhaber die besten Auslesen (darunter der außergewöhnliche Mokka Yrgacheffe und der Belle Vista aus Costa Rica) und wunderbare Mischungen, wovon die Lieblingsmischung der Elsässer die sehr feine »Mélange d'Or« aus verschiedenen Sorten Südamerikas ist. Das Haus bietet eine entfettete Kaffeesorte an, für diejenigen, die das Öl der Kaffebohnen vermeiden wollen. Frau Schulé hat auch eine Kaffeeschule eröffnet, um Gastronomen die Zubereitung guten Kaffees zu vermitteln (die Kunden hier sind zahlreich, darunter Emil Jung vom Crocodile in Strasburg und M. Haeberlin von der Auberge de l'Ill in Illhausern).

TORRÉFACTION BRAUHAUBAN
4, avenue du Marché-Brauhauban,
65000 **Tarbes.** Tel.: (05) 62 34 48 00
Das Haus von Jacquie Bessi und Dominique Lasbareilles ist in Tarbes bekannt für seine prächtige Dekoration, seine Fassade und seine ausgezeichneten Produkte, darunter der »Kaffee des Monats": eine Kaffeesorte, ausgewählt aus den besten Auslesen. Vier Mischungen von hoher Qualität werden auch angeboten.

AUX GRAINS DE CAFÉ
20, rue Carnot, 54200 **Toul.**
Tel.: (03) 83 64 13 03
Wir sind im Osten und hier liebt man es hell geröstet. So wird die ganze Fülle des Aromas hervorgehoben. Dieses ausgezeichnete Haus bietet eine hervorragende Auswahl, darunter u. a. wunderbare Sorten, die kaum goldgelb geröstet werden: Mokka Sidamo, Antigua aus Guatemala, Tarrazu aus Costa Rica. Vier verschiedene Mischungen reiner Arabicas werden mit großem Fachwissen zusammengestellt. Ein kleiner Nebenraum ermöglicht eine Kostprobe aller Sorten.

LA CAFETIÈRE
30, rue des Halles, 37000 **Tours.**
Tel.: (02) 47 05 74 48
Hier wird seit dreißig Jahren guter Kaffee geröstet. Die wichtigsten klassischen Auslesen sind im Angebot, darunter Hawaii Kona oder Blue Mountain. Das Haus bietet auch acht sehr sorgfältig zusammengestellte Mischungen an.

LA BRÛLERIE DU RHONE
7, rue de L'Université, 26000 **Valence.**
Tel.: (04) 75 43 12 36.
Eine bemerkenswerte Auswahl an Auslesen (darunter drei verschiedene Maragogypes, aus Mexiko, Kolumbien und Nicaragua), die täglich sehr hell geröstet werden, macht aus Jean-Paul Vernet einen der begabtesten und professionellsten Röster Frankreichs. Zusammengestellt aus qualitativ hochwertigen Auslesen, sind seine Mischungen reiner Arabicas (Indien-Guatemala-Äthiopien oder Haiti-Brasilien-Costa Rica) überaus fein. Jean-Paul Vernet bestimmt außerdem genau den Koffeingehalt seiner Kaffees. Eine herausragende Leistung.

LE CAFÉ DES AMATEURS – MAISON LAUNAY
40, place Lafayette, 47300 **Villeneuve-sur-Lot.** Tel.: (05) 53 70 30 61
In der Familie der Launays wird seit 1814 vom Vater auf den Sohn übergehend Kaffee geröstet! Das Haus bietet sechs Kaffees reiner Herkunft (El Salvador, Mokka, Costa Rica, Mexiko, Indien, Guatemala) und mehrere Mischungen. Bemerkenswert ist die aus 100%-igen Arabicas auf der Basis von acht verschiedenen Herkunftskaffees, extra für die Zubereitung von Espresso bestimmt.

BELGIEN

CAFÉS KNOPES
Grand'Place 24, 6700 **Arlon.** Tel.: (63) 22 74 07 (Weitere Adresse: Galerie Commerciale, 6780 Messancy)
Als Sohn und Enkelsohn eines Rösters betreibt Etienne Knopes heute dieses ausgezeichnete Haus in der Provinz von Luxemburg, das auf der ganzen Welt vertreten ist. So wie man hier die besten Sorten Arabicas frisch geröstet und gemahlen lose zum Verkauf findet, so wird die ganze Palette der »10 großen Kaffees der Welt« auch in vielen Feinkostgeschäften in Europa, Asien und Vereinigten Staaten vertrieben. Sie besteht aus neun Auslesen und einer Mischung. Darunter ausgezeichneter Caracoli aus Costa Rica, Maragogype aus Guatemala und Mokka Sidamo. »Autour du Monde« vereint hervorragende Bohnen aus Zentral- und Südamerika, Äthiopien und Indonesien und ergibt eine sehr ausgewogene Mischung (Foto S. 97)

CORICA
49, rue du Marché-au-Poulets, 1000 **Brüssel.**
Tel.: (2) 511 88 52
Für einen Kaffeeliebhaber ist dieses heute von Jean A. Wulleman betriebenen Haus ein wahres Paradies. Schon beim Eintreten sieht man auf der einen Seite die Röstmaschine, auf der anderen Seite eine lange Theke, mit zwanzig Kaffeemaschinen, die Kostproben der hervorragendsten Kaffeesorten bieten! Antigua aus Guatemala, Kona aus Hawaii, Skybury aus Australien, Blue Mountain, Kenia AA++ (eine Seltenheit), Mysore, Sigri aus Neu-Guinea: Alle Kaffeeschätze gibt es hier, wunderbar gebrannt und serviert.

DE BOE
36, rue de Flandre, 1000 **Brüssel.**
Tel.: (2) 511 17 73
Seit 1896 werden hier täglich gute Arabicas für sechs feine Mischungen geröstet. Es wird tatsächlich in diesem Haus keine Kaffeesorte pur verkauft. Man ist der Meinung, dass nur eine Mischung guten Kaffee ergibt.

CANADA

BRÛLERIE SAINT-DENIS
3967, rue Saint-Denis, **Montreal** H2W 2M4
Tel.: (514) 286 91 58 (Das Haus besitzt zwei weitere Röstereien in Montreal)
Das Kaffeeparadies in Montreal. In dieser Rösterei, der ersten Kanadas, die Kaffeesorten pur anbietet, werden täglich die weltbesten Kaffees gebrannt und die angebotene Auswahl ist wirklich fabelhaft: fast dreißig Auslesen, die entweder gemahlen oder in Bohnen verkauft werden! Unter den Schätzen ein Maragogype aus Guatemala, ein Kenia AA, der in drei Röstgraden angeboten wird, ein ausgezeichneter Caracoli aus Tansania, ein Simbabwe 53 (die beste Version dieses grandiosen Kaffees, der kräftig und säuerlich zugleich ist), Mokka Mattari aus Jemen, Sigri aus Neu-Guinea, zwei Sumatras. Der gleiche Überfluß und die gleiche Qualität bei den Mischungen reiner Arabicas, bei aromatisierten Kaffees, bei entkoffeinierten (fast zwanzig verschiedene, manche Auslesen). Das Haus ist auch ein bekanntes Café mit umfangreicher Karte, wo man einen »Kaffee des Tages« findet und eine vollständige Palette von Espresso, Cappuccino, Caffè latte, Moca espresso (eine Mischung aus Espresso und holländischer Schokolade, die man auch als »Café Dante« bestellen kann, über eine Orangenscheibe gegossen, garniert mit geschlagener Sahne, Zimt, Orangenschale und geraspelter Schokolade.)

VEREINIGTE STAATEN

J. MARTINEZ & COMPANY
3230 A Peachtree Road, N.E. **Atlanta,** Georgia 30305. Tel.: (404) 231 54 65
John Martinez, einer Familie aus Jamaika entstammend und ein großer Spezialist für Blue Mountain, ist zweifelsohne einer der anspruchvollsten Röster der Vereinigten Staaten oder sogar der Welt. Als erster, der seinen Kunden eine Auswahl von drei Röstgraden für jede Sorte anbot, beschloss er, die Herkunft jeder Kaffeesorte zu präzisieren um Klarheit zu schaffen.Wenn man hier einen Kaffee aus Hawaii kauft, weiß man nicht nur, dass es sich um einen Kona handelt (die beste Sorte), sondern auch, dass er von einer Plantagengruppe namens Rooster Farms kommt und zur besten Kategorie, Extra Fancy, gehört. In diesem prunkvollen Geschäft, ganz mit Holz getäfelt und mit Kupfer und Marmor verziert, hat man die Wahl zwischen vierzehn außergewöhnlichen Sorten, darunter ein Blue

Mountain aus einer der berühmtesten Plantagen (Wallenford Estate), ein hervorragender Mokka natur aus Jemen, dem Mattari, dem besten Kalossi aus Célèbes (aus der Rante Kalua Plantage), einem Tarrazu aus Costa Rica von der hervorragenden Plantage La Minita. John Martinez bietet nur zwei Mischungen an, eine entspricht dem Espresso, die andere ist die einfachste und älteste Mischung der Geschichte des Kaffees: ein Mokka-Java, aus zwei Auslesen: Mokka Mattari und Sumatra Mandheling, eine der Sorten, die man altern läßt, um ihr reiches und mildes Aroma besser zu entwickeln. Alle diese Kaffeesorten (ebenso wie Espresso, Cappuccino, Caffè latte, etc.) kann man an kleinen Tischen aus Marmor auf Thonet-Stühlen vor den Fässern des Blue Mountain zu sich nehmen. Die Perfektion und der Respekt vor dem Kunden, den die Kaffeegenießer gerne öfters in der Welt antreffen wollten.

LION COFFEE
894 Queen Street, Honolulu, **Hawaii** 96813
Tel.: 808 591 11 99 oder 808 338 83 53
1864 in Toledo gegründet, wurde Lion Kaffee Ende des Jahrhunderts dank einer außergewöhnlichen Wirtschaftspolitik der zweitgrößte Kaffeeröster weltweit! Ein halbes Jahrhundert später musste die Firma ihre Pforten schließen. 1979 wurde die Marke zurückgekauft und nach Hawaii versetzt. Das Haus ist heute die erste Rösterei der Insel, wo dank der Vulkanerde eine der besten Auslesen der Welt gedeiht: der Hawaii Kona. Lion Kaffee bietet eine vorzügliche Variante, mild und blumig, hell geröstet, namens »Kona 24-Karat«. Genauso (medium, d. h. mittelbraun) werden auch ein Mysore Monsun, ein Antigua aus Guatemala, ein Tarrazu aus Costa Rica, ein Nariño aus Kolumbien und ein Kaffee aus Sumatra geröstet. Fünf Mischungen und fünf aromatisierte Kaffees vervollständigen das Angebot. Man kann den Kaffee hier, in vielen Geschäften der Insel und per Versandhandel in schönen Päckchen kaufen.

OREN'S DAILY ROAST
31 Waverly Place (University & Greene) **New York,** NY 10003. Tel.: (212) 420 59 58 (Und fünf weitere Adressen in New York.)
In diesen Geschäften findet man ausgezeichnete, stark gebrannte Sorten wie den Minita aus Costa Rica, einen Caracoli Mokka Harrar, einen Mokka Yrgacheffe, die besten Guatemala-Kaffees (Antigua und Coban), einen Simbabwe 53 ..., ohne Blue Mountain und Kona Extra Fancy aus Hawaii zu nennen. Ein Traum also für Liebhaber klassischer Sorten (Mokka-Java, die Mischung für Espresso, etc.). Man findet hier auch ca. ein Dutzend entkoffeinierte Sorten, darunter einige reine und ca. zehn aromatisierte Kaffees. Einer der besten Tips in New York.

ZABAR'S
2245 Broadway (Ecke 80. Straße), **New York,** NY 10024. Tel.: (212) 787 2000
Diese Feinkosthandlung am Broadway ist auch eine Rösterei, die nur Auslesen (Kenia AA, Supremo aus Kolumbien...) und gute, sorgfältig geröstete Mischungen anbietet. Das Haus verkauft auch eine Reihe aromatisierter Kaffees. Im zweiten Stock findet man eine umfangreiche Auswahl an Zubehör und Kaffeekannen.

TORREFAZIONE ITALIA
323 Occidental Avenue South, PO Box 4099, **Seattle,** Washington 98104.
Tel.: (206) 624 5773 (Zwei Adressen in Seattle und sechs weitere in den Vereingten Staaten)
Wie der Name schon sagt, widmet sich dieses Haus in Seattle ausschließlich und mit viel Kunstfertigkeit den Mischungen für Espresso. Es gibt sieben, jede mit eigenem Charakter und besonderem Röstgrad (drei verschiedene): vom leichten und köstlichen »Milano Blend« bis zum sehr kräftigen »Palermo Blend«. Man kann sie in Päckchen kaufen oder sie gleich aus wunderschönen handbemalten italienischen Keramiktassen trinken.

GROSSBRITANNIEN

ALGERIAN COFFEE STORES
52 Old Compton Street, **London** W1V 6PB
Tel.: (171) 437 24 80 (Weiter Adresse: 4 Grand Arcade, N. Finchley, **London** N12)
Die besten Auslesen der Welt von hell bis schwarz gebrannt (in einer Fabrik in einem Vorort Londons) findet man in diesem von einem Algerier namens Hassan 1887 gegründeten Haus. Dazu kommen Mischungen, u. a. die sehr aromatische »Mokka Parfait«, die »Libanais« mit Kardamon aromatisiert und die »Arabe« mit Gewürzen. Man findet hier außerdem alles, was man braucht, um orientalischen Kaffee zuzubereiten, von der kupfernen Kaffeekanne bis zum Kardamom im Ganzen. Aber für den Genießer auch Zichoriesamen, Kakaopulver für Cappuccino, Kaffeebohnen in Schokolade ... Man kann auch den wohlschmeckenden Espresso probieren, der aus Mischungen zusammengestellt wird.

THE DRURY TEA & COFFEE COMPANY
37 Drury Lane, **London** WC2B 5RR
Tel.: (171) 836 26 07 (Weitere Adressen: 3, New Road; 1, York Road; 159 Edward Street in **Brighton**)
Wie so oft in Großbritannien werden die meisten Auslesen dieses 1936 gegründeten Hauses leicht geröstet, um Charakter und Geschmack zu respektieren. Manche Mischungen »à la francaise« (die »Cafe de Paris Blend«) oder »à l'italienne« (die »Espresso Blend«) werden natürlich dunkler gebrannt. Es gibt auch eine große Auswahl an Kaffeekannen und Zubehör. Im kleinen Nachbarcafé des Ladens in der Drury Lane werden Produkte des Hauses serviert.

FORTNUM & MASON
181 Piccadilly, **London** W1A 1ER
Tel.: (171) 734 8040
Der berühmte Feinkosthändler und Hoflieferant bietet pure Kaffees im losen Verkauf (Blue Mountain, Kenia, Costa Rica ...) und eine große Zahl von Mischungen an, darunter die sehr britische »Breakfast Blend« (in allen englischen Röstereien), der zugleich reich im Geschmack und mild ist.

HARRODS
Knightsbridge, **London** SW1X 7 XL.
Tel.: (171) 730 1234
Im Herzen der wunderbaren »Food Halls« dieses Einkaufspalastes steht die beeindruckende Kaffeetheke: aus Mahagoni und Kupfer, sehr schöne Fliesen aus der Zeit um 1900, wiederentdeckt zur Zeit der Renovierung des Kaufhauses, wunderschöne und riesige Kaffebohnenspender aus Chrom und rotem Kupfer, ein sehr schöner Perkolator vom Anfang des Jahrhunderts aus dem Turiner Haus Victoria Arduino, zu verkaufen für fast 8.000 Pfund, und – »last but not least« – ausgezeichnete Auslesen im losen Verkauf, die auf Wunsch gemahlen werden, darunter ein Bourbon aus Brasilien, der exklusiv von Harrods angeboten wird. Man findet auch vier verschiedene entkoffeinierte Kaffeesorten und eine große Auswahl an Mischungen.

HARVEY NICHOLS
Knightsbridge, **London** SW1.
Tel.: (171) 235 5000
Im Food Market dieses großen Kaufhauses, das 1992 auf fünf Etagen ausgebaut wurde, findet der Kaffeeliebhaber sein Glück, in den Regalen genauso wie an der »Espresso Bar«. Hier werden Espresso und Cappuccino entweder auf der Basis von Mischungen nach Art des Hauses oder aus dem Triester Haus Illy angeboten. Im Kaffeeregal hat man die Wahl zwischen einigen Auslesen von Arabicas (Blue Mountain, Neu-Guinea, Yauco Selecto, Kolumbien und gewaschenen brasilianischen Kaffee) und sehr guten Mischungen, u. a. ein »Espresso«, ein »Breakfast«, und ein »After Dinner«.

H. R. HIGGINS
79, Duke Street, **London** W1M 6AS.
Tel.: (171) 629 39 13
Unter der Leitung der Familie Higgins bietet dieses berühmte Haus, das während des letzten Krieges gegründet wurde, eine sehr originelle Auswahl, eine der »schrillsten«, die man in London finden kann. Was hält man davon: ein Libano Supremo aus Kolumbien, zwei verschiedene Auslesen aus Tansania, der außerordentliche Huehuetenango aus Guatemala, ein wunderbarer Kaffee aus Sumatra (der Blue Lintung) und viele andere, darunter der unvergleichliche Blue Mountain und ein Caracoli aus Kenia (wunderbar und sehr oft in London zu finden). Es werden auch ca. 15 Mischungen angeboten, von denen fünf sehr kräftig und stark geröstet sind. Große Auswahl an Kaffekannen und Mühlen. Im Untergeschoss kann man in einem reizenden Tee- und Kaffeesalon alle Kaffees (und Tees) des Hauses genießen. Man lässt dort übrigens in einer Fabrik in Essex rösten (Foto S. 83).

THE MONMOUTH COFFEE COMPANY
27 Monmouth Street, **London** WC2H 9DD.
Tel.: (171) 836 5272
1978 in Covent Garden von einer jungen Frau gegründet, bietet diese bemerkenswerte Rösterei eine Auswahl von unantastbarer Qualität und sie benutzt – ohne sich deshalb zu genieren – ihre kleine Röstmaschine aus den Dreißiger Jahren, die maximal 30 Kilogramm Bohnen rösten kann ... Und was für welche! Zu den Schätzen gehört der seltenste und mildeste Chanchamayo aus Peru (mit schokoladigem Geschmack), ein biologischer Kaffee aus Papua-Neu-Guinea oder der wunderbare Huehuetenango aus Guatemala. Das Haus bietet keine einzige Mischung an, was sehr selten ist. Es wird im Geschäft oder per Versand verkauft. Eines der größten Vergnügen beim Betreten dieses kleinen Geschäfts voller

Kaffeesäcke ist, einige Stufen hinaufzusteigen und einen Kaffee in einer der dunklen Holzboxen, den ersten Londoner Cafés nachempfunden, zu genießen.

SEATTLE COFFEE COMPANY
Siehe »Wo man guten Kaffee trinken kann«

SELFRIDGES
400 Oxford Street, **London** W1A 1AB.
Tel.: (171) 629 1234
Mehr als 50 Kaffees gibt es in der riesigen Food Hall dieses großen Londoner Kaufhauses. Zu den reinen gehören Kaffee aus Kolumbien, Kenia und Costa Rica »medium« geröstet. Klassische britische Mischungen (»Breakfast« und »After Dinner«) und eine große Auswahl an aromatisierten Kaffees. Im Erdgeschoss ein breites Angebot von Kaffeekannen.

WHITTARD OF CHELSEA
Firmensitz: Union Court, 22 Union Road, **London** SW4 6JQ. Tel.: (171) 627 88 85
Ein vornehmer Kaffee- und Teesalon, der 1886 in London gegründet wurde. Whittard zählt heute mehr als 60 Geschäfte in Großbritannien und ca. 10 im Ausland. Ca. 20 Kaffeesorten im Angebot, 100-%ige Arabica-Mischungen (darunter ein leichter »English Breakfast« mit Kaffees aus Kenia und Costa Rica) oder pure Kaffees (Maragogype aus Guatemala, Yonki aus Neu-Guinea, Blue Mountain, Kenia AA, Kalossi aus Celebes...). All diese Produkte werden in vier Röstgraden gebrannt, je nach reiner Sorte oder Mischung. Das Haus hat sich außerdem auf aromatisierte Kaffees spezialisiert. Alle Kaffeesorten werden als Bohnen oder gemahlen verkauft und können gekostet werden. Schließlich gibt es eine große Auswahl an Kaffeekannen, Mühlen, Tassen ... und Kaffeebohnen in Schokolade.

NIEDERLANDE

BRANDMEESTER'S KOFFIE
Van Baerlestraat 13, **Amsterdam.**
Tel.: (20) 675 78 88.
Eine schöne Rösterei, erst kürzlich in Amsterdam eröffnet, in einem Stil, der die besten zeitgenössischen und traditionellen Elemente des speziell Holländischen verbindet. Hier findet man eine Auswahl hervorragendster Auslesen von Arabicas und mehrere Mischungen, in vielen Nuancen gebrannt (sechs Röstgrade). Die Rösterei ist auch eine Espresso Bar und alles kann probiert werden, dazu vielleicht noch ein traditioneller Zimtkeks. Im Untergeschoss befindet sich der Tisch für die Kostproben, wo der Besitzer die Qualität seiner Röstungen prüft und vor allem eine Vorführbar, an der die Kunden verschiedene Espressomaschinen im Angebot testen können.

GEELS & CO
Warmoesstraat 67, **Amsterdam.**
Tel.: (020) 624 06 83
Dieses sehr alte Familienunternehmen ist ein Tee- und Kaffeehandel, der auf einer Etage ein interessantes kleines Museum beherbergt. Ca. dreißig Kaffeesorten, vor Ort geröstet und zu verkosten, werden angeboten, darunter die besten Arabicas aus Brasilien, Äthiopien, Costa Rica, Guatemala, Tansania, Jamaika ebenso wie zahlreiche Mischungen. Es gibt hier auch Kaffeekannen und traditionelle Mühlen der alten Firma Zassenhause. Das Haus hat eine sehr herzliche Atmosphäre und man kommt sicher hierher, um guten Kaffee zu kaufen, aber auch um sich zu unterhalten.

BEAUX BISTROTS

Zahlreiche Bistros in Paris verbinden eine herzliche Atmosphäre mit einer schönen Ausstattung. Davon haben wir drei ausgewählt (Fotos S. 168):
LE BISTROT DU PEINTRE, 116, avenue Ledru-Rollin, 75011 Paris.
Tel.: (01) 47 00 34 39.
Ein 1902 eröffnetes Bistrot in wunderschönem Jugendstil, das 1987 restauriert wurde. Der Besitzer, Didier Alaux aus Avignon ist begeisterter Wirt und liebt seinen Beruf. Das Bistrots ist ganztags geöffnet. Man kann à la carte essen für ca. 40 DM und trinkt zum Abschluß einen guten Espresso aus 80% Arabica.
CLOWN BAR, 114, rue Amelot, 75011 Paris.
Tel.: (01) 43 55 87 35
Eine sehr gute Weinbar, wo man auch hervorragenden Espresso trinken kann, in einer Einrichtung von 1919, die als historische Sehenswürdigkeit gilt. Bewundernswert ist vor allem das herrliche Keramikfries mit Clownmotiven, inspririert vom nahe gelegenen »Cirque d'Hiver« hat es dem Bistrot den Namen gegeben.
LE SQUARE TROUSSEAU, 1, rue Antoine-Vollon, 75012 Paris. Tel.: (01) 43 44 94 17
Dieses Haus ist heute ein Restaurant (es ist nur mittags und abends geöffnet und hat eine traditionelle Küche), hat aber die prächtige Einrichtung des Bistrots im Jugendstil von 1907 erhalten mit einer Theke aus der Epoche, den Fliesen und den ursprüngliche Vertäfelungen. Darüber hinaus bereitet Philippe Damas die Kaffeesorten in einer zeitgenössischen Kopie des schönsten damaligen Perkolators des italienischen Hauses Victoria Ardiuno, gekrönt mit einem Adler, zu. Ein modernes Gerät für echten Espresso steht bereit (hier 100% Arabicas).

DER LETZTE PERKOLATOR

BRASSERIE DE L'ILE SAINT-LOUIS, 55, quai de Bourbon, 75004 Paris.
Tel.: (01) 43 54 02 59
Die wunderbaren Perkolatoren an der Theke, die vor der Erfindung der Espressomaschinen den Kaffee machten, gibt es nicht mehr. Das letzte Original, das noch in Betrieb ist, stammt von 1931 und ist der Stolz der Brasserie. Dieses sehr schöne Gerät für zwölf Tassen wird permanent benutzt, um heißes Wasser aufzukochen. Man kann hier einen ausgezeichneten Espresso genießen, während man diese Maschine bewundert (Foto S. 12)

SIMON LÉVELT
Hauptgeschäft: Ferdinand Bolstraat 154, **Amsterdam.** Tel.: (20) 400 40 60
(Weitere Adressen: Amsterdam: Prinsengracht 180 (das ehemalige Haus Keijzer) und **Utrecht, Haarlem, Gouda, Alkmar, Bussum**)
Diese Kette sehr schöner Geschäfte vertreibt frisch geröstete Kaffeesorten von Simon Levelt, einem Familienunternehmen, das 1817 gegründet wurde. Es ist auf Bio-Kaffee spezialisiert. Man findet dort auch beste Auslesen, darunter zwei wunderbare Sorten aus besonderen Plantagen: ein mexikanischer Maragogype aus der Finca Irlanda und ein Tarrazu San Marcos aus Costa Rica. Unter den Mischungen tragen zwei das Etikett Max Havelaar: ein Espresso und ein Bio-Kaffee. Man kann nur die Probe des »Kaffees des Monats« kosten. Es gibt auch Kaffeekannen, Espressomaschinen, Mühlen, Tassen und Filter zu kaufen, ebenso wie zahlreiche Teesorten. (Foto S. 187)

WIJS & ZONEN
Warmoesstraat 102, **Amsterdam.**
Tel.: (20) 624 04 36
Diese wunderbare kleine Rösterei mit alter, seit seiner Gründung im Jahr 1828 fast nicht veränderter Einrichtung ist Hoflieferant und hat sich auf Mischungen für Espresso spezialisiert (ein Robusta-Arabica, ein 100%iger Arabica und ein entcoffeinierter Kaffee). Aber es werden auch einige Kaffees reiner Herkunft geröstet, wie Costa Rica, Kenia AA, Maragogype. Dick Kapteijn bietet auch einen aromatisierten Kaffee à l'amaretto und eine Mischung, die speziell für die Kolbenkaffeekannen konzipiert ist (die »Melior Melange«). Alle Bohnen werden schließlich auch nach Gewicht verkauft ebenso wie eine große Anzahl Tees, die andere Spezialität des Hauses (Foto S. 79).

TÜRKEI

KURUKAHVECI MEHMET EFENDI MAHDUMLARI
Tahmis Sokak 66, Eminönü, 34460 **Istanbul.**
Tel.: (212) 522 0060
Man bahnt sich den Weg durch die kleine Straße am Rande des Gewürzmarktes (des ägyptischen Marktes) in Richtung des Großen Basars, plötzlich riecht man die intensivsten Düfte und stößt auf eine Schlange von Menschen, die darauf warten, an einem zur Straße hin offenen Geschäft bedient zu werden: die bekannteste Rösterei Istanbuls, 1871 gegründet von Mehmet Efendi. Sein Enkel, Mehmet Bey, führt das Geschäft heute. Alle Kaffees werden vor Ort geröstet, mehr oder weniger hell, sehr fein gemahlen und noch warm in Packpapier gefüllt. Die Qualität der Bohnen (sehr gute Mischungen) ermöglicht die Zubereitung der köstlichsten türkischen Kaffees, die man sich vorstellen kann. Das Haus besitzt eine Filiale auf der asiatischen Seite in Kadiköy und röstet insgesamt eine Tonne Kaffee täglich. Man bekommt den Kaffee auch in Dosen (Foto S. 79).

WO MAN GUTEN KAFFEE TRINKT

DEUTSCHLAND

In ganz Deutschland bekommt man sehr guten Kaffee und in allen großen Städten gibt es viele Cafés. Wir beschränken uns hier auf einige sehr gut besuchte Cafés, die allen Geschmacksrichtungen entsprechen.

CAFÉ BOHÈME
in Pöseldorf
Milchstraße 1 – Passage, 20148 Hamburg
1977 von der Wienerin Evelyn Tippelt gegründet, ist das Café Bohème eine Rarität der Hamburger Café-Szene. Ein kleines Museum voll kostbarer Antiquitäten als Ausstattung eines Kaffeehauses – jedem Gast sein origineller Platz! Am Wochenende Live-Musik.

CAFÉ EINSTEIN
Kurfürstenstraße 58, 10785 Berlin.
Tel.: (030) 261 50 96
Dieses berühmte Café, von Künstlern und Schriftstellern besucht, pflegt Wiener Kaffeehausstil. Es bietet seinen Gästen eine riesige Auswahl an internationalen Zeitungen, einen Garten und das ganze Jahr über kulturelle Veranstaltungen. Was den Kaffee anbelangt, so scheint er direkt aus Wien zu kommen (Mélange, Einspänner, etc.) Man kann auch »Café Montfort« versuchen, mit Mandarinenlikör und Sahne.

CAFÉ HARDENBERG
Hardenbergstraße 10, 10623 Berlin.
Tel.: (030) 312 26 44
Ein einfaches, aber freundliches Café mit klassischer Musik nahe beim Goethe-Institut, das von den Studenten der Technischen Universität besucht wird.

CAFÉ KRANZLER
Kurfürstendamm 18, 10719 Berlin.
Tel.: (030) 882 69 11
Das große historische Café von Berlin, 1825 von einem Wiener Konditor gegründet, aber 1931 an seinen heutigen Standort verlegt. Durch die strategisch günstig gelegene und angenehme Terrasse, die auf die Ku'Damm-Ecke hinausgeht, ist es heute eine der beliebtesten Raststationen der Touristen in Berlin.

CAFÉ-KONDITOREI LINDTNER
Eppendorfer-Landstr. 88, 20249 Hamburg
Tel.: (040) 480 60 00
Vermutlich das letzte Hamburger Kaffeehaus, das nicht der Umgestaltung zum Opfer gefallen ist. Nicht nur Treff der Bürger von Eppendorf, zieht es auch die Prominenz in das vom Gründerpaar Alwine und Hermann Lindtner 1944 eröffnete Haus, das heute von Tochter Brunhild geleitet wird. Urgemütlich.

CAFÉ MÖHRING
Kurfürstendamm 213, 10719 Berlin.
Tel.: (030) 881 20 75
Ein altes, traditionelles Jugendstil-Café mit einer wunderbar altmodischen Atmosphäre, sehr ruhig und erholsam, verdankt viel seinen Gästen, den reizenden Damen mit Hut.

HARVEYS CAFÉ
Bar-Restaurant
Bornheimer Landstr. 64, 60316 Frankfurt/M.
Tel.: (069) 49 73 03
Harveys Café, Bar und Restaurant. Ecklage und großzügige Räume, Wandmalereien und Dekor, die an Theaterfoyers erinnern. 1885 erbaut, beherbergte es zunächst für drei Jahre eine Bürgerkneipe, dann verschiedenste Gewerbebetriebe, bis Elke Bokelmann, heutige Inhaberin, aus dieser wenig ruhmreichen Stätte eine gastronomische Oase schuf, multikultureller Treff, der Gleichgeschlechtlichkeit toleriert – eine Hommage à Harvey Milk, der sich als Stadtrat von San Francisco bis zu seinem gewaltsamen Ende für die dort lebenden Minderheiten eingesetzt hatte.

ÖSTERREICH

In Wien findet man die meisten wunderbaren Cafés um den Ring herum, die oft luxuriös und sehr fein ausgestattet sind. Hier pflegt man noch den großen Stil der Kaiserzeit: Die Zeitungen in großen Zeitungshaltern aus Mahagoni, die Kaffees werden zusammen mit einem Glas Wasser auf kleinen Silbertabletts serviert. Und die Qualität des »Göttertranks« ist unvergleichlich.

CAFÉ CENTRAL
Palais Ferstel, Ecke Herrengasse (14) und Strauchgasse. Tel.: (01) 53 33 76 30
Ein legendäres Café, das im 19. Jahrhundert das Zentrum des Künstler- und vor allem Schriftstellerlebens in Wien war. Seit Ende des Ersten Weltkriegs geschlossen, 1986 total renoviert und in seinem außerordentlichen, original Wiener Stil mit Säulen und Bögen, gewachstem Parkett und Flügel (man gibt dort wöchentlich ein Konzert) wiedereröffnet. Alle köstlichen Wiener Kaffees werden hier serviert: Kapuziner (Kaffee mit Sahne), Mélange (Milchkaffee), Einspänner (Kaffee mit Sahnehäubchen), etc. (Foto S. 183).

AU ROI DU CAFÉ Bistrots in Paris mit gutem Kaffee sind so selten, dass dieses hier verdient, hervorgehoben zu werden. Die Küche ist einfach, die Stühle von Thonet, Bänke und Zeitungshalter verraten Tradition. Aber die große Überraschung ist die Kaffeekarte mit fünf verschiedenen Espressi. Ein kräftiger aus einer Arabica-Robusta-Mischung, ein kräftiger und fruchtiger aus Costa Rica, ein milder aus Kolumbien, ein kräftiger und weicher Kaffee aus einer 100%igen Arabica-Mischung von Illy und ein entkoffeinierter Kaffee auch aus dem Hause Illy. Die Bohnen werden kurz vor der Zubereitung gemahlen. Warum diese Fülle und diese Qualität? Ganz einfach weil die Inhaber, Geneviève und Frédéric Guèze, Kaffee lieben.

AU ROI DU CAFÉ, 59, rue Lecourbe, 75015 Paris. Tel.: (01) 47 34 48 50.

CAFÉ GERSTNER
Kärtnerstraße 11-15. Tel.: (01) 51 24 96 30
Dieses vornehme Haus wurde 1847 gegründet, mit modernistischer Einrichtung und ist heute eine Café-Konditorei. Hier findet man ein halbes Dutzend verschiedener Kaffees (u. a. den Maria Theresia mit Sahne und Cointreau), aber auch eine beträchtliche Auswahl an unübertrefflichen Wiener Backwaren (darunter selbstverständlich Sachertorte und Apfelstrudel). Eine Filiale des Gerstner gibt es im Kunsthistorischen Museum.

CAFÉ HAWELKA
Dorotheergasse 6, Tel.: (01) 512 82 30
Zweifelsohne das sympathischste aller bekannten Wiener Kaffeehäuser, mit einfacher und herzlicher Atmosphäre. Es wird seit seiner Eröffnung (1939) gerne von Künstlern, Journalisten, Intellektuellen und Studenten besucht. Der familiäre Charakter des Hauses ist von den Hawelkas geprägt. In einem Raum, der von kugelförmigen Lampen beleuchtet wird, setzt man sich um runde Marmortische und genießt einen Kaffee mit der großen Spezialität des Hauses, den Buchteln (Hefekloß gefüllt mit Konfitüre und heiß serviert)... (Foto S. 182)

CAFÉ IMPERIAL
Kärntner Ring 16. Tel.: (01) 50 11 03 59
Das Café des vornehmsten Hotels von Wien (Imperial, im alten Palais des Herzogs von Württemberg) wurde von Hugo Wolf, Freud, von Hofmannsthal, Rilke, Wagner... besucht. Von allen anderen Wiener Cafés hat nur dieses Café den guten Geschmack, einen türkischen Kaffee mit Lukum und einen Mazagran à la Viennoise anzubieten, d.h. kalten Kaffee mit Marraschino.

CAFÉ LANDTMANN
Dr. Karl Lueger Ring 4. Tel.: (01) 53 20 62 10
Dieses luxuriöse Café, das mit großen Spiegeln und Leuchtern eingerichtet ist, war das Lieblingscafé von Sigmund Freud. Heute wird es von Schauspielern und Stammbesuchern des Burgtheaters ebenso wie von vielen Politikern besucht. Hier werden alle Wiener Kaffees serviert und es bietet auch einige Spezialitäten an, die man absolut versuchen sollte: den Landtmann, schwarzen Kaffee mit Schnaps und Sahnehäubchen, Pharisäer, schwarzen Kaffee mit Sahnehäubchen und einem kleinen Glas Rum extra, Fiaker, wie Pharisäer, aber mit Kirschwasser, den Maria Theresia mit Orangenlikör ebenso wie einen perfekten Irish Coffee. (Foto S. 119)

CAFÉ MUSEUM
Friedrichstraße 6. Tel.: (01) 586 52 02
Vom Jugendstildekor, das Adolf Loos für dieses Café, das 1899 gegründet wurde, entworfen hat und der sich völlig von Wiener Stil abhebt, ist nicht viel übrig, aber die Thonet-Stühle sind immer noch vorhanden, wie auch die Gesellschaft von Künstlern und Studenten. Hier bekommt man einen der besten Kaffees in Wien.

CAFÉ SACHER
Philharmonikerstraße 4. Tel.: (01) 512 14 87
Ein Kultstätte der Wiener Konditorenkunst, wo man Schlange stehen muss, um eine Sachertorte zu kaufen. Im Hotel Sacher liegt dieses Café, ausgestattet mit Marmor und Vertäfelungen. Die

berühmt Schokoladentorte passt perfekt zu den verschiedenen Kaffees, die hier angeboten werden, darunter der Einspänner.

CAFÉ SPERL
Gumpendorfer Straße 11. Tel.: (01) 586 41 58
Abseits des Touristenzentrums von Wien ist das Sperl eine kleine Offenbarung, das vor mehr als einem Jahrhundert zum historischen Denkmal erklärt wurde. Die Decke ist mit einem Fries kleiner Cherubine verziert. Man kann dort Billard spielen und schlemmen, u. a. die traditionellen Leckereien wie den Wiener Eiskaffee.

DEMEL'S
Kohlmarkt 14, Tel.: (01) 53 51 71 70
Eine berühmte Café-Konditorei, die 1785 gegründet wurde (besteht aber unter dieser Adresse erst seit 1857) und zu Recht immer noch stolz auf die Auszeichnung k.u.k. (königlich und kaiserlich) ist. Im Rokkokodekor erfreut man sich der ausgezeichneten Süßigkeiten und natürlich des hervorragenden Kaffees (Foto S. 178).

Zu den in Wien bekannten Cafés gehören außerdem **GRIENSTEIDL** (siehe S. 180) am Michaelerplatz, das zusammen mit dem Central der - Treffpunkt der Bohème im letzten Jahrhundert war (und eines der wenigen Wiener Cafés ist, das eine Nichtraucherecke anbietet); das sehr elegante und ruhige **FRAUENHUBER** (Himmelpfortgasse 6), wo Mozart spielte; das **PRÜCKEL** (Stubenring 24), wo sich Bridgespieler und Studenten einfinden; und der einfache und bequeme **BRÄUNERHOF** (Stallburgstraße 2), wo man über eine sehr gute Auswahl an internationalen Zeitungen verfügt. Er war das Lieblingscafé von Thomas Bernhard.

JULIUS MEINL
Hauptsitz: Am Graben 19, Wien
Eine ganz andere Atmosphäre herrscht in diesen Supermarktketten, die es in ganz Österreich gibt. Aber man geht auch hierher, um völlig entspannt guten Kaffee zu trinken: Die meisten Geschäfte (fast 300) haben eine Kaffeebar. Das Haus ist auch eine der wichtigsten Röstereien des Landes.

SCHWEIZ

Die meisten Schweizer Kaffeehäuser zeichnen sich durch ihre gehobene und gediegene Atmosphäre aus. Groß geschrieben werden auch Service und eine wohlsortierte Kuchenbar. Beispiele hierfür sind einige der bekanntesten Cafés in Zürich.

CAFÉ ODEON
Restaurant-Bar
Am Bellevue, 8024 Zürich
Die Architektur stammt von 1912, das Stilgemisch des Innenraums fügt sich zu großer Harmonie: Säulenarrangements, Spiegelwand, stahlfüßige Tische und leichtgewichtige Stühle um das Hufeisen der Bar, zur Intimität einladende Ecknischen, mit Polsterbänken ausgestattet. Nicht so harmonisch wie das Ambiente ist das kontrastreiche Publikum. Bis zu Mittag ein Bürgertreff, verwandelt sich das früher von Literaten und Filmemachern bevorzugte Café zur Nacht hin in ein Exotarium: Teddys mit Nasenring, Herren in Lack und Leder, das Haar albinoweiß, Mädchen so cool und zerbrechlich wie Eiswürfel. Ein Treff also für Typen und Trendmaker, für Cliquen und Einzelgänger? Wie auch immer – Mensch bleibt Mensch, wenn es um Kaffee geht, und der schmeckt oder nicht. Er schmeckt im Odeon. Im Unterbau ein wenig französische Härte, ohne in der oberen Abrundung auf italienischen Schmelz zu verzichten. Ein Geheimnis allerdings, wer jemals *Kafi Luz Trätsch* bestellt hat, einen dünnen Instantkaffee mit Obstschnaps, eher sei *Kafi fertig Pflümli* empfohlen, starker Kaffee aus der Espressomaschine, ebenfalls mit Schnaps – die Schweizer Antwort auf den italienischen *coretto.*

CAFÉ SPRÜNGLI
Bahnhofstraße 21/ Paradeplatz.
Tel.: 01/ 2 24 47 11
Das berühmteste und das edelste Café ist mit Sicherheit das Café Sprüngli. Hinter seiner unaufdringlichen Eleganz verbirgt sich eine sehr schweizerische Eigenschaft: reich, aber unauffällig! Wer in den schönen Biedermeierstühlen oder den ehrwürdigen Windsorsesseln seinen Kaffee genießt, hat dazu noch eine große Auswahl Kuchen und Kleingebäck von der stets frischen Kuchentheke. Weltberühmt ist natürlich die 160 Jahre alte Confiserie Sprüngli mit ihren unübertroffenen Schokoladen und Pralinen. Wer hier in aller Ruhe seinen Kaffee trinkt, befindet sich in ehrwürdiger Gesellschaft.

BELCAFÉ
Bellevueplatz. Tel.: 01/ 2 51 98 00
Herrlich, der Blick – originell der Rundbau auf dem belebten Bellevueplatz direkt am See. Hier wird, so sagt man, der beste Espresso Zürichs ausgegeben.

GOURMET (IM HOTEL SCHWEIZERHOF)
Bahnhofsplatz 7. Tel.: 01/ 2 18 88 88
In einem Rahmen aus Marmor, Spiegel und Messing bekommt man viele Zubereitungsarten von Kaffee – meist in Kombination mit einem gediegenen Frühstück, bestehend aus Kaviar, Räucherlachs und Champagner.

SCHOBER
Napfgasse 4. Tel.: 01/ 2 51 80 60
Wer es nicht billig mag, und das Ausgefallene und Pompöse sucht, der ist im Schober gut aufgehoben. Auch Nicht-Kaffeetrinker kommen hier auf ihre Kosten: Das Schober serviert in seinen verwinkelten Räumen die beste und teuerste Schokolade Zürichs.

STROZZI'S
Fraumünsterstrasse 25. Tel.: 01/ 2 12 70 90
Die Kombination von süß und herb, nämlich Kaffee und Cheesecake, ist hier erste Klasse. Ideal auch als Basis für einen ausgedehnten Flirtnachmittag im Innenhof des Cafés, wo der Springbrunnen zum Verweilen einlädt.

FRANKREICH

Herzlich, gesellig, lebhaft, die Cafés in Frankreich sind eine Institution der täglichen Lebenskunst, haben aber ihren guten Ruf nicht wegen der Qualität des Kaffees, der dort serviert wird. Nachfolgend einige der bekanntesten in Paris, die alle guten »Göttertrunk« anbieten.

CAFE BEAUBOURG
45, rue Saint-Merri, 75004. Tel.: (01) 48 87 63 96
Ein schönes Café, das seine stilvolle Einrichtung dem Architekten Christian de Portzamparc verdankt, gegenüber dem Centre Goerges-Pompidou und in der Nähe von zahlreichen Galerien, was den Ansturm erklärt. Der Espresso, den man dort bekommt, wird mit dem Kaffee »Grand Espresso« des Hauses Lavazza gemacht.

CAFE DE FLORE
172, boulevard Saint-Germain, 75006.
Tel.: (01) 45 48 55 26
Das typischste Künstler- und Schriftstellercafé von Paris, dessen wahre Sternstunden nach dem Krieg in den verrückten Nächten von Saint-Germain-des-Près lagen. Aus dieser Zeit ist die schöne Einrichtung von 1925 erhalten. Der Espresso hier, serviert auf einem Silbertablett, schmeckt ausgesprochen fein: Es ist ein reiner Arabica, zubereitet mit 12 Gramm gemahlenem Kaffee (statt der 7 üblichen Gramm!). Mit der gleichen Menge Kaffee, aber doppelter Menge Wasser bietet das Haus einen »café-pot«, der leichter ist und sehr gut zum Frühstück passt. Man beachte, dass man im Flore auch Geschirr und Einrichtungsstücke kaufen kann, die gleichen Modelle wie die im Café benutzten.

CAFE MARLY
Palais du Louvre, aile Richelieu, 93, rue du Rivoli, 75001. Tel.: (01) 49 26 06 60
Ein wunderbares Café, das 1994 im Erdgeschoß des Richelieuflügels im Louvre eröffnet wurde, mit luxuriöser Einrichtung und einer Terrasse in der Galerie, die zur Pyramide hin liegt. Der Espresso wird auf der Basis eines Kaffees aus dem Hause Lavazza zubereitet.

CAFE MAURE DE LA MOSQUEE DE PARIS
39, rue Georffoy-Saint-Hilaire, 75005.
Tel.: (01) 43 31 18 14
Man geht hierher nach dem Gebet, dem türkischen Bad oder einem Besuch im Naturgeschichtlichen Museum und im nahe gelegenen »Jardin des Plantes«. Das Café der Moschee in Paris versetzt einen in den Orient dank seiner wunderbaren, original marrokkanischen Einrichtung und seinem »maurischen Kaffee«, anders gesagt, dem türkischen Mokka, den man hier erstaunlicherweise automatisch ungezuckert bekommt. Entgegen der Tradition wird der Zucker separat serviert und der Gast muss ihn in der Tasse auflösen und den ganzen Satz umrühren. Aber diejenigen, die es gewöhnt sind, ihn ohne Zucker zu trinken – und das sind viele –, sind zufrieden.

CAFE DE LA PAIX
Place de l'Opera, 75009. Tel.: (01) 40 07 30 20
1872 gegründet, eingerichtet von Charles Garnier, dem Architekten der Oper, ist dieses vornehme Pariser Café kürzlich in seinen glanzvollen Urzustand »zurück-renoviert« worden. Auch wenn der Geist seiner berühmten Gäste – Paul Valery, André Gide, Oscar Wilde – nur noch schwer in die belebte Atmosphäre des Hauses und seiner großen Boulevards passt, kann man dort einen Arabica aus Kolumbien, einen Cappuccino, sogar einen Eiskaffee oder einen Irish Coffee angenehm genießen. Die amerikanischen Touristen bekommen einen leichten Filterkaffee, einen »café americain«.

CAFE RICHELIEU
Place du Carrousel, 75001 Paris.
Tel.: (01) 47 03 99 68
In der ersten Etage des Richelieuflügels im Louvre bietet dieses Café einen wohltuenden Rastplatz: Espresso, doppelter Espresso, Ristretto und Cappuccino sind alles milde und reine Arabicas. Man bekommt hier auch einen »Wiener Kaffee«.

LES DEUX MAGOTS
6, place Saint-Germain-des Prés, 75006.
Tel.: (01) 45 48 55 25
Die zwei chinesischen Magots, die in der Höhe thronen, scheinen den Raum zu betrachten, während sich die Gäste mehr von der unablässigen Betriebsamkeit des Platzes Saint-Germain-des-Prés faszinieren lassen. Diese andere Kultstätte des intellektuellen Paris vergibt jährlich – zusammen mit dem Flore – einen angesehenen literarischen Preis. Man bekommt dort guten Espresso, einen perfekten »petit crème« oder einen »Café de Deux Magots«, einen Filterkaffee. Das Haus verkauft auch Geschirr und Einrichtungsobjekte (Fotos S. 6 und 167)

LE DOME
108, boulevard de Montparnasse 75014.
Tel.: (01) 43 35 25 81
Dieses bekannte Café von Montparnasse, das 1910 gegründet wurde, ist heute eine Brasserie und empfängt seine Gäste, die nicht mehr als etwas zu trinken oder einen guten kleinen Espresso (es gibt keinen Filterkaffee) möchten, auf der Terrasse. Der Restaurantteil ist mit einer schönen Fotosammlung von Marc Vaulx dekoriert, die viele bekannte Künstler darstellt, die diesen Ort in den 20er und 30er Jahren besuchten.

LE GRAND CAFÈ DES CAPUCINES
4, boulevard des Capucines, 75009.
Tel.: (01) 47 42 19 00
Ein Café-Restaurant an einem der großen Boulevards, in der Nähe von allen Kinos im Opernviertel. Auf alle Fälle ist es zu empfehlen, denn dort bekommt man täglich eine andere Kaffeeauslese aus allen Anbaugebieten der Welt serviert (Guatemala, Kenia, Kolumbien, Neu-Guinea, etc).

LE SELECT
99, boulevard du Montparnasse, 75006.
Tel.: (01) 45 48 38 24
Die Cafés Le Dome, La Rotonde oder La Coupoule sind zu Restaurants geworden, aber das Select ist geblieben und gibt einen Eindruck von den Cafés der verrückten 20er Jahre am Montparnasse. Seine Einrichtung im Art Deco-Stil bietet einen Rahmen zum Träumen. Die Kaffees hier sind sehr gut, alle serviert mit einem kleinen Stück Zartbitterschokolade: ein 100%-iger Arabica-Espresso, ein »café au lait«, ein »Wiener Kaffee«, ein »amerikanischer Kaffee«, der hier ein verlängerter Espresso ist und ein Irish Coffee.

KANADA

CAFÉ-BISTROS A. L. VAN HOUTTE
Firmensitz: 83000, 19. Avenue, **Montreal,** H1Z 4J8 Quebec. Tel.: (514) 593 7711
Die Café-Bistros A.L. Van Houtte gibt es seit mehr als einem Jahrhundert in Kanada, die meisten in der Umgebung von Montreal. Hier kann man ihrem guten Ruf nichts mehr hinzufügen: Sie sind berühmt für die Qualität ihres Kaffees. In einer angenehmen, europäischen Umgebung findet man etwas Wunderbares, das ziemlich selten in den Cafés der Alten Welt anzutreffen ist: der »Kaffee des Tages« ist nichts weniger als eine Auslese, wie ein Caracoli aus Tansania, ein Kona aus Hawaii, ein Supremo aus Kolumbien oder ein Limu aus Äthiopien. Sie werden als Filterkaffees serviert. Neben diesen großen Sorten freut sich auch der Liebhaber klassischer Sorten über Kaffees, die aus Mischungen zubereitet sind und über die perfekten italienischen Kaffees wie Espresso und Cappuccino. Man beachte auch, dass das Café mehr als zehn aromatisierte Kaffees anbietet.

ÄGYPTEN

In Kairo gibt es schätzungsweise fünftausend Cafés und einige hundert in Alexandria. Diese Häuser werden einerseits wegen des Kaffees und des Tees, den sie anbieten, geschätzt, andererseits auch wegen der Spiele Domino, Jacquet und den Schischas (Wasserpfeifen), die sie ihren Gästen zur Verfügung stellen, und schließlich auch wegen der Aussicht auf das Treiben auf den Straßen vor ihren (manchmal winzigen) Terrassen.

BRAZILIAN COFFEE STORE
rue Saad Zagloul, **Alexandria.**
Mitten im Zentrum, zwei Schritte vom wunderschönen Hotel Metropol entfernt, wo Gide wohnte, versetzt einen diese immer überfüllte Café-Rösterei ohne Umschweife in die 50er Jahre: alte Theken aus Holz, wo man wohlschmeckenden Kaffee genießt, schöne antike Röstmaschinen, Weltkarten in Hinterglasmalerei. Man kann hier verschiedene Kaffees kaufen, mehr oder weniger dunkel geröstet, verpackt in reizende, bemalte Papiersäckchen.

PASTROUDIS
Rue Al Horreya, **Alexandria.**
Das sagenhafte Café Alexandrias, das der große Dichter Constantin Cavafy und die Schriftsteller Ungaretti und Durrel besuchten. Im Inneren bieten die dunklen Vertäfelungen einen sanften Halbschatten und auf der Terrasse genießt man die Meeresluft. Die Ober in der weißen Galabia erscheinen fast genauso altertümlich wie die nahe gelegenen griechisch-römischen Ruinen. Ein Café, das seiner Stadt ähnelt: nostalgisch, anachronistisch, glanzlos und zugleich verzaubernd. Man kann dort einen Frappé bestellen. Am Meeresufer, nahe dem Hotel Cecil, erinnern einige andere Cafés im Wiener Stil daran, dass die Stadt einmal eine Weltstadt war: **ATHINEOS, TRIANON, LES DÉLICES.**

EL FICHAOUI
Rue El Fichaoui, Khan el Khalil, **Kairo**
Das berühmteste Café in Kairo, in einer Ecke einer engen kleinen Straße des Basar wurde von Sratis Tsirkas, Naguib Mahfouz und Albert Cossery besungen. Ein sehr altes, typisch orientalisches Café mit alten Stühlen und Holzbänken, einer Terrasse, vor der ein steter Fluss von Gewerbetreibenden, Lastenträger, Bettlern, Schuhputzern und Touristen dahinrollt. Die alten abgenutzten Spiegel in geschnitzten Rahmen, die das Café schmücken, haben ihm den Beinamen »Café der Spiegel« gegeben. Einige hundert Meter weiter, am Platz El Hussein haben drei oder vier Cafés nebeneinander ein weniger aufregendes, aber genauso faszinierendes Panorama.

VEREINIGTE STAATEN

Wer behauptet heute noch, der Kaffee in den USA sei nicht gut? Seit ungefähr zehn Jahren ist er oft ausgezeichnet und manchmal noch mehr als das, sei es in den Café-Röstereien, ganz einfach in den Cafés oder bei den sogenannten espresso carts (kleinen Bars auf Rädern), die für Aufsehen sorgen.

THE COFFEE BEAN & THE LEAF
Firmensitz: 4580 Calle Alto, **Camarillo,** CA 93012. Tel.: (800) TEA LEAF oder (805) 484 7924.
Die 1963 von Herbert B. Hyman gegründete Firma war einer der Vorreiter guten Kaffees in den Staaten. Sie besitzt ca. 25 Coffee-Shops im Süden Kaliforniens in schönem Kastanienholz- und Kupferdekor. Manche der weltbesten Arabicas, mit Sorgfalt geröstet (vier Röstgrade), werden angeboten: Supremo aus Kolumbien, Kénia AA, Java, Sumatra, Guatemala Antigua … Das Haus bietet auch Mischungen und acht aromatisierte Kaffees an. Alle werden lose nach Gewicht verkauft. An der coffee bar trinkt man Espresso in allen Variationen oder Filterkaffee. Das Haus ist schließlich für seine geeisten Getränke nach Geheimrezepten (aber mit Kaffee) bekannt: die »Ice Blended.“

THE COFFEE CONNECTION
Firmensitz: siehe im Folgenden Starbucks. Eine Kette von zwanzig Coffee-Shops in Massachusetts (drei davon am Logan Flughafen in Boston), die seit 1994 zum Haus Starbucks gehören.

JAVA JONES
214, 4th Street, **Des Moines,** Iowa 50309
Tel.: (515) 288 5282
Eine wunderbare Café-Rösterei inmitten des historischen Zentrums von Des Moines, in einem schönen Gebäude aus dem Jahr 1875. Joe und Cyndy Coppola rösten fast jeden Morgen ausschließlich Auslesen von Arabicas (Supremo aus Kolumbien, den fabelhaften Mokka Yrgacheffe, Mokka Harrar, Kenia AA, einen sehr guten Caracoli aus Tansania, etc.) Alle diese Sorten können lose gekauft werden, aber auch als Espresso, Cappuccino oder Caffè latte im Café des Hauses getrunken werden. Schließlich wird Java Jones jeden Abend von Dienstag bis Samstag zum Konzertsaal und empfängt Jazz- oder Folkmusiker.

SEATTLE'S BEST COFFEE
Firmensitz: 1321 Second Avenue, Suite 200, PO Box 2409, **Seattle,** Washington 98111-2409
Tel.: (206) 442 2464
Das Haus vertreibt seine verschiedenen Mischungen und Auslesen von Arabicas (Costa Rica, Kenia, Hawaii Kona, Guatemala…) sowie

eine umfangreiche Palette von Kaffeekannen, Mühlen, Isolierkannen, Tassen etc. in seinen ca. dreißig Geschäften über ganz USA verteilt.

STARBUCKS COFFEE COMPANY
Firmensitz: 2203 Airport Way South – PO Box 34510 – **Seattle,** Washington 98124-1510.
Tel.: (800) 782 7282 oder (206) 447 1575.
Verkaufsstelle in Frankreich: **BODUM SHOP**, Carrousel du Louvre, 99, rue de Rivoli, 75001 Paris. Tel.: (01) 42 60 47 11
Starbucks, das 1971 von drei Studenten in Seattle (das bald das Kaffeezentrum der Vereingten Staaten werden sollte) gegründet wurde, ist heute die Institution für guten amerikanischen Kaffee und dank seiner siebenhundert Verkaufsstellen in allen Bundesstaaten vertreten. Starbucks steht für die Gewißheit, ausgezeichneten, frisch gemahlenen und auf italienische Art zubereiteten Kaffee (wenn man Filterkaffee ausnimmt) trinken zu können: Espresso, Cappuccino, Macciato, Caffè latte, caffe mocha und caffè americano (ein mit Wasser gestreckter Espresso) werden in Pappbechern serviert und alle verschiedenen Zutaten werden genau in Kubikzentimetern oder Gramm abgemessen. Das Haus bietet auch – über Versand oder in seinen Geschäften – etwa ein Dutzend der besten Arabicas der Welt (darunter der ausgezeichnete Mokka Yrgacheffe, eine Sorte aus Celebes, ein Nariño Supremo aus Kolumbien, ein Tres Rios aus Costa Rica, ein Hawaii Kona...), und etwa zwanzig Mischungen (darunter der Verona, eine italienische Geschmacksrichtung) an.

GROSSBRITANNIEN

In Großbritannien gibt es nicht nur Pubs, sondern die Briten schätzen auch – wenngleich noch zu wenig – den Genuss eines guten Kaffees – u. a. den köstichen Irish Coffee. Manche Häuser bieten oft ausgezeichneten Espresso an. Nachfolgend eine Auswahl der Cafés von **London.**

BAR ITALIA
22 Frith Street, Tel.: (171) 437 45 20
Im Herzen Sohos mit perfekt italienischem Ambiente und Espressi wie in Rom oder Mailand.

CAFÉ NERO
43 Frith Street. Tel.: (171) 434 38 87
Genau gegenüber der Bar Italia, Café-Bar im italienischen Stil mit modernem Dekor, deren Karte die meisten italienischen Kaffees anbietet.

THE COFFEE CUP
74 Hampstead High Street.
Tel.: (171) 435 75 65
Wie der Name schon sagt, bietet dieses kleine Café seinen Gästen den bestmöglichen »Göttertrank« und das sehr erfolgreich. Bekannt für seine kleinen, außergewöhnlichen Frühstücke .

SEATTLE COFFEE COMPANY
51/54 Long Acre, Covent Garden. Tel.: (171) 836 2100 (Weitere Adressen: 365 Cabot Place Eastm, Canary Wharf. Tel.: (171) 363 0040; Waterstone's Bookstore, 6 Bridge Street, Cambridge. Tel.: (1223) 300123).
Eine Kette Espresso Bars nach dem amerikanischen Modell, das von Starbucks eingeführt wurde. Es gibt ausgezeichneten Espresso, Cappuccino, Caffè latte, etc. und Kaffee mit Eis, alles in Pappbechern. Das Haus bietet auch hervorragende Kaffeesorten in ganzen Bohnen, die in einer Fabrik bei London geröstet und in Päckchen verkauft werden: Kaffee guter Herkunft wie Guatemala Antigua, Kenia AA, Sumatra Lintong und Mischungen wie den höchst klassischen Java-Mokka, einen »Seattle Espresso« oder einen »Pioneer SQUARE Blend«, schokoladig und fruchtig.

UNGARN

Budapest, von der Donau geteilt, bleibt eine wunderschöne Stadt, in der noch nicht alle Gebäude wie in den großen westeuropäischen Städten von Reklametafeln verunziert werden. Man findet hier zahlreiche kleine Cafés, zwei davon sind sehr berühmt.

CAFÉ GERBEAUD
Vörösmarty tér 7. Tel.: (118) 13 11.
Das berühmteste Café mit Teestube liegt im Touristenzentrum der Stadt. Vor 150 Jahren von einem Schweizer Konditor gegründet, ist es noch heute für seine Backwaren bekannt. In den drei holzgetäfelten Räumen mit Samttapeten setzt man sich an kleine Marmortische und genießt in ruhiger Atmosphäre, die an alte Zeiten erinnert.

CAFÉ DE NEW YORK – HUNGARIA
Térez körút 9-11. Tel.: (122) 16 48
Ein sehr großes und bekanntes Café-Restaurant mit großen Kugelleuchtern, gewundenen Säulen, mit schönen Galerien aus geschnitzten Holzbalustraden in der oberen Etage. Hier wird auch oft Zigeunermusik gespielt.

DIE VERBINDUNG VON KAFFEE UND SCHOKOLADE

Die Komposition von Kaffee und Schokolade ergibt einen sinnlichen Geschmack, z. B. der »bicerin« aus Turin oder die wunderbar schmelzende Süßspeise »tiramisu«. Unter den Schokoladeproduzenten gibt es wirkliche Kaffeeliebhaber:

CAFÉ-TASSE, 15, rue de Marché-aux-Herbes, 1000 Brüssel. Tel.: (02) 502 49 07
Alles hier ist reine Köstlichkeit, angefangen bei den Santos, geröstete, mit Schokolade überzogene Kaffeebohnen (Santos aus Brasilien) und die Ecuadors, Bohnen, von zarter Schokoladencreme umhüllt und in Kakaopulver gerollt. Aber Café-Tasse ist bekannter für seine Neapolitaner, kleine Schokoladenquadrate, die speziell zum Kaffee kreiert wurden. Es gibt fünf Versionen, z. B. den Croquant, der eine fein gemahlene Kaffeebohne enthält. Noch zwei Köstlichkeiten: Schokoladencreme mit Kaffeegeschmack und vor allem das wunderbare Kaffeegelee, das entweder mit dem Löffel oder auf einem kleinen Keks verzehrt wird. (Die Produkte von Café-Tasse gibt es in Frankreich, Großbritannien, Deutschland, Spanien und den Vereinigten Staaten in vielen großen Kaufhäusern und Röstereien).

DEBAUVE ET GALLAIS, 36, rue des Saints-Pères, 75006 Paris. Tel.: (01) 45 48 54 67. (Weitere Adressen in Paris: 33, rue Vivienne, 75002 und 107, rue Jouffroy, 75017)
Beim ältesten Schokoladehersteller von Paris bekommt man einen Eindruck davon, was eine glückliche Verbindung von Schokolade und Kaffee bedeutet, wenn man die mit Zartbitterschokolade umhüllten Bohnen des Arabica aus Brasilien probiert. Sie werden ab 150 Gramm verkauft, ab einem Pfund in einer schönen weißen Metalldose.

IRLAND

BEWLEY'S
Hauptsitz: 78 Grafton Street, **Dublin.**
Tel.: (1) 677 67 61
Eine Kette von vierundzwanzig wunderschönen Filialen in Irland (plus vier in Großbritannien und zwei in Japan), 1840 in Dublin gegründet. Einige davon sind Cafés, andere Geschäfte, wieder andere beides. Das Café in der Grafton Street ist ein wirklicher Feinschmeckertreffpunkt, da man dort auch ein schönes Geschäft findet, das überquillt von Konfekt, Schokolade, Tee und Kaffee. Man kann dort einen der besten Irish Coffees der Welt oder eine der großen Kaffeeauslesen genießen, oder auch Kaffee aus Kenia, Java, Costa Rica und Kolumbien kaufen. Dubliner aller Schichten kommen und verbringen manchmal Stunden auf den roten Bänken in einem Ambiente, in dem sich gute Laune und Nostalgie mischen.

ITALIEN

In Italien trinkt man den besten italienischen Kaffee, d. h. eine kräftige, dunkel geröstete Mischung, die auf wunderbare Weise als Espresso zubereitet wird. Zweihunderttausend Gastronomiebetriebe aller Größen und Kategorien (Café-Bars, Cafés, Teestuben und Konditoreien) bieten die verschiedenen Varianten der Halbinsel an: Espresso, Cappuccino, Caffè macchiato, granita di caffè, etc. Hier einige der bekanntesten:

GRAN CAFFÈ GIUBBE ROSSE
Piazza della Repùbblica, 13/14R, **Florenz**
Tel.: (55) 21 22 80
Zur gleichen Zeit geschaffen wie der neue Platz Vittorio Emanuele II (1895), ist das Giubbe Rosse (den Namen hat es von seinen Obern, die damals wie heute rote Westen tragen) das berühmteste Café in Florenz. Ein wirkliches Schriftstellercafé unter dessen Gäste Berühmtheiten wie Italo Svevo, Umberto Saba oder heute noch Valery Larbaud waren und sind. Das Giubbe Rosse ist auch heute noch kulturelles Zentrum (Ausstellungen, Konferenzen, Treffpunkt von Persönlichkeiten). Was den Kaffee betrifft, findet man auf der Karte alle italienischen Spezialitäten, aber auch Kaffee aus Kolumbien zum Mitnehmen: ein Excelso, ein Supremo, ein Maragogype, ein ausgezeichneter Bucaramanga und andere Hochlandsorten.

CAFFÈ PASZKOWSKI
Piazza della Repùbblica, **Florenz** 122.
Tel.: (55) 21 44 12
Das Paszkowski ist ein berühmtes Kaffee- und Teehaus. Seit seiner Gründung durch einen polnischen General zu Anfang dieses Jahrhunderts wurde es, wie seine Nachbarn, das Giubbe Rosse und Gilli, immer gern von Intellektuellen und Künstlern besucht. Im Dekor der 50er Jahre serviert man ausgezeichneten Kaffee, aber auch hervorragendes Gebäck und Eis. Es hat das ganze Jahr die Stimmung einer Pianobar, im Sommer spielt auf der Terrasse ein Orchester.

CAFFÈ RIVOIRE
Piazza della Signoria, 4R, **Florenz.**
Tel.: (55) 21 44 12
Eines der berühmtesten Cafés von Florenz gegenüber des Palazzo Vecchio und gern von Touristen besucht. Es wurde 1871 von einer Konditorenfamilie aus Savoyen gegründet und man bekommt italienischen Kaffee und auch die Spezialität des Hauses: köstliche Schokolade.

COVA
Via Montenapoleone, 8, **Mailand.**
Tel.: (02) 76 000 578
Das Cova, das 1817 eröffnet wurde (aber erst seit Kriegsende an seinem jetzigen Standort ist) und sich in der Straße der Mode befindet, ist eine wirkliche Mailänder Einrichtung. Es bewirtete Nationalhelden wie Cairoli, Garibaldi, Mazzini und Schriftsteller wie den Romanautor Giovanni Verga. In feiner Ausstattung und leiser Stimmung genießt man alle klassischen italienischen, wirklich ausgezeichneten Kaffees und süßes Backwerk dazu (z.B. echte Sachertorte, die von einem ehemaligen Mitarbeiter des Hotel Sacher in Wien zubereitet wird).

SANTABROEUS
Corso Matteotti, 7, **Mailand.**
Tel.: (02) 76 000 540
Ambrosius ist der Schutzheilige der Stadt und der Café-Konditorei-Teesalon, der seinen Namen trägt, ist das bekannteste Café. Im Ambiente von Kristallleuchtern, Silberbesteck und feinem Porzellan, das eine etwas förmliche Stimmung schafft, versammeln sich ältere Damen, wohlhabende Touristen und Geschäftsleute, um den wunderbaren Kaffee, Schokolade und Backwaren oder Tramezzini (kleine Sandwiches) zu genießen.

TAVEGGIA
Via Visconti di Modrone, 2, **Mailand.**
Tel.: (02) 76 021 257
In angenehmer Stimmung, die durch die dunkle Holzvertäfelung entsteht, trinken Anwälte und Richter aus dem nahe gelegenen Justizpalast den ausgezeichneten Kaffee mit dem bekannten Backwerk wie buolini di riso (Reiskuchen) und fagotti di mele (Apfelkrapfen). Die Köstlichkeiten hindern sie nicht daran, Zeitungen zu lesen, die in Mahagoni-Zeitungshaltern stecken.

Wir erwähnen in **Mailand** noch das **GIN ROSA** (Piazza San Babila), im tosenden Zentrum der Stadt, eine immer volle Café-Bar, an deren Espressi nichts auszusetzen ist; das **CAMPARINO** (Verniedlichungsform von Campari, der Name der Gründerfamilie, die auch den bekannten Aperitif herstellen), eine traditionelle Café-Bar mit wunderschönen Mosaiken mit Liberty-Motiven ausgestattet, am Eingang zur Galleria Vottorio Emanuele, praktisch gegenüber vom Dom.

GRAN CAFFÈ GAMBRINUS
Via Chiaia, 1-2, **Neapel.** Tel.: (81) 41 75 82
1890 wurde das Gambrinus gegründet und bewirtet seither in seinem außergewöhnlichen Dekor von Spiegeln und verschiedensten Gemälden das Neapel der Kunst, Literatur und Politik. D'Annunzio war Stammgast, andere Persönlichkeiten wie Maupassant, Zola, Oscar Wilde oder Camille Flammarion machten hier Rast. In diesem wunderschönen historischen Café mit Charme kann man den besten Espresso genießen, wie ihn Neapel liebt: heiß und sehr konzentriert (1/3 der Tasse) serviert in einer vorgewärmten Tasse und, soweit möglich, ohne Zucker.

CAFFÈ PEDROCCHI
Via Otto Febbraio, 15, **Padua.** Tel.: (49) 876 25 76
Ein unglaublicher Stil, der alle Richtungen vereint, vom beeindruckenden Pedrocchi kreiert, zwischen 1816 und 1842 errichtet (aber seit 1831 eröffnet) macht dieses Café zu einem der erstaunlichsten Cafés in Italien: Man findet hier gotische, ägyptische, etruskische, maurische Elemente und original antiken römischen Marmor, der entdeckt wurde, als man das Fundament des Gebäudes aushob. Bewundernswert ist vor allem der große Saal im Erdgeschoss in hellem Marmor mit seiner wunderschönen in Kupfer eingefaßten Marmortheke und den dreieckigen Tischen. Man sollte auch das kleine Museum besichtigen, das die Geschichte dieser »folie padouane« erzählt (Foto S. 11).

CAFFÈ TAZZA D'ORO
Via degli Orfani, 84, **Rom.** Tel; (06) 678 97 92
Zwischen zehn- und fünfzehntausend Menschen öffnen täglich die Türen des für seinen Kaffee bekannten Cafés, das einige Schritte vom Pantheon entfernt liegt! Man trinkt ihn im Stehen an der Theke als Espresso, Cappuccino, Macchiato. Die zwei großen Spezialitäten des Hauses sind monachella, Espresso mit einer dicken Sahnehaube und die köstliche granita di caffè con panna. Alle diese Köstlichkeiten sind auf der Basis derselben Mischung 100% Arabica (Kolumbien-Brasilien-Nicaragua) im Haus geröstet und in Aluminiumpäckchen unter der Marke »Regina del caffè« im Angebot.

SANT'EUSTACHIO
Piazza Sant'Eustachio, 82, **Rom.**
Tel.: (06) 688 02 048.
Hinter dem Senat, vor der reizenden Kirche San'Eustachio serviert diese kleine unscheinbare Bar den berühmtesten – und nach Meinung mancher Leute – besten Kaffee Roms. Espressi und Cappuccini erreichen Perfektion und deshalb drängeln sich dort zu jeder Tageszeit die Menschen. Die Inhaber sind auf ihre Mischung so bedacht, daß die baristas angehalten sind, den »Göttertrunk« im Geheimen hinter hohen alten Perkolatoren zuzubereiten!

In **Rom** gibt es viele andere bekannte Cafés, darunter **LA CAFFETTÈRIA** (Piazza di Petra), das sehr wegen seiner Sessel und Sofas geliebt wird – einzigartig in Rom. Man kann hier die Zeit gemütlich verstreichen lassen; das **ANTICO CAFFÈ GRECO**, eines der geschichtsreichsten Cafés der Stadt, ein paar Schritte vom spanischen Platz entfernt in der sehr eleganten Via Condotti (86); das **CAFFÈ ROSATI**, eines der Lieblingscafés von Fellini, am Piazza del Popolo; das **CAFÉ DE COLOMBIE** an der Piazza Navona, wo man die Brunnen und das Straßenleben betrachten kann; und das charmante **ANTICO CAFFÈ DELLA PACE** (Via della Pace, 3), auf einem etwas abgelegenen Platz, an dem sich die kleine Kirche Santa Maria della Pace versteckt, hinter der Piazza Navona, im Antiquitätenviertel.

CAFFÈ DEGLI SPECCHI
Piazza Unita d'Italia, 7, **Trieste.**
Tel (40) 36 57 77
Triest ist der große italienische Kaffeehafen und zählt viele Kenner, Liebhaber und Geschäftsleute (Händler und Röster). Der Kafffee dort ist daher oft ausgezeichnet. Das ist auch im »Cafè des Miroirs« der Fall im Erdgeschoss des Palazzo Stratti, das 1840 gegründet wurde. Es ist besonders im Sommer gut besucht dank seiner großen Terrasse, die auf den Platz hinausgeht.

CAFFÈ SAN MARCO
Via Battisti, 18, **Triest.** Tel.: (40) 37 13 73
Eine jüngere Kundschaft und eine herzlichere Atmosphäre herrscht im San Marco, das immer der Treffpunkt der Intelligenz der Stadt war. Das alte Café hat seine Thonet-Stühle, seine kleinen Tische aus Marmor und vor allem, an der Decke sein wunderbares Stuckfries mit Pflanzenmotiven, verziert mit grotesken Portraits in Medaillons, behalten.

CAFFÈ TOMMASEO
Riva Tre Novembre, 5, **Triest.**
Tel.: (40) 36 67 65
Das sehr ruhige und klassische Café unter den bekannten Triester Cafés, das 1830 gegründet und 1848 zu Ehren des großen Schriftsteller und Patrioten Niccolo Tommaseo eröffnet wurde, liegt einige Meter vom Ufer der Adria entfernt. In den verschiedenen Räumen zieren neoklassizistische Leisten und Stuck liebevoll Wände und Decken. Die vornehme Gesellschaft für Literatur und Kunst von Triest hat hier ihren Sitz und man kann hier den Geist von Stendhal, der in seiner Zeit als französischer Konsul in Triest das Café besuchte, oder den des großen Umberto Saba, dessen Bücherei ganz nahe war, spüren. Als Basis für den Espresso nimmt man den ausgezeichneten »Espresso Club« aus dem Hause Lavazza (siehe Markenführer).

AL BICERIN
Piazza della Consolata, 5, **Turin.**
Tel.: (11) 43 69 325
Alle guten italiensichen Kaffees werden hier in diesem kleinen, 1763 an diesem hübschen Platz gegründeten Café mit heller Holzvertäfelung und Marmortischchen serviert. Aber seine große Spezialität ist, wie der Name schon sagt, der »bicerin«, eine Turiner Delikatesse, die im 19. Jahrhundert eingeführt wurde, bestehend aus 1/3 guten Kaffee, 1/3 Schokolade und 1/3 Sahne, serviert in einem großen Glas.

CAFFÈ PASTICCERIA BARATTI & MILANO
Piazza Castello, 27, **Turin.** Tel.: (11) 562 14 81
Eine Bar in Marmor, eingefasst mit Bronze, Marmorboden, große Kristallleuchter und Stühle in rotem Leder. Dies macht das 1875 gegründete Haus zu einem der luxuriösesten Cafés der Stadt unter den Arcaden des Palazzo Madama. Die Kaffees sind auf der Basis der Produkte des Hauses Segafredo Zanetti (siehe Markenführer). Die Kunstfertigkeit des barista, der den Cappuccino zubereitet ist bewundernswert.

CAFFÈ MULASSANO
Piazza Castello, 15, **Turin.** Tel.: (11) 547 990
Eines der charmantesten und schönsten Cafés der Stadt. Es ist auch das kleinste. Man bewundert seine mit Holz verzierte Fassade und im Inneren die wunderbare Theke und den kostbaren Marmorboden, genauso wie die bezaubernde Decke aus geschnitztem Holz. Es wurde zu Beginn des Jahrhunderts gegründet. Man findet hier alle italienischen Kaffees genauso wie den für Turin eigenen bicerin und mehrere gestreckte Kaffees (correzioni). Aber das Mulassano ist vor allem wegen der unübertrefflichen Qualität seiner tramezzini bekannt, dieser köstlichen Sandwiches die 1925 hier eingeführt wurden: Die damalige Inhaberin hatte die Idee von einer Reise in die Vereinigten Staaten mitgebracht (Foto S. 142)

CAFFÈ SAN CARLO
Piazza San Carlo, 156 **Turin.**
Tel.: (11) 561 77 48
Anfang des 18. Jahrhunderts gegründet, aber mehrmals restauriert, ist das San Carlo ein prächtiger kleiner Palast, hauptsächlich im neoklassizistischen Stil gehalten mit Statuen, Säulen, edlen Marmorböden und -tischen mit Kupferbeinen, mit Samtsesseln. Bewundernswert ist auch der kleine Raum namens »Gabinetto Cinese«, der 1851 ausgestattet wurde. In dieser traumhaften Einrichtung serviert man ausgezeichneten traditionellen oder etwas ungewöhnlicheren Kaffee (wie den marocchino, ein macchiato mit Kakao gepudert), den bicerin und eine ganze Reihe gestreckter Kaffees, darunter den Black Russian mit Wodka. Die Kaffees sind auf der Basis der Mischungen des Hauses Illy (siehe Markenverzeichnis) zubereitet. Um 18 Uhr gibt es in der »Sala Moresca« Konzerte.

CAFFÈ RISTORANTE TORINO
Piazza San Carlo, 294, **Turin.**
Tel.: (11) 547 356.
Mit seinen Marmorböden, seinen Spiegeln in Goldrahmen, seiner langen Marmortheke mit geschnitztem Holz, der wunderbaren Glastreppe, den großen Leuchtern, den Gemälden, dem vergoldeten Fries bietet das Café Torino, das 1903 an dem schönen Hauptplatz von Turin eröffnet wurde, seinen Stammgästen eine elegante Einrichtung. Die berühmtesten waren Umberto von Savoyen, der in den 30er Jahren Gast war (man schloss damals das Café für ihn), Cesare Pavese, De Gasperi, Luigi Einaudi. Das Haus ist auch ein bekanntes Restaurant und man bekommt hier alle ausgezeichneten italienischen Kaffees (Foto S. 114).

CAFFÈ FLORIAN
Piazza San Marco, 56–59, **Venedig.**
Tel.: (41) 528 53 38.
Das berühmteste Café von Venedig – und vielleicht auf der Welt – bietet eine erstaunliche Kaffeekarte: Man bekommt hier sicher alle italienischen Kaffees, aber auch einfachen Filterkaffee in einer neapolitanischen Kaffeekanne, bicerin, den köstlichen und kalten Espresso mit Sahne namens »Domino« und einen mit Cognac gestreckten Espresso, der von Frangelico »Afrique noir« genannt wurde. Das Florian hat im Haus Lavazza, der ersten italienischen Kaffeerösterei, nicht nur einen Lieferanten, sondern einen Partner gefunden. Lavazza hat die Renovierung eines kleinen Raums in reinem Art Deco unterstützt und die zwei Häuser veranstalten regelmäßig zusammen Ausstellungen. Man beachte, dass das Florian eine 100%-ige Arabica-Mischung unter seinem Namen verkauft (Foto S. 140)

CAFFÈ LAVENA
Piazza San Marco, 133, **Venedig.**
Tel.: (41) 522 40 70.
Alle Wagner-Liebhaber besuchen dieses historische Café am Markusplatz, das in der Mitte des 18. Jahrhunderts gegründet wurde und das sein Dekor aus dem Ende des letzten Jahrhunderts unbeschadet erhalten hat. Während seiner Aufenthalte in Venedig kam der Komponist praktisch täglich hierher. Man bekommt hier einen ausgezeichneten Espresso auf der Basis der Mischung Illy.

CAFFÈ QUADRI
Piazza San Marco, 120, **Venedig.**
Tel.: (41) 522 21 05.
Gegründet im Jahr 1775, sind das Quadri und das Florian gute Nachbarn, aber das Quadri hat mehr Sonne und eine bessere Sicht auf die Basilika. Heute ist das Innere mit Spiegeln, Stuck und Gemälden aus dem Anfang des Jahrhunderts im Stil von Canaletto und Guardi dekoriert. Die Konditorei des Quadri ist bekannt,das Terrassenorchester auf Wiener Walzer spezialisiert.

NIEDERLANDE

Die Holländer finden sich gerne in ihren einfachen und gemütlichen Cafés ein. In Amsterdam teilen sich diese einerseits in die alten kleinen »braunen Cafés« (bruine kroegen) und andererseits in die großen modernen Cafés. Wir beschränken uns hier auf die Cafés, die in diesem Buch zitiert wurden.

CAFÉ AMÉRICAIN
Leidsplein, 28–30. Tel.: (20) 624 53 22
Das Café des amerikanischen Hotels wurde 1902 erbaut und hat ein wunderschönes Dekor im modernen Stil von Willem Kromhout; seine großen Fenster gehen auf den Leidsplein und seine langen Tische scheinen extra fürs Zeitungslesen konzipiert zu sein.

DE DRUIF
Rapenburgerplein 83, Tel.: (20) 624 45 30
In einer Brennerei, die 1636 gegründet wurde, findet sich dies pittoreske »braune Café« im alten Dockviertelund und bewirtet gerne die »Klaverjassen«-Spieler (ein Kartenspiel).

DE JAREN
Nieuwe Doelenstraat, 20–22. Tel.: (20) 635 57 71
Das schönste und modernste Café Amsterdams mit einer bis ins Detail sehr zeitgenössischen Ausstattung, groß, geräumig und durch eine große Terrasse zur Amstel hin noch vergrößert. Das Gegenteil eines »braunen Cafés«.

HOPPE
Spui, 18–20, Tel.: (20) 623 78 49.
Eines der bekanntesten »braunen Cafés«, im Zentrum Amsterdams in einem Haus aus dem 18. Jahrhunderts gelegen, wird gern von Journalisten besucht und ist oft voll, verraucht und laut. Die kleine Terrasse ist an schönen Tagen angenehmer. Große Auswahl an wunderbaren Kaffees, darunter zwei reine (Kenia AA und Guatemala Antigua) und einige spezielle: ein Espresso mit Grand Marnier, Sahne und Kakao namens »French Coffee«, Café à la Benedictine, eine Wiener Melange, einen Irish Coffee.

T PAPENEILAND
Prinsengracht, 4. Tel.: (20) 624 1989
Wunderbare alte Öfen aus Gußeisen, alte Delfter Fliesen und alte Fotos an den Wänden, Tische und Stühle aus Holz machen dieses alte »braune Café« zu einem der angenehmsten und rührendsten Orte Amsterdams (Foto S. 187).

TSCHECHIEN

Seit der »Sanften Revolution« entdeckt die ganze Welt die kulturellen und architektonischen Reichtümer **Prags.** Und die ganze Welt drängt sich in die schönen Cafés, vor allem wegen der prachtvollen Einrichtungen.

CAFÉ NOUVEAU
Republiky námesti, 5.
Im Erdgeschoss des wunderbaren Jugenstil-Rathauses, mitten in der Altstadt, ist die Pracht der Einrichtung dieses Cafés einfach umwerfend. Bewundernswert ist vor allem der Marmorbrunnen mit seiner Venusskulptur. Man sollte auch das übrige Gebäude besuchen und alle Einzelheiten und die Fresken von Mucha betrachten.

CAFÉ SAVOY
Vitezna, 1.
Dieses Café, das kürzlich renoviert wurde, bietet eine gute Auswahl an Espressi und Wiener Kaffees im Jugendstildekor mit Thonet-Möbeln.

THE GLOBE
Janovského, 14.
Dieses 1993 eröffnete Café ist dank seiner Bibliothek und der großen Auswahl von Büchern, die es anbietet und dank seiner Schach- und Kartenspiele schnell zum Treffpunkt von Literatur-Liebhabern und Intellektuellen geworden.

HOTEL EUROPA CAFÉ
Václavské námesti, 25.
Im Café des Hotels Europa weiß man nicht, wo man hinschauen soll: auf das lebhafte Treiben auf dem Wenzelsplatz hinter den großen Fenstern oder auf das außergewöhnliche Jugendstil-Dekor in diesem Anfang dieses Jahrhunderts errichteten Gebäude.

MARKENVERZEICHNIS

Wir haben hier einige Marken aus allen Ländern zusammengestellt (darunter die besten, die es gibt) und sie nach Qualität und Bekanntheit ausgewählt (oftmals beides). Manche sind Kaffees, die in großen Mengen vertrieben werden und oft zu multi-nationalen Produzenten gehören, andere sind Kaffees von höchstem Rang, die von kleinen Produzenten in nicht besonders großen Mengen hergestellt werden. Da manche Marken in mehreren Ländern verkauft werden, nennen wir sie hier in alphabetischer Ordnung. Wir haben nur Marken aufgelistet, die an den Endverbraucher verkauft werden, und haben die ausschließlich für den Gastronomiebetrieb bestimmten Marken ausgeschlossen.

CAFFE VERGNANO
1882 wurde dieses ausgezeichnete Familienunternehmen aus Piemont von Domenico Vergnagno gegründet. Es produziert fünf Mischungen, in ganzen Bohnen oder gemahlen: zwei Mischungen von Arabica-Robusta (»Grand Aroma« und Aroma di Casa«), zwei 100%-ige Arabicas (»Antica Bottega« und »Vergnano Arabica« mit geringem Koffeingehalt) und eine Espressomischung (»Espresso Casa«, auch in Dosierbeuteln für Espressomaschinen erhältlich). Es gibt auch einen Gerstenkaffee im Angebot (in Italien statt Zicchorie verwendet), den »Vergnano Natura«. Aber das Besondere des Haus ist die ausgezeichnete Kollektion an Geschenkpackungen: die »Antica Bottega« kann man sich selbst kaufen oder sich schenken lassen und in gebrannten Tontöpfen oder handbemalten Steinguttöpfen, in Blechdosen – eine sehr zeitgenössische Linie, Dosen im Stil englischer Bonbonbehälter, Glasgefäßen, ja sogar in einer Miniaturausgabe eines Fiat Lastwagens vom Anfang dieses Jahrhunderts aufbewahren! Das Unternehmen hat 1985 mit der Turiner Rösterei Casa del Caffè fusioniert, die bekannt ist für ihre guten Espressomischungen, die in Cafés, Bars und Restaurants oft serviert (und auch in Dosen verkauft) werden.

CARTE NOIRE
Carte Noire ist eine der Marken der größten Rösterei Frankreichs, Kraft Jacobs Suchard Frankreich, die widerum eine Filiale der internationalen Gruppe Kraft Jacobs Suchard ist und zum amerikanischen multi-nationalen Konzern Philip Morris gehört. Dieser 100%-ige Arabica-Kaffee ersten Ranges, der gemahlen im Vakuumpäckchen verkauft wird, ist der meistgetrunkene Kaffee in Frankreich (mehr als eins auf zehn verkaufte Päckchen). Es gibt drei Variationen davon: entkoffeiniert als »Carte Noire Infini«, ein »Carte Noire Espresso«, dessen feinere Mahlweise an die Espressomaschinen angepaßt wurde (es gibt ihn auch in Dosierbeutel zu 7 Gramm) und ein löslicher Kaffee, »Carte Noire Instinct«.

CASA DEL CAFFÈ
Siehe oben Caffe Vergnano

CLEAR MOUNTAIN COFFEE
Diese kleine amerikanische Firma hebt sich durch ihre Methode der Röstung in Holzbehältern ab, was den Bohnen zusätzlich einen delikaten Beigeschmack geben soll. Sie verkauft nur einen biologischen Arabica, der aus einer Plantage im brasilianischen Hochland kommt (im Staat Minas Gerais), in drei verschiedenen Röstgraden. Der Caracoli ist auch im Angebot. Der Kaffee wird in ganzen Bohnen in weichen Vakuumpackungen angeboten. Man findet ihn in manchen Feinkostläden in den Vereingten Staaten, besonders in der Region Washington.

DOUWE EGBERTS
Als wichtigste Rösterei der Niederlande gehört das alte Unternehmen von Douwe Egberts, das 1753 in Frise gegründet wurde, heute dem multinationalen amerikanischen Unternehmen Sara Lee. Eine ausgezeichnete Reihe von Kaffees trägt den Namen Douwe Egberts und wird vorab verpackt in den Niederlanden vertrieben (100%-ige Arabicas, Mischungen, Espresso, koffeinfreier Kaffee). Es gibt von Douwe Egberts auch Filialen in Frankreich (Maison du Café, siehe unten), Spanien (Marcilla) und Dänemark (Merrild).

EDUSCHO
Dieses bekannte deutsche Unternehmen verkauft seine Produkte in seinen eigenen Kaffeegeschäften (800 in Deutschland) und in mehr als zwanzigtausend anderen Verkaufsstellen in Deutschland und Europa (Österreich, Schweiz, Ungarn, Polen, Slowakei). Fünf Fabriken in Europa rösten zwölf Mischungen von sehr guter Qualität, von denen vier unterschiedliche der Reihe »Mein Liebster« reine Arabicas sind und Spitzenqualität bieten.

EXTRAKTE UND LIKÖRE

Um Eis und Gebäck mit Kaffee zu aromatisieren, benutzen die Gastronomen seit langem den Kaffeeextrakt TRABLIT, der 1845 von einem Pariser Apotheker erfunden wurde. Der Fabrikant wählt selbst seine Bohnen aus, röstet sie und stellt den Extrakt ohne jeglichen chemischen Zusatz her. Dieser konzentrierte Kaffee, der auch warme Milch angenehm aromatisiert, ist lange haltbar. Die Liebhaber finden ihn in kleinen Flakons von 90 ml (in Frankreich in manchen großen Einkaufszentren, Samaritaine, Fauchon und in vielen Röstereien). Der mexikanische Kaffeelikör **KAHLUA**, der in den Vereingten Staaten sehr bekannt ist, besteht nach Inhaltsangaben aus guten mexikanischen Arabicas, Zuckerrohrschnaps, Vanille und Karamel. Schwacher Alkoholgehalt (26%) ermöglicht seinen Gebrauch als Sirup und besser noch als Basis für Cocktails wie den Black Russian (Kahlua-Wodka) oder die originelle Kahlua-Milch (auf Eis). In Frankreich findet man den Kahlua in großen Einkaufszentren oder bei Nicolas.

FAEMINO
Der sehr bekannte Faemino (Sponsor der Radequipe) ist ein sofort löslicher lyophilisierter Kaffee, eine Mischung aus Arabicas und Robustas, der von dem italienischen Kaffeekannenhersteller Faema kreiert wurde. Er wird in Gläsern oder Dosierbeuteln angeboten. Da Faemino heute zur Philip-Morris-Gruppe gehört, wird er in zahlreichen Ländern vertrieben.

GEVALLA
In Schweden, wo man Kaffee wie Wasser trinkt, ist dieses Unternehmen das bekannteste. Es wurde 1853 gegründet und ist seit drei Generationen Lieferant der königlichen Familie. Die Mischung aus sechs Arabicas auf der Basis von besten Auslesen aus Kenia, Guatemala, Kolumbien und Costa Rica, die separat geröstet werden, ist ein sehr großer Kaffee, der lose in ganzen Bohnen oder gemahlen und vakuumverpackt verkauft wird. Er wird in vier verschiedenen Arten von Röstgraden angeboten und es gibt davon drei koffeinfreie Versionen. Das Haus bietet u. a. zu bestimmten Zeiten im Jahr einige »limitierte Ausgaben« von Auslesen reiner Herkunft an (Costa Rica Tarrazu, Guatemala Antigua, Kolumbien Popayan…), wie auch aromatisierte Kaffees (mit Schokolade, Amaretto oder Zimt). Gevalla exportiert seit 1983 seine Produkte in die Vereinigten Staaten und hat damit beträchtlichen Erfolg.

GILLIES COFFEE COMPANY
Gillies wurde 1840 in New York gegründet und ist das älteste Kaffeehaus der Vereinigten Staaten, blieb aber ein Familien-Handwerksbetrieb. Es ist bekannt für die Qualität seiner reinen Arabica-Kaffees (Kolumbien Supremo, Guatemala Antigua, Mysore, Blue Mountain, Hawaii Kona…) und seiner verschiedenen Mischungen (besonders die für Espresso), die alle vom Präsident des Unternehmens, Donald N. Schoenholt, persönlich geröstet und im ganzen Land in einer großen Zahl von Feinkostläden vertrieben werden. Das Unternehmen bietet auch mehr als dreißig aromatisierte Kaffees an (darunter: Banane und Kokosnuss). Kenner lassen sich diese Produkte auch per Versand zustellen (PO Box 320 206, Brooklyn, NY 11232-0005).

GRAND-MÈRE
Der Kaffee Grand-Mère ist eine sehr bekannte Marke in Frankreich, es gibt ihn in drei Versionen: reiner Arabica, genannt »Dégustation«; »Familiale«, die Mischung Arabica-Robusta, die in Frankreich am meisten getrunken wird; »Bonne Nuit«, die Nummer 1 der Koffeinfreien (mit »Night and Day« von Jacques Vabre).

HAG
Der deutsche Kaffee Hag, der in vielen Ländern angeboten wird, ist ein entkoffeinierter Kaffee, der kurz nach der Erfindung der Entkoffeinierung 1905 herausgebracht wurde. Es gibt ihn in zwei Variationen, leicht (»Klassisch mild«) und kräftiger (»Würzig«).

IDEE KAFFEE
Idee Kaffee ist eine Marke des Hauses J. J. Darboven, das 1866 in Hamburg gegründet wurde und eine große Palette an Mischungen guter Qualität hervorbringt. Das Unternehmen produziert auch Kaffees italienischer Geschmacksrichtung unter dem Markennamen Alfredo und Spitzenprodukte unter dem Markennamen Mövenpick und Eilles.

ILLY CAFFÈ
Als Familienunternehmen in Triest und großer Espressospezialist produziert das Haus Illy nur eine einzige Mischung (mit einer koffeinfreien Version). Zusammengestellt und produziert mit einem über drei Generationen erprobten Wissen ist der Illy Caffè eine sehr feine Mischung von natur Arabicas aus Brasilien, also ziemlich kräftigen Sorten, mit gewaschenen Arabicas, die milder sind. Er wird fein gemahlen und verpackt verkauft, sei es lose oder in Dosierbeuteln aus Filterpapier (das Haus Illy hat diese Methode gegen Ende der 60er Jahre erfunden).

JAQUES VABRE
Das Kaffeeunternehmen Jacques Vabre, das 1968 gegründet wurde, gehört zur Gruppe Kraft Jacobs Suchard Frankreich. Etwa zehn Kaffees tragen den Namen Jacques Vabre: der Spitzenkaffee des Hauses »Nectar«, ein 100%-iger Arabica, den es gemahlen oder in ganzen Bohnen vakuumverpackt gibt, existiert auch als koffeinfreie und lösliche Version; ein zweiter 100%-iger Arabica »Gringo«, eine kräftigere Mischung, ist ebenso als Instantkaffee und koffeinfrei erhältlich; ein dritter 100%iger Arabica »Degustation Douceur«, ist eine Mischung gewaschener Arabicas aus Brasilien, Costa Rica und Kolumbien; »Regal«, eine sehr kräftige Mischung aus Robustas von der Elfenbeinküste und Indonesien; »Night and Day«, eine entkoffeinierte Mischung Arabica-Robusta (der meist verkaufte dieser Art in Frankreich ist der »Bonne Nuit« von Grand-Mère); und schließlich vier sehr gute Arabicas reiner Herkunft, die in Beuteln erhältlich sind: ein »Guatemala Antigua«, ein »Kolumbien Popayan« ein »Brasilien Bahia« und ein »Kenia Kitalé«.

JACOBS
Die wichtigste und bekannteste deutsche Kaffeerösterei, die in Bremen gegründet wurde, konnte 1995 ihr hundertjähriges Bestehen feiern. Das Unternehmen hat 1982 mit dem Schweizer Schokoladehersteller Suchard fusioniert. Dann wurde diese neue Gruppe vom multinationalen Konzern Philip Morris 1989 gekauft, der sie mit seiner Filiale Kraft General Foods zusammenlegte, um 1993 die Lebensmittelgruppe Kraft Jacobs Suchard (heute die größte Kaffeerösterei weltweit) zu gründen. Es gibt neun verschiedene Mischungen. Der Spitzenkaffee von Jacobs, die »Krönung« umfasst noch den »Light«, der einen geringen Koffeingehalt hat, einen »Free« ohne Koffein und einen »Mild d'Or«, der besonders sanft ist. Jacobs bietet in Deutschland auch Kaffees an, die man in Frankreich gut kennt, wie den »Carte Noire« und den »Night and Day«.

JULIUS MEINL
Eine der bekanntesten Marken in Österreich. Seit seiner Gründung 1862 hat sich das Unternehmen beträchtlich vergrößert und ist zu einer wichtigen Supermarktkette gewachsen. Alle Kaffees von Julius Meinl sind 100% Arabicas und man kann sie sowohl gemahlen als auch in ganzen Bohnen kaufen. Der beliebteste und zugleich beste ist der »Jubiläum«, eine Mischung guter Auslesen. Die Kaffees von Julius Meinl gibt es auch in Deutschland.

KIMBO
Als Produkt der neapolitanischen Firma Caffè do Brasil (zweitgrößte Rösterei Italiens) eignet sich die Mischung Kaffee Kimbo besonders für Espresso. Sie besteht aus Natur-Arabicas und gewaschenen Kaffees aus Brasilien und Zentralamerika. Sehr dunkel geröstet, entspricht sie dem Geschmack des Südens für kräftigen Kaffee.

GROSSE KAFFEES FÜR EINE GROSSE SACHE

Max Havelaar ist ein berühmter holländischer Roman aus dem 19. Jahrhundert, der von einem ehemaligen Kolonialbeamten unter dem Pseudonym Multatuli geschrieben wurde, um das grausame Schicksal der Kleinbauern in Indonesien zu beschreiben. Die Max-Havelaar-Stiftung wurde 1988 in Holland gegründet als Reaktion der westlichen Länder auf die Forderung der kleinen Kaffeeproduzenten Mexikos, dass ihre Arbeit gerechter entlohnt werden möge. Das Konzept des Fairen Handels wurde entworfen. Die Stiftung, die in mehreren europäischen Ländern, auch in Frankreich, eine Vertretung hat, stellt den direkten Kontakt zwischen den kleinen Kaffeebauern und den europäischen Röstereien her, um die Vermittlerkosten zu umgehen. So kommen in Mexiko 67% des Kaffeepreises dem Kaffeebauern zu, entgegen sonst üblichen 38%. Die betroffenen Kaffeeanbauer bemühen sich um Kaffee sehr guter Qualität und die Röstereien zahlen den garantierten Mindestpreis ungeachtet des Weltmarktkurses für Kaffee. Dreihundert Kooperativen aus achtzehn Ländern gehören heute zu dieser Organisation. In Frankreich gibt es das Etikett von Max Havelaar auf mehreren großen gewaschenen Arabicas: eine wunderbare, leicht säuerliche Sorte aus Haiti (den Kalinda, auch koffeinfrei), ein aromareicher Guatemala und ein biologischer, milder Mexikaner (der manchmal ein Caracoli sein kann). Sie werden in ganz Frankreich in vielen Geschäften vertrieben. Man kann auch per Versand eine Mischung aus drei Auslesen oder einen Kaffee aus Costa Rica bestellen. Informationen unter **Max-Havelaar Frankreich,** CAP 122 – 67, rue Robespierre, 93558 Montreuil Cedex. Tel.: (01) 42 87 70 21. Es gibt auch andere Marken des Fairen Handels in Europa: **Fairtrade Mark** in Irland und Großbritannien, **TransFair** in Deutschland, Österreich, Luxemburg und Italien.

LAVAZZA
Dieses Turiner Unternehmen, das 1995 sein hundertjähriges Bestehen feierte, ist die größte Rösterei Italiens. Von seiner sehr umfangreichen Palette ist der feinste der »Lavazza Club«, eine Mischung sehr guter Arabicas aus Brasilien, Costa Rica, El Salvador, Kolumbien und Afrika. Das Haus bietet mehrere andere 100%-ige Arabicas an, darunter den »Qualità Oro« (der meistverkaufte reine Arabica in Italien) und den »Gusto Espresso« (der zur Spitzenreihe der Kaffees »Crema e Gusto« gehört) für Espresso. Lavazza stellt auch Italiens beliebtesten Kaffee her, der täglich von Millionen von Menschen getrunken wird, die »Qualità Rossa«, eine ausgewogene Mischung von Arabicas aus Brasilien und Robustas aus Afrika. Alle Kaffees werden vakuumverpackt verkauft.

LEGAL
Legal in Le Havre wurde 1851 gegründet und ist die viertgrößte Rösterei in Frankreich. Sie bietet eine schöne Palette ausgezeichneter Kaffees an, die meist 100% Arabicas sind (nur »Prestige« hat 30% Robusta): »Grand Arabica«, »Café de Cuba«, Café du Brésil«, Café de Colombie« und eine fein gemahlene Mischung für Espresso »Napoli«. Das Haus hat auch eine Serie feinster Spitzenkaffees auf den Markt gebracht: »Café de Chefs«, die einen reinen Kaffee enthalten, den »Tanzanie«, den es auch koffeinfrei gibt, wie auch Mischungen von guten Auslesen von Arabicas.

MAISON DU CAFÉ
Das Maison du Café, das 1977 von der niederländischen Gruppe Douwe Egberts (die selbst zum multinationalen Konzern Sara Lee gehört) gekauft wurde, ist heute die zweitgrößte Rösterei in Frankreich dank ihrer Palette vakuumverpackter Spitzenkaffees, die drei 100%-ige Arabicas, eine Mischung und einen entkoffeinierten Kaffee umfaßt. Die 100%-igen Arabicas sind »L'Or« (dieser hochwertige Kaffee wird in drei Kategorien angeboten, »L'Or«, der etwas mildere »L'Or Doux« und der sehr fein gemahlene »L'Or Expresso«), »Brasil« (ausschließlich Kaffee aus Brasilien) und »Piazza« (fein gemahlen und dunkel geröstet für Espresso). Die Arabica-Robusta Mischung, die ziemlich geschmacksintensiv und aromareich ist, heißt »Tradition« und wird auch koffeinfrei angeboten. »L'Or« und »Tradition« gibt es auch in ganze Bohnen.

MALONGO
Dieses außergewöhnlich dynamische Unternehmen, das 1934 gegründet wurde und hauptsächlich im Südosten Frankreichs angesiedelt ist, gehört zu den wichtigsten Röstereien des Landes. Es unterscheidet sich von den privaten Röstereien durch seine »Café-Boutiquen«, aber auch durch eine große Anzahl origineller und hochwertiger Produkte: eine Reihe von Kaffees reiner Herkunft in luftdicht verschlossenen Dosen angeboten (Blue Mountain, Mokka Sidamo, Papouasie...), eine Reihe von seltenen Gaumenfreuden in 125-Gramm-Dosen (biologische Auslesen aus Kolumbien, Mexiko, Costa Rica, aus Simbabwe, ein Hawaii Kona...), eine Zusammenstellung aus drei Arabicas (ein säuerlicher, ein fruchtiger, ein kräftiger), die mit einem »Mixer« angeboten werden, so dass man sein eigenes Aroma kreieren kann, etc.

MAXWELL
Maxwell ist eine Mischung aus löslichen Kaffees und wurde 1969 eingeführt. Es gibt ihn in Gläsern und Dosierbeuteln und in koffeinfreier Version. Maxwell bietet auch den »L'Espresso«, einen löslichen Kaffee, der mit gemahlenem Kaffee angereichert ist, einen »Cappuccino« (eine Mischung in Pulverform, die als dosierfertige Beutel im Karton zusammen mit einem Beutel Suchard Kakaopulver verkauft wird) und einen »Milk Shake Café«, ein erfrischendes Kaffeegetränk.

MELITTA
Dieses weltweit für seine Kaffeefilter bekannte Unternehmen röstet seit 1963 Kaffee und hat sich immer mehr vergrößert. Heute hat es die fünftgrößte Rösterei in Deutschland und produziert sechs gemahlene, vakuumverpackte Mischungen, die mehrere große Kompositionen hochwertiger 100%-iger Arabicas umfassen: den »Montana«, den »Café Auslese«, eine gute Zusammenstellung von Kaffees aus Ostafrika und Südamerika und »Harmonie«, ein milder Kaffee aus Kolumbien.

MÉO
Dieses 1928 von den Brüdern Jules und Emile Meauxsoone in Lille gegründete Unternehmen röstet drei Sorten Arabicas aus Brasilien (Méo de Jaméo), Kolumbien (Méo de Colombie) und Äthiopien (Mokka de Méo), wie auch drei Mischungen 100%-iger Arabicas und ein »goût italien« für Espresso. Die Kaffees von Méo gibt es vor allem im Norden Frankreichs.

MUSETTI
Diese italienische Rösterei aus Piacenza produziert zwei hervorragende gemahlenen Mischungen aus 100% Arabicas, die eine für Filterkaffee und italienischen Kaffee, die andere für Espresso. Das Haus bietet auch aromatisierte Kaffees (Erdbeere, Anis, Schokolade, Minze, Amaretto). Musetti exportiert in viele Länder Europas und in die Vereinigten Staaten.

NESCAFÉ
1939 von der Schweizer Gesellschaft Nestlé eingeführt, ist Nescafé heute einer der bekanntesten löslichen Kaffees der Welt. Die Palette der löslichen Kaffees umfaßt zwei 100%-ige Arabicas (»Alta Rica«, auch koffeinfrei und »Cap Colombie«), eine überwiegend Arabica-Mischung (»Spécial Filtre«, auch koffeinfrei) und zwei Mischungen mit hauptsächlich Robustas (»Selection« und »Mocamba«). Nescafé bietet auch einen löslichen »Café au lait«.

NABOB
Ende letzten Jahrhunderts wurde dieses sehr bekannte kanadische Unternehmen von zwei Feinkosthändlern in Vancouver gegründet. 1905 bekam es seinen Namen von Nabob (Ausdruck der Inder für einen weisen, glücklichen und allmächtigen Häuptling). Es werden sechs vakuumverpackte Mischungen angeboten, die unterschiedlich geröstet werden, um allen Geschmacksrichtungen zu entsprechen: »Iles du Pacifique« auf der Basis von hell geröstetem Papouasie; »Tradition« bestehend aus mittelbraun gerösteten Kaffees aus Süd- und Mittelamerika; »Summit«, ein mittelbraun gerösteter Kaffee aus Kolumbien, »Safari Africain« auf der Basis von eher dunkel geröstetem Kaffee aus Kenia; »Espresso Milano« bestehend aus dunkel gerösteten Kaffees aus Brasilien und Südostasien und schließlich »Metropolis Mi-Noir« aus sehr dunkel gerösteten Bohnen aus Süd- und Mittelamerika. Außer dem »Tradition« und »Espresso Milano«, welches Mischungen sind, sind alle diese Kaffees reine Arabicas.

PHILTRE D'OR
Eine Mischung von höchster Qualität aus Arabicas lateinamerikanischen Ursprungs, die vom Haus Segafredo Zanetti Frankreich 1983 eingeführt wurde und gemahlen und vakuumverpackt verkauft wird.

ALT, ABER GUT

Kaffeemaschinen, Kannen oder Mühlen zu finden ist nicht schwer: Alle guten Röstereien bieten eine große Auswahl, die Kaufhäuser im Überfluss. Alte Stücke sind allerdings rarer und von Sammlern sehr gesucht. Hier ein paar gute Tips:

BACHELIER ANTIQUITÉS Marché Paul-Bert, allée 1, stand 17, 18, rue Paul-Bert, Puces de Saint-Ouen, F-93400 Saint-Ouen, Tel.: 01 40 11 89 98 (Freitag vormittag, Samstag, Sonntag und Montag)
Liebhaber alter Kaffee-Utensilien kommen auf diesem Flohmarkt auf ihre Kosten: alte Filterkannen aus Email, lackierte irdene Kannen aus Nordfrankreich, alte verzierte Handmühlen, dicke Kaffeschalen, alte Gussmühlen mit Kurbel, Tischchen mit Marmorplatte und verchromte Perkolatoren, sind nur einige der Objekte, die Françoise-Anne Bachelier und ihr Sohn François aufgespürt haben.

CHRISTIAN ASTEIX Marché Dauphine, Stand 180, 140, rue des Rosiers, Puces de Saint-Ouen, F-93400 Saint-Ouen,
Tel. 01 49 45 06 02
Ein wahrer Spezialist für Küchengeräte aus Email, bei dem schöne alte, oft verzierte Filterkannen zu finden sind. (Foto Seite 108–109)

ANTOINE BERC 10 & 12 boulevard de la Bastille, F-75011 Paris, Tel. 01 47 00 41 63
Eigentlich ein Geschäft für professionellen Bedarf, findet man hier auch gebrauchte Gegenstände: Tische, Barhocker, Bänke, Stühle etc. Manchmal treibt man sogar einen originalen Thonet-Stuhl aus gebogenem Holz aus dem XIX. Jahrhundert auf.

ASSOCIATION INTERNATIONALE DES COLLECTIONNEURS DES MOULINS À CAFÉ
Francois Herpin, 97, grand-rue Charles-de-Gaulle, F-91250 Saintry
Tel.: 0160 75 37 63
Dieser Verein mit etwa hundert Mitgliedern gibt ein Mitteilungsblatt heraus und beschäftigt sich ausschließlich mit Kaffeemühlen, die früher teilweise wahre Kunstwerke waren.

LE PIANTAGIONI DEL CAFFÈ
Ein sehr originelles, kleines Unternehmen aus Florenz, das nur mit einem Kaffeeanbauer arbeitet, der mit viel Sorgfalt seine ausgezeichneten Kaffeevariationen aus dem Kongo (zwei gewaschene Robustas), Bolivien (ein Hochland-Arabica) und der Insel São Tomé (wohin die zwei vorausgehenden angesiedelt wurden) produziert. Das Haus bietet einen Robusta aus dem Kongo (Yoki Elolu), für alle Zubereitungen geeignet, einen Arabica aus Bolivien (Carnavi), für die Kolbenkaffeemaschine empfohlen, und zwei Arabica-Robusta-Mischungen, für Espresso an: einen Carnavi-Yoki Elolu und einen Carnavi-Lomela in sehr schönen Aluminiumverpackungen von 1 Kilogramm oder 250 Gramm. Es gibt auch Geschenksortimente. Die Produkte werden in Europa und auch den Vereinigten Staaten in einigen Restaurants und Feinkostläden angeboten.

PICCO
Unter dieser Marke vertreibt das Haus Tchibo alle löslichen Kaffees, darunter den »Espresso Milano«, 100% Arabica, den »Café au Lait« und andere aromatisierte lösliche Kaffees (mit Brandy ohne Alkohol, Vanille, Rum, etc.)

QUOTIDIEN
Eine Arabica-Robusta-Mischung, die immer noch viele Anhänger im Norden und Südwesten Frankreichs hat, wo der Hersteller, die Rösterei Danon, ihren Sitz hatte. Dieses Haus wurde vom italienischen Unternehmen Segafredo Zanetti aufgekauft. Es gibt zwei Versionen: »Familial« und »Grand Soir«, ein koffeinfreier Kaffee, die gemahlen und vakuumverpackt verkauft werden.

RAS D'AMHARA
Dieses Unternehmen wurde 1922 in Lyon gegründet. Sein Name erinnert an Abessinien. Es gehört zu den zehn größten Röstereien Frankreichs und ist vor allem in der Region von Lyon vertreten. Es bietet vier Mischungen für zu Hause an, darunter »Fascination«, ein hervorragender 100%-iger Hochland-Arabica (Guatemala-Nicaragua-Mexiko-Kolumbien).

SAN MARCO
Der San Marco, ein Kaffee des Hauses Segafredo Zanetti Frankreich, ist ein reiner Arabica italienischer Geschmacksrichtung, d. h. dunkel geröstet, etwas kräftig und sehr fein gemahlen.

SEGAFREDO ZANETTI
Diese italienische Unternehmen (Bologna) produziert und vertreibt in zahlreichen europäischen Ländern vakuumverpackte Kaffees, von denen man zwei überall findet: den »Intermezzo Espresso Rosa« (den in Italien meistverkauften), der eine Mischung Arabica-Robusta und mehr für die elektrischen Kaffeemaschine und italienischen Kaffeekannen bestimmt ist, und den »Espresso Casa«, eine Mischung vom gleichen Typ für Espressomaschinen. In Frankreich hat Segafredo Zanetti in den 80er Jahren zwei alteingesessene französische Häuser aufgekauft und Spitzenkaffees dafür entwickelt.

SPLENDID
Der Splendid ist eine Mischung aus dem Hause Kraft Jacobs Suchard der Philip Morris-Gruppe und in Italien sehr beliebt.

STENTOR
Ein Kaffee, den es in Frankreich seit mehr als vierzig Jahren gibt, eine sehr kräftige Mischung aus Arabicas und Robustas, der gemahlen oder in ganzen Bohnen verkauft wird. Eine Kreation der Rösterei Vaudor, die 1986 von Segafredo Zanetti aufgekauft wurde.

SUAVOR
Das Haus Suavor ist ein Unternehmen zwischen Handwerk und industrieller Produktion. Es wurde 1853 gegründet und wird von der Familie Molay seit 1937 betrieben. Mit großer Kunstfertigkeit produziert es die besten Auslesen. Es ist Lieferant der Restaurants Hédiard, Fauchon, dem Tour d'Argent und Paul Bocuse hat dort auch eine eigene Marke. Der Bestseller des Hauses, die Mischung »Président« (100% Arabicas aus Mittel- und Südamerika) ist perfekt gelungen. Unter den Kaffeeauslesen, die in Beuteln angeboten werden, findet man Sul de Minas aus Brasilien, den Mokka Sidamo, Blue Mountain, Sigri aus Neu-Guinea, Skybury aus Australien, Yauco Selecto aus Puerto Rico und zwei neue Köstlichkeiten: Farfell Plantation aus Simbabwe mit einem herausragenden Aroma und einen aromareichen »Java Bleu«. In Zusammenarbeit mit einer großen Brauerei führen acht Café-Röstereien Suavor die Kunst des Hauses in den großen japanischen Städten vor (Foto S. 92).

TCHIBO
Als zweitgrößter Kaffeeröster Deutschlands vertreibt das Haus Tchibo in seinen sechshundert Café-Boutiquen und in fast zehntausend Supermärkten mehrere Mischungen, die in Hamburg geröstet werden. Die meisten sind reine Arabicas in Bohnen oder gemahlen und vakuumverpackt. Spitzenprodukte des Hauses sind »Privat Kaffee«, aus acht Mischungen, die an besondere Geschmacksrichtungen oder Herkunftsländer erinnern (»Guatemala Grande«, »Äthiopia Mokka«, »Columbia High Mountain«, »Cappuccino Milano«, »French Gourmet« etc.). Tchibo hat seit 1990 auch zahlreiche Filialen im Ostteil Deutschlands eröffnet, in Ungarn, Tschechien Polen, in Österreich und Slowenien.

THANKSGIVING COFFEE CO
Ein hervorragendes kalifornisches Unternehmen, das von Paul und Joan Katzeff 1972 gegründet wurde und dessen Produkte in mehr als einer Million Feinkostläden und Restaurants in den Vereinigten Staaten vertrieben werden. Unter seinen Kaffees sind wunderbare Auslesen (Selva Negra aus Nicaragua, Costa Rica-Tarrazu, Hawaii-Kona, Sigri aus Neu-Guinea, Mokkas aus Sidamo und Harrar, etc.), eine Reihe ausgezeichneter biologischer Arabicas aus Mittelamerika (15 Cents pro Pfund gehen an die kleinen Kaffeeanbauer) und eine schöne Palette wunderbarer Mischungen. Das Haus bietet auch einen sehr originellen Robusta aus Thailand, ausgesprochen koffeinhaltig und dunkel geröstet für die Liebhaber des starken Geschmacks. Wie oft in den Vereinigten Staaten ist die Verpackung wunderschön. Alle Kaffees und anderen Produkte und Zubehör gibt es über Versandhandel aus einem Katalog zu bestellen (PO Box 1918, Fort Bragg, Ca 95437).

VELOURS NOIR
Dieser Kaffee der Gruppe Kraft Jacobs Suchard Frankreich ist eine sehr milde Mischung gewaschener Arabicas (bis 1990 hieß er »Douceur Noire«).

VOISIN
Das Haus Voisin, ein Schokoladenhersteller aus Lyon, ist seit 1897 auch Rösterei. Seine Palette, die vor allem in den fünfzehn Läden in der Region von Lyon vertrieben wird, umfaßt sieben verschiedene 100%-ige Arabica-Mischungen.

DIE KAFFEEMASCHINEN

Mit Kolben, mit Wasserdampf, elektrisch oder für Espresso: im Folgenden eine zwangsläufig beschränkte Auswahl an guten Kaffeekannen und -maschinen unter den Dutzenden, die man näher betrachten sollte und den vielen Hunderten, die im Handel sind. Wenn jemand eine neue Kaffeemaschine kaufen möchte, kann man ihm nur raten, besser in eine Rösterei gehen, die eine große Auswahl an Kaffeemaschinen und -kannen hat als in ein großes Geschäft. Bei den wirklichen Spezialisten findet man die beste Beratung und die Preise sind nicht unbedingt höher. Alle Kaffeekannen und -maschinen, die hier präsentiert werden, sind in vielen Ländern erhältlich.

KOLBENKANNEN

Sie ermöglichen Kaffeeaufguss, sind einfach anzuwenden und instand zu halten und sind für alle Qualitätsstufen von Auslesen geeignet.

BODUM
Dieses dänische Unternehmen war lange Zeit einer der zwei größten Hersteller von Kolbenkaffeekannen zusammen mit dem französischen Melior. 1991 kaufte Bodum Melior auf. Sie stellen das Modell Melior wieder her und zeichnen sich durch ein sehr schönes Sortiment an Kolbenkaffeekannen in streng modernem Design aus, das zugleich einfach und edel wirkt. Die Kannen von Bodum gibt es überall (Röstereien, große Kaufhäuser).

NEAPOLITANISCHE KAFFEEKANNEN

Die neapolitanischen Kaffeekannen wären ideal, hätten sie nicht einen kleinen Fehler: Sie sind aus Metall und geben daher anfangs dem Kaffee einen schlechten Geschmack. Mehrere Tage, sogar Wochen lang, sollte man sie daher nicht mit scharfen Mitteln reinigen.

ALESSI
Das Haus Alessi, gegründet 1922, ist berühmt für seine zahlreichen Kaffeekannen in oft sehr schönem Design. Die gewagtesten Modelle gibt es unter der Marke »Officina Alessi«. Dazu gehört auch die schönste neapolitanische Kaffeekanne, das Modell »90018«, das von dem Neapolitaner Riccardo Dalisi 1979 entworfen wurde. Der lange feine Ausgießer, der vom Boden heraufführt, erinnert an die einfachen Blechkaffeekannen von früher. Diese hier ist aus rostfreiem Edelstahl und mit einem wunderschönen Nussbaumgriff versehen (Foto S. 110).

ELEKTRISCHE KAFFEEMASCHINEN

KRUPS
Elektrische Kaffeemaschinen mit Isolierkannen sind bei weitem am empfehlenswertesten: Sie halten den Kaffee warm und wärmen ihn nicht unendlich lange auf. Das deutsche Unternehmen Krups, ein Vorreiter auf diesem Gebiet, hat mehrere Modelle im Sortiment, darunter die programmierbare »Compact Therm« und die »Aroma Café Therm Plus«. Der Filterkaffee behält in der Isolierkanne alle seine Geschmackseigenschaften mindestens eine Stunde lang.

MOULINEX
Mit der Erfindung der elektrischen Mühle im Jahr 1955 begann sich das französische Unternehmen auch für Kaffee zu interessieren. Heute stellt es eine große Anzahl von Kaffeemaschinen her. Die interessantesten davon sind die elektrischen Kaffeemaschinen, die das Brühverfahren in verschiedenen Stärken regulieren können (»Arome sensation«, Crystal Arome«, »Cocoon«).

SEB
Seb war das erste Unternehmen, das 1992 elektrische Kaffeemaschinen mit Isolierkannen auf dem französischen Markt vorstellte. Sein Modell »Integra 1000« ist perfekt konzipiert, einfach zu benutzen und sehr preiswert. Die hauptsächliche Schwachstelle der Isolierkannen, ihre Zerbrechlichkeit, wurde dank einer doppelten Einschäumung, die die Stösse abdämpft, verbessert.

KAFFEEMASCHINEN MIT UNTERDRUCK

Unbestreitbar die Besten, was die Entfaltung von Aroma und Geschmack und das Aufsehen angeht, das sie erregen. Ihr Nachteil ist der Preis, die Zerbrechlichkeit und ihre aufwendige Instandhaltung.

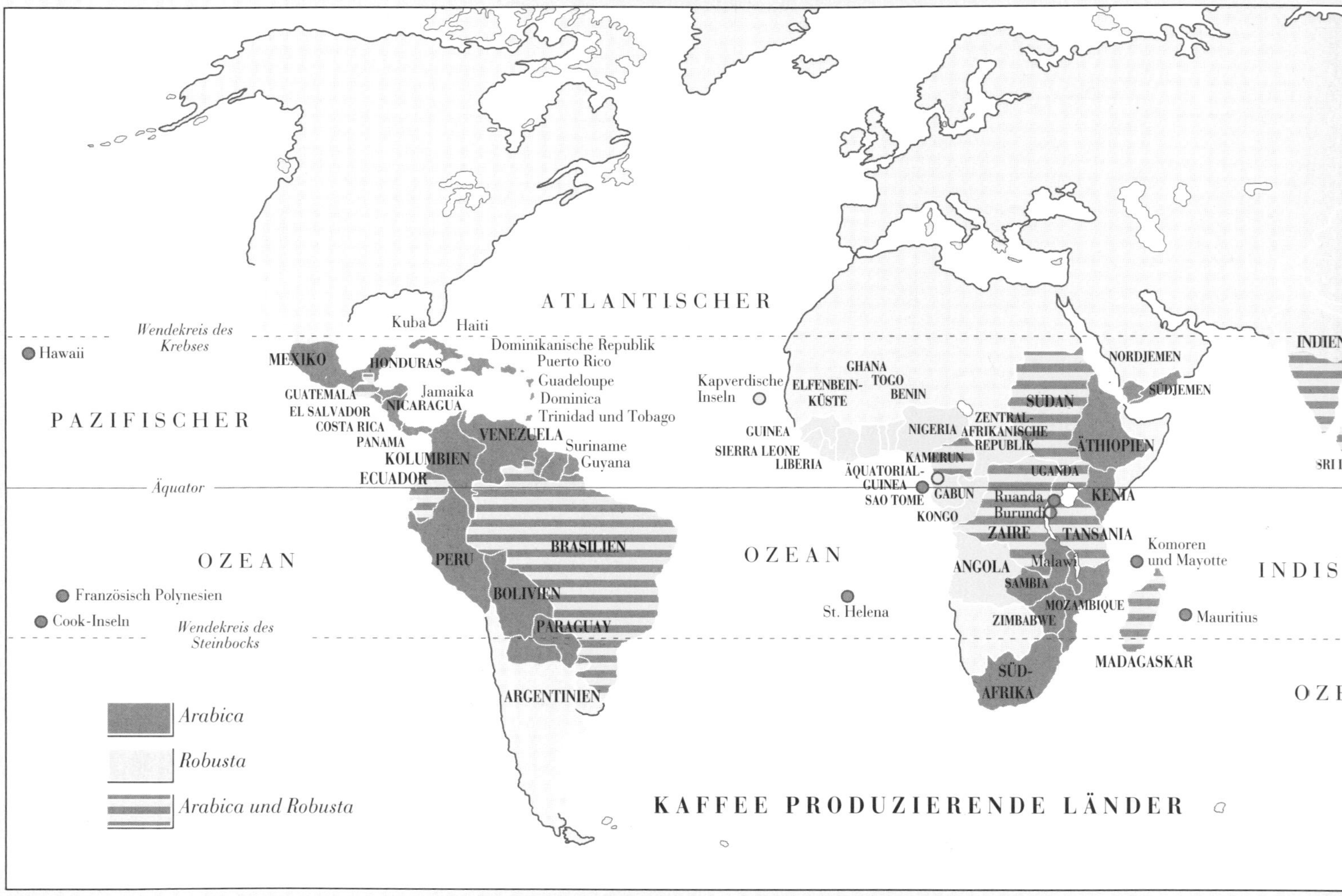

KAFFEE IN ZAHLEN

(Die Zahlen stammen von der internationalen Kaffeeorganisation. Die Produktionszahlen betreffen die Jahre 1994–1995 oder 1995–1996.)

DIE PRODUKTION

Kaffee ist das zweitwichtigste internationale Exportprodukt nach Erdöl und wird in ungefähr 70 Ländern angebaut und von ungefähr 60 Ländern exportiert.

Mehr als 25 Millionen Menschen in den Produktionsländern arbeiten auf dem Kaffeesektor.

Man erntet jährlich ungefähr 100 Millionen Kaffeesäcke à 60 Kilo (die einzige Zähleinheit, die für Transaktionen maßgebend ist).

Diese Jahreproduktion teilt sich in 75% Arabica und 25% Robusta.

Die zehn größten Kaffeeproduzenten der Welt sind:

- Brasilien (20 Millionen Säcke, hauptsächlich Arabicas), größter Exporteur
- Kolumbien (13 Millionen Säcke von 70 Kilo Arabicas) zweitgrößter Exporteur
- Indonesien (7 Millionen Säcke, hauptsächlich Robustas), drittgrößter Exporteur
- Mexiko (4 Millionen Säcke Arabicas) achtgrößter Exporteur
- Äthiopien (4 Millionen Säcke Arabicas) zehntgrößter Exporteur
- Uganda (3,5 Millionen Säcke Robustas) viertgrößter Exporteur
- Elfenbeinküste (3 Millionen Säcke Robustas) sechstgrößter Exporteur
- Indien (3 Millionen Säcke Robustas und Arabicas zu gleichen Teilen) fünftgrößter Exporteur
- Guatemala (3 Millionen Säcke Arabicas), neuntgrößter Exporteur;
- Vietnam (3 Millionen Säcke Robustas), siebtgrößter Exporteur.

DER VERBRAUCH

Kaffee wird in allen Ländern der Welt geschätzt und nach Wasser am meisten getrunken: Zwei von drei Weltbewohnern trinken Kaffee, eine geschätzte Zahl von täglich 2,5 Milliarden Tassen Kaffee. In Frankreich trinken 90% der Erwachsenen Kaffee; 85% davon täglich; 79% zum Frühstück und 48% nach dem Essen.

Nachfolgend die 13 Länder, in denen man den meisten Kaffee trinkt (Verbrauch pro Kopf und Jahr):

- Finnland (13 Kilo, ungefähr 5 Tassen täglich)
- Schweden (dito)
- Dänemark (12 Kilo, ungefähr 4–5 Tassen täglich)
- Norwegen (dito)
- Niederlande (9 Kilo, mehr als 3 Tassen täglich)
- Österreich (8 Kilo, 3 Tassen täglich)
- Belgien und Luxemburg (dito)
- Deutschland (dito, zweitgrößter Importeur)
- Schweiz (6 Kilo, ungefähr 2–3 Tassen täglich)
- Frankreich (dito, drittgrößter Importeur)
- Vereinigte Staaten (4,5 Kilo, etwas weniger als 2 Tassen täglich, größter Importeur)
- Italien (dito, fünftgrößter Importeur)

Darauf folgen Kanada (4 Kilo Kaffee jährlich), Spanien (3 Kilo), Großbritannien (2,5 Kilo), Japan (2 Kilo), viertgrößter Kaffeeimporteur der Welt…

CONA
Die Cona ist eine fast mythische Kaffeekanne, die 1910 in England von M. Cohn entworfen wurde. Das Unternehmen hat seinen Sitz immer noch in Wimbledon und stellt mehrere Modelle von Kaffeemaschinen, die mit Wasserdampfdruck arbeiten, her. Das Standardmodell mit seinem Alkoholbrenner ist bei weiten am schönsten. Kein anderer Typ von Kaffeebereiter ist so geeignet, das Aroma des Kaffees hervorzuheben. Man findet sie in manchen Röstereien und großen Geschäften.

»ITALIENISCHE« KAFFEEKANNEN

Sie sind perfekt für die Zubereitung eines Kaffees geeignet, dessen Konsistenz zwischen dem des Filterkaffees und des Espressos liegt. Aber sie sind aus Metall und haben daher denselben Nachteil wie die neapolitanischen Kaffeekannen. Außerdem stimmt auch nicht immer – wie es in der Gebrauchsanleitung steht – dass der Kaffee mittelfein gemahlen sein muss und dass man den Filter nicht zu stark füllen sollte. In Wirklichkeit hängen Mahlweise und Menge von den einzelnen Modellen und Kaffeesorten ab.

ALESSI
In der Reihe »Officina Alessi« findet man die elegante »Concia«, eine italienische Kaffeekanne mit spitzem Deckel aus rostfreiem Edelstahl, entworfen vom Designer Aldo Rossi. Unter der Marke Alessi gibt es noch weitere schöne Kaffeekannen: die »Cupola« in Aluminium oder Farbe und die klassischste von allen, »9090«, bauchig in der Form und aus rostfreiem Edelstahl.

BIALETTI
Die universelle »Mokka Express« mit Schliff wurde 1934 von Alfonso Bialetti erfunden und bis heute mehr als 200 Millionen Mal verkauft. Es gibt sie immer noch. Sie wird immer noch vom gleichen Haus hergestellt, das heute zur italienischen Gruppe Rondine gehört. Sie ist aus Aluminium und in mehreren Größen erhältlich, von einer bis zu achtzehn Tassen. Das Haus bietet auch noch andere nach dem gleichen Prinzip funktionierende Modelle in modernerem Design und aus rostfreiem Edelstahl (gleiches Geschmacksproblem, aber weniger lang anhaltend) an: die »Star New«, die »Golden New« und die »Class«, die mit Zuckerdose und Milchkännchen auf einem Tablett erhältlich ist.

PERKOLATOREN

FEMOKA
(5, rue Pappillon, 75009 Paris.
Tel.: (01) 45 23 48 80)
Seit 1924 stellt das Unternehmen Femoka wunderschöne Perkolatoren aus glänzendem Chrom, eingefaßt mit Kupfer und Messing für den Haushalt fast ausschließlich in Handarbeit her. Es ist heute weltweit der einzige Fabrikant von Perkolatoren. Diese Vorfahren der Espressomaschinen, die mit Dampfdruck funktionieren, haben einen schlechten Ruf, da sie für gemahlenen Kaffee zu heißes Wasser produzieren. Die Magie von Femokas liegt in der unbestreitbaren Qualität des Kaffees, den sie bereiten, zwischen italienischen Filterkannen und Espressomaschinen. Sie sind schön, einfach anzuwenden, bedürfen keiner Instandhaltung und ermöglichen es jederzeit, einen oder mehrere Kaffees in Sekunden zu servieren. Sie haben nur einen Fehler: Sie sind selten. Nur zwei Betriebe stellen sie her und weniger als zweitausend Exemplare verlassen jährlich die Werkstätten. Sie kosten zwischen 700 und 3000 DM, je nach Modell. Sie werden vor Ort und, jedoch mit weniger Auswahl, in The Conran Shop (117, rue du Bac, 75007 Paris), la Carpe (14, rue Tronchet, 75008 Paris) und bei Orfèvrier (87, avenue des Ternes, 75017 Paris) verkauft. Man findet auch einige Modelle davon in den Vereinigten Staaten.

ESPRESSOMASCHINEN

Espresso erobert die Welt und die Auswahl an Maschinen wird von Tag zu Tag größer. Hier einige besonders empfehlenswerte Marken und Modelle. Man sollte wissen, dass man zu Hause keinen echten Espresso ohne mindestens 14 Bar Druck zubereiten kann. Die günstigsten dieser Maschinen kosten ungefähr 300 DM. Kaffemaschinen, die wie Espressomaschinen aussehen und nur den halben Preis kosten, täuschen: Sie erzeugen nicht genügend Druck und bereiten keinen richtigen Espresso zu.

CALOR
Die »Espresso Adagio« dieses französischen Unternehmens bietet Zuverlässigkeit und Qualität zu einem kleinen Preis. Die Pumpe verfügt über einen Druck von 15 Bar und die Maschine hat eine Dampfdüse für Cappuccino. Hauptmerkmal ist das raffinierte System, wie hier der gemahlene Kaffee durch den Verschluß des Filterhalters gepresst wird, so dass ein optimaler Druck entsteht. Für einen kaum höheren Preis ermöglicht die »Espresso Adagio Automatic« die automatische Dosierung des Kaffees und das automatische Ausschalten der Maschine je nach Stärkegrad des gewünschten Espressos (normal oder stark) und der Zahl der Tassen (eine oder zwei).

GAGGIA
Die ideale Maschine wurde von Achille Gaggia 1948 erfunden. Sein Unternehmen stellt immer noch Maschinen für Gastronomie und Haushalt her. Private Käufer haben die Wahl zwischen acht Modellen, die alle einen Druck von 14 Bar erzeugen.

KRUPS
Das deutsche Unternehmen stellt eine ganze Reihe von Espressomaschinen her, aber die Perfektion erreicht es mit »Nespresso Programmatic«, ausgestattet mit 18 Bar, einer Dampfdüse für Cappuccino, einem Dosiersystem für den gemahlenen Kaffee, einer automatischen Programmierung für die Regelung von »starkem« bis »verlängertem« Kaffee und einer Ausschaltautomatik, wenn die Tasse voll ist. Aber Perfektion ist niemals billig.

PAVONI
Das berühmte italienische Unternehmen, ein Vorreiter für diese Art von Maschinen, bietet außergewöhnliche Modelle mit Hebel an, aus glänzendem Chrom und manchmal plattiert, mit Manometer und Thermometer. Der »Göttertrank« ist so perfekt, wie die Maschinen schön und die Preise hoch sind.

RIVIERA & BAR
Die »PIM'S« aus diesem Marseiller Unternehmen hat schon mehr als zweihunderttausend Franzosen durch ihr Preis-Leistungs-Verhältnis überzeugt: ungefähr 300 DM für eine Maschine, die einen Druck von 15 Bar erzeugt, eine besondere Düse für Cappuccino und vor allem ein geniales Pumpsystem hat, das vom Haus patentiert wurde. (Es stattet viele Modelle der Marken Krups, Rowenta, Calor, Moulinex aus). Riviera & Bar bieten auch kompliziertere Maschinen an.

DIE FILTER VON MELITTA

Frau Melitta Bentz hat 1908 in Dresden ihr System von Filterpapier und Filterhalter erfunden. Ihre Marke gibt es heute in allen Ländern der Erde. Das deutsche Haus, das seit 1929 in Minden existiert, stellt Papierfilter aller Größen, weiß oder braun (d. h. nicht gebleicht wegen der Umweltfreundlichkeit) her. Es produziert auch Filterhalter, elektrische Kaffeemaschinen (eine davon mit Isolierkanne) und eine Espressomaschine.

DIE ANBAUGEBIETE

Mit dem Hawaii-Kona ist es wie mit dem Château-Margaux: Diesen Kaffee mit Qualitätskontrolle gibt es als erste, zweite und dritte Auslese, die qualitativ eine Hierarchie bilden.
Das gilt für die meisten der großen Arabicas der Welt. Sehr selten informieren die Röstereien ihre Kunden genau über diese Kontrollbezeichnungen und breiten auf freundliche Art einen künstlichen Schleier über dieses Thema, was manchmal schon der Täuschung nahekommen könnte. Hier also das, was der Verbraucher über die wesentlichen Abstammungsgebiete der Arabicas wissen sollte und was vor allem der Anbieter ihm erklären müßte!

ÄTHIOPIEN: Die Bezeichnungen für diese Arabicas aus dem Hochland variieren nach Anbaugebiet und Behandlung, »natur« oder »gewaschen«. Alle können »Mokkas« genannt werden. Aber den Namen, den man oft findet, »Mokka aus Äthiopien«, bedeutet nichts, weil der Unterschied zwischen Mokka natur aus dem Gebiet von Djimah (sehr gut) und einem gewaschenen Mokka aus der Region von Yrgacheffe (selten und hervorragend) sehr groß ist. Während die »gewaschenen« immer ausgezeichnet sind, ist die Qualität der »natur« deutlich unterschiedlich, je nach Jahrgang und Plantage. Ein Mokka Harrar natur kann bei einem Röster hervorragend sein, beim anderen mittelmäßig. Deshalb ist es unmöglich, eine definitive Hierarchie für die verschiedenen Bezeichnungen aufzustellen.

BRASILIEN: Aus diesem Land kommen nur Arabicas und Robustas, und eher die Besten als die Schlechtesten. Nur die gewaschenen Arabicas werden als Kaffees wirklich guter Qualität angesehen: strictly soft, fancy, fine cup. Die besten Kaffees kommen aus dem Staat Minas Gerais (Gebiet Sul de Minas) und aus Bahia (aber dazu müssen diese »Bahias« gewaschene Arabicas und nicht natur sein).

COSTA RICA: Die verschiedenen Kaffees dieses Landes werden nach der Höhe ihrer Anbaugebiete eingeteilt. Nur Kaffees, die zwischen 1200 und 1600 Meter Höhe wachsen, können die beste Bezeichnung »SHB« (Strictly Hard Bean) bekommen.

EL SALVADOR: Die beste Bezeichnung ist »SHG« (»Strictly High Grown«), die den Kaffees, die in über 1200 Meter Höhe angebaut werden, zugewiesen wird.

GUATEMALA: Die besten werden ab 1600 Meter Höhe angebaut. Zwischen 1600 und 1700 Meter Höhe dürfen sie »SHB« (Strictly Hard Bean) genannt werden und zählen zu den begehrtesten Sorten der Welt. Über 1700 Meter werden sie unaussprechlich und unterscheiden sich durch den Namen der Plantage oder des Anbauortes (z. B. »Tres Marias«).

HAWAII: Alle Kaffees aus Hawaii werden im Gebiet von Kona angebaut und dürfen so genannt werden. Der Hawaii Kona ist immer ein sehr großer Kaffee. Aber es gibt eine Hierarchie von drei Graden je nach Größe der Bohne und die angegebene Anzahl der Ausfälle: der »Kona Extra Fancy« (die größten Bohnen und die wenigsten Ausfälle), der »Kona Fancy« und der »Prime«.

INDIEN: Die besten Kaffees sind die gewaschenen Arabicas, die, je nach Anbaugebiet (Mysore, Malabar, Nilgri, etc.) die Bezeichnung »Plantation A« oder bei den Kaffees des Monsun, »Moussonné AA«. Diese Bezeichnungen stehen für die größten Bohnen und die wenigsten Ausfälle.

JAMAIKA: die Bezeichnung »Blue Mountain« wird nur den Kaffees zugeteilt, die in einer genau umschriebenen Region im Hochland angebaut werden (die Gemeinden von Portland, Saint-Thomas oder Saint-Andrews). Es gibt noch zwei weniger gute Qualitäten: »High Mountain Suprem« und »Prime Washed Jamaica«. (Achtung vor falschen Bezeichnungen mit »Blue« oder »Mountain«, die oft Kaffees zugewiesen werden, deren Herkunft man nicht kennt.)

JEMEN: Die Natur-Kaffees aus dem Jemen haben keine andere Bezeichnung als ihre Anbauregion. Die besten sind »Matari« und »Sanani«. Behandlung und zufällige Aufzucht machen ihre Qualität unbeständig (manchmal ausgezeichnet, manchmal mittelmäßig).

KENIA: Die besten Kaffees sind die größten. Sie müssen mindestens 7,2 mm messen, um die bedeutende Bezeichnung »AA« zu erhalten. Dennoch gibt es, allerdings sehr selten, noch größere Bohnen, die »AA+« und »AA++« genannt werden.

KOLUMBIEN: Dieses Land exportiert besonders »Supremos« und »Excelsos«. Der Unterschied liegt nur in der Größe, die »Supremo"-Bohnen sind etwas größer, aber das macht ihre Feinheit aus.

MEXIKO: Hier bestimmt die Höhe die Bezeichnungshierarchie. Die besten Kaffees werden über 1600 Metern angebaut und heißen »Estrictamente Altura«. Man unterscheidet sie nach den Namen der Plantagen (Custepec, Prussia, Liquidampar, Santa Cruz, etc.). Zwischen 1000 und 1600 Metern heißen die Kaffees »Altura«.

NICARAGUA: Alle Exportkaffees werden zwischen 1500 und 2000 Meter Höhe angebaut und tragen die beste Bezeichnung »Central Estrictamente Altura« (oder »Strictly High Grown«, »SHG«). Sie kommen nur aus zwei Gebieten, die ihnen ihre Namen geben: Jinotega und Maragalpa.

PAPUA-NEUGUINEA: Die Kaffees werden nach ihrer Größe und nach ihrem Ausfall klassifiziert. Die besten Bezeichnungen sind »AA Plantation« (sehr selten, die Bohnen messen mindestens 6,95 mm, keine Ausfälle) und »A Plantation« (mindestens 6,75 mm, keine Ausfälle).

PUERTO RICO: Die größten sind die besten, als »AA« bezeichnet.

SIMBABWE: Die Kaffees werden in Zifferncodes eingeteilt, die die Größe der Bohne und die Zahl der Ausfälle angeben. Der Code 53 ist der beste und von Code 56 an werden die Kaffees nicht mehr exportiert.

TANSANIA: Die Klassifizierung »AA« gilt für die größten Bohnen.

VENEZUELA: Die Kaffees unterscheiden sich durch die Anzahl ihrer Ausfälle. Die »Fino Lavado« (5% Ausfall) bilden die Spitze. Als Handelsbezeichnung der Kaffees gilt der Name des Staates, in dem sie angebaut werden (»Tachira« ist der beste).

VERZEICHNIS DER AUSLESEN

Es ist sehr schwierig für einen Neuling, aus allen Kaffeesorten seine Wahl zu treffen. Ein Röster kann den Käufer beraten, aber in einem Kaufhaus ist ein Ratgeber unverzichtbar. Dieses Glossar gibt einen kleinen Überblick.

AUSTRALIEN SKYBURY (QUEENSLAND): ein außergewöhnlicher gewaschener Kaffee, sehr aromatisch und leicht schokoladig, für den Abend empfohlen.

BLUE MOUNTAIN: eine typische Auslese aus Jamaika, sehr mild und aromatisch, angenehm säuerlich und schokoladig; ein seltener, sehr teurer Kaffee, der bevorzugt nach einem guten Essen mittags oder abends genossen werden sollte.

BRASILIEN: ob sie nun die Bezeichnung Bahia, Santos oder Sul de Minas haben, die besten Kaffees aus Brasilien sind mild und ausgewogen, perfekt am Morgen.

COSTA RICA: Tarrazu, Tournon und Tres Rios sind großartige Auslesen. Sie vereinen Fülle und Aroma, leicht säuerlich, eher kräftig. Empfohlen tagsüber.

DJIMAH: einer von drei äthiopischen Natur-Mokkas, sehr kräftig. Gibt einen Eindruck von Spitzengewächsen. Tagsüber empfohlen.

EXCELSO: der häufigste Kolumbianer, sehr leicht und mild, perfekt fürs Frühstück.

GUATEMALA: Antigua, Coban und Huehuetenango sind wunderbare, sehr vollkommene Sorten, oft würzig oder schokoladig, säuerlich und kräftig, tagsüber zu empfehlen.

HARRAR: ein Mokka natur aus Äthiopien, mild und weich, blumiges Aroma, der ideale Kaffee am Morgen.

HAWAII KONA: eine der seltensten, teuersten und besten Auslesen, angebaut in Hawaii, mild und aromatisch, leicht säuerlich und pfefferig. Perfekt für den Abend.

JAVA: ein Arabica aus Indonesien, der immer seltener wird, mit frischem Getreidegeschmack, würzig, gut kräftig, für tagsüber.

KALOSSI: eine Auslese aus Celebes (Sulawesi), zugleich kräftig und fruchtig, sehr aromareich. Bevorzugt tagsüber zu genießen.

KENIA AA: die fruchtigste und erfrischend säuerlichste Auslese, die es gibt. Nur pur, vor allem abends.

LEKEMPTI: einer der kräftigen Mokkas natur aus Äthiopien, leicht würzig, mit ausgeprägtem Geschmack, der gut nach dem Essen passt.

LIMU: einer der drei außergewöhnlichen gewaschenen Mokkas aus Äthiopien, mit geringstem Koffeingehalt. Zugleich mild und aromareich. Ein Mokka für den Abend.

MALABAR: eine indische Auslese eines Arabica natur, dem Monsun ausgesetzt, reiches Aroma, das von Wildkräutergeschmack bis würzig variiert. Ein kräftiger Kaffee für tagsüber.

MARAGOGYPE: in Nicaragua oder Mexiko unter der Bezeichnung Liquidambar angebaut. Der Riese unter den Arabicas, der ölhaltigen, duftenden Kaffee ergibt. Ideal für den Morgen.

MYSORE: ein Arabica aus Indien, leicht und mit wenig Koffein, für den Nachmittag oder Abend.

PACAMARA DU SALVADOR: eine köstliche Hybridvariante eines Arabica, der Pacamara wird in El Salvador angebaut. Er ergibt einen sehr feinen und leichten Kaffee, der zum Frühstück oder am Abend passt.

SANANI: einer der Mokkas natur aus dem Jemen, der mit seiner wilden und kräftigen Art einen starken Geschmack ergibt. Von unterschiedlicher Qualität.

SIDAMO: ein wunderbarer gewaschener Mokka aus Äthiopien mit kleinen Bohnen, mild, weich, mit blumigem Aroma, leicht säuerlich. Sehr wenig koffeinhaltig und perfekt für den Abend. Sein Caracoli hat einen sehr guten Ruf.

SIGRI NEUGUINEA: eine der weltbesten Auslesen, der von den Pflanzen des Blue Mountain abstammt, gehaltvoll und aromatisch, mild und schokoladig. Ein Kaffee für den Abend.

SIMBABWE: eine köstliche Auslese, ziemlich säuerlich und leicht würzig, vorzugsweise abends zu genießen.

SUMATRA: ein wunderbarer Arabica aus Indonesien, sehr würzig, den man manchmal mehrere Jahre reifen lässt, um ihm einen milderen und feineren Geschmack zu geben. Tagsüber.

SUPREMO: die beste Bezeichnung für Kaffee aus Kolumbien, der einen milden, weichen und duftenden Kaffee ergibt. Perfekt für tagsüber.

TANSANIA: ein fruchtiger und säuerlicher Kaffee wie alle aus Ostafrika, aber oft ein bisschen milder. Morgens wie abends.

YAUCO SELECTO: sehr kräftig, aber auch selten und teuer aus Puerto Rico. Eine edle und gehaltvolle Auslese, sehr aromatisch, für den Genuss tagsüber.

YRGACHEFFE: ein feiner gewaschener Mokka aus Äthiopien, leider selten, wenig Koffein und äußerst mild, hat eine leicht säuerliche und schokoladige Note sowie ein blumiges Aroma.

DIE KAFFEES DER MEISTERKÖCHE

Ohne guten Kaffee kein gutes Essen – das versteht sich von selbst! Alle großen Meisterköche bieten heutzutage ausgezeichneten Kaffee an. Manche verfügen sogar über eine »Kaffeekarte«, was ihre Kunden freut, aber in der Küche nicht immer leicht umzusetzen ist. Andere wissen, dass Kaffee nicht nur Desserts, sondern auch andere Gerichte auf besondere Weise aromatisiert. Im Folgenden ein Querschnitt der Kaffees, die einige der besten Küchen Frankreichs mit ihrem Duft erfüllen:

GERARD BOYER (Les Crayères, **Reims**) bietet eine perfekte Auswahl an Kaffees an, alle serviert mit feiner Schokolade des Hauses: ein Caracoli (aus Costa Rica oder aus Nicaragua), ein Kaffee aus Kenia und eine Mischung aus Mokka natur und gewaschenem Mokka. Der koffeinfreie ist ein Kaffee aus Kolumbien. Als Desserts gibt es »Opéra« und »Coffee Time«, das aus einem geeisten Parfait, einer kleinen »Crème brûlée« und einem Nusstörtchen besteht.

MICHEL BRAS (**Laguiole**) bietet eine Karte mit drei Kaffees: eine »Mélange maison« bestehend aus sechs Auslesen Arabicas, ein Supremo aus Kolumbien und ein sehr seltener, ziemlich kräftiger Caracoli aus Tansania (der »Negus«). Kaffee findet sich auch in einer ganzen Anzahl von Desserts wieder, darunter die »Nougatines aventureuses cacao & café«. Michel Bas kauft seinen Kaffee bei einer guten Rösterei in Clermont-Ferrand, die Kaffees »Les Volcans« (siehe oben).

ALAIN DUCASSE (Le Louis XV, hôtel de Paris, **Monaco**) gibt dem Kaffee den Platz, der ihm gebührt. Die Karte bietet tatsächlich sechs verschiedene Espressi (darunter einer aus Kenia, ein Mokka, ein Sul de Minas aus Brasilien) und zwei hervorragende Kaffeeaufgüsse, die vor den Gästen in einer vergoldeten Melior Kaffeekanne zubereitet werden: einen Blue Mountain und einen Hawaii Kona.

PHILIPPE GROULT (Amphyclès, **Paris**) ermöglicht seinen Gästen, unter drei Espressi zu wählen: eine harmonische Mischung aus 100% Arabica, ein fruchtiger Kaffee aus Kenia und ein milder aus Kolumbien.

PHILIPPE JOUSSE (Alain Chapel, **Mionnay**) bereitet seine Kaffees als Espressi zu, aber auch in einer Dampfdruckkaffeemaschine. Er bietet eine Auswahl zwischen einem Mokka aus Äthiopien, zwei Mischungen 100% Arabica und manchen Auslesen, je nach Saison. Bei den Desserts gibt es einen Savarin mit Südfruchtearoma, serviert mit einer »crème chiboust au café brulé« und ein Sahnebaiser auf zarter Sahnecreme mit Menton-Zitrone und Kaffeegeschmack.

EMILE JUNG (Au crocodile, **Strasbourg**) benutzt für seinen Espresso die sehr gute Mischung des Hauses Illy und zwei ausgezeichnete Mischungen Arabicas von Reck in Strasbourg. Der Küchenchef bietet seinen Kunden auch sehr schöne Desserts mit Kaffeegeschmack an, darunter ein »Beerewecke à la crème de fruits et sauce café«.

BERNARD LOISEAU (la Côte d'Or, **Saulieu**) serviert einen ausgezeichneten Kaffee aus Kolumbien. Bei den Desserts gibt es eine mit Kaffee aromatisierte bittere Soße zu Blätterteiggebäck mit Schokolade. Kaffee vereint sich auch mit Schokolade in der »nougatine de Grué«.

MICHEL LORAIN (la Côte Saint-Jacques, **Joigny**) bereitet einen unbestritten guten Espresso auf der Basis einer Mischung Hochland-Arabicas aus Zentralamerika zu. Aber man sollte hier vor allem die gegrillten Entenfilets mit blanchiertem Chicorée und Sauce Arabica versuchen, um zu entdecken, was der Kaffee an neuartigen Geschmacksrichtungen bei den vertrautesten Gerichten bewirken kann.

MARC MENEAU (Espérance, **Saint-Père-sous-Vézlay**) bietet nur einen, aber aus einer Mischung großer Arabicas (Zentralamerika, Mokka und Kenia) hergestellten Espresso an und bereitet ihn kunstvoll zu: leicht konzentriert, um das Bittere und das Koffein des letzten Wassers zu vermeiden. Zum Nachtisch verwöhnt der Chefkoch mit einer göttlichen Kaffeemousse mit Schokolade.

BERNARD PACAUD (Ambroisie, **Paris**) hat sich entschlossen, nur einen Espresso anzubieten, aber er selbst hat bei seinem Händler die erforderlichen Qualitäten bestimmt: kräftig, aromatisch, schäumend. Er wird mit Schokoladetrüffel serviert, die einen Hauch von Kaffee enthalten. Es gibt auch eine Sandtorte mit Kakao und Kaffeegeschmack und eine geeiste Kaffeecreme.

GEORGES PAINEAU (Bretagne, **Questembert**) bietet eine Auswahl verschiedener Zubereitungen (Filterkaffee, Cona Kaffee, Espresso) und mehrere Auslesen aus Kolumbien, Brasilien, Kenia, Kuba, Guatemala und Jamaika (Blue Mountain) an. Der Kaffeeliebhaber wird hingerissen sein und zu guter Letzt wird er die »craquant au chocolat« mit einem Arabica-Eis als Dessert wählen...

ALAIN PASSARD (Arpège, **Paris**) bietet nur einen einzigen guten Espresso (aus Kolumbien) an, aber bereitet ein außerordentliches Kaffeesorbet mit Kardamomgeschmack und Vanilleeis zu. Wie man weiß, passen Kaffee und Vanille sehr gut zusammen, aber hier wird das Ganze noch verfeinert durch den Kontrast zwischen Eis und Sorbet.

PAOLO PETRINI (**Paris**), der große italienische Meisterkoch in Paris (dessen Mutter selbst den Kaffee in der Küche röstet), hat lange Zeit in Triest gelebt, wo auch der Sitz seines Lieferanten, des Hauses Illy, ist. Er bietet seinen Gästen einen wunderbaren Espresso und auf Wunsch jede erdenkliche italienische Spezialität. Für die Dessertkarte bereitet er seine frischen Köstlichkeiten wie Eis und »Semifreddo au café« mit dem gleichen Illycaffè zu.

CLAUDE PEYROT (Vivarois, **Paris**) bietet nur einen guten Espresso 100% Arabica an, aber hat drei köstliche cremige Desserts mit Kaffee: ein »entremet au café«, ein »opéra« und ein »moka«.

JACQUES UND ALAIN PIC (**Valence**) ermöglichen ihren Gästen die Wahl zwischen einem »Kaffee der Saison«, d. h. einer Mischung, die der Jahreszeit angepasst ist, und einem Mokka, eine der wunderbaren Mischungen des ausgezeichneten Rösters Jean-Paul Vernet. Die Pics kaufen auch bei einer anderen Rösterei in Valence ein, bei Vincent Pavard (84, allée Bernard-Palissy). Der Kaffee erscheint in Form einer »Creme renversée« auch auf der Dessertkarte.

OLIVIER ROELLINGER (Maisons de Bricourt, **Cancale**) will auf die ganze Fülle des Kaffees hinweisen und hat sich zwei Prinzipien zu eigen gemacht: die Vielfalt der Sorten einerseits, die beste Zubereitung andererseits. Von den acht angebotenen Kaffees sind sechs für den Kenner oder für solche, die es werden wollen: ein Filterkaffee Mokka und wunderbare Aufgüsse (zubereitet in einer Melior Kaffeekanne): Puerto Rico, Hawaii, Costa Rica, Kenia, Papua-Neuguinea. Ein Traum! Es sei erwähnt, daß Olivier Roellinger bei der besten französischen Rösterei, bei Pierre Verlet, einkauft.

GUY SAVOY (**Paris**) bietet zwei ausgezeichnete Espressi auf der Basis von zwei Auslesen an, einem milden Bucaramanga aus Kolumbien und einem im Geschmack eher holzigen Mokka Sidamo.

ALAIN SENDERENS (Lucas Carton, **Paris**) hat eine vortreffliche Kaffeekarte: Blue Mountain aus Jamaika, Mokka Sidamo, eine Mischung aus Hochland-Arabicas und natürlich koffeinfreien Kaffee. Alle Sorten kommen aus dem ausgezeichneten Haus Suavor.

Bei den **TROISGROS** (**Roanne**) wählen die Gäste zwischen zwei Espressi und einem Kaffeeaufguss: Die Espressi sind entweder auf der Basis einer milden Mischung von Maragogype aus Mittelamerika oder eines kräftigeren Mokka Sidamo hergestellt. Der Aufguss ist eine leichte Mischung aus Brasilien und Kolumbien. Auslesen und Mischungen kommen aus der ausgezeichneten Rösterei Thivoyon. Die Desserts mit Kaffee sind ein »Mokka sablé et son granité« und ein Fondant »Macaron moeulleux au café«.

ROGER VERGÉ (Moulin de Mougins, **Mougins**) bietet eine wunderbare Kaffeekarte. Man zögert zwischen der harmonischen »Mélange du Moulin«, die aus einigen Arabica-Auslesen besteht, Mokka Sidamo und Blue Mountain. Die Karte bietet auch Cappuccino, »Style Américain«, einen gestreckter Kaffee, Irish Coffee und die vom Meisterkoch persönlich kreierte französische Version »Café Royal« mit Cognac oder Grand Marnier. Bravo!

MARC VEYRAT (auberge de L'Eridan, **Veyrier-du-Lac**) vertraut dem Nespresso Club, der seinen Mitgliedern mit einer Krups Espressomaschine sieben verschiedene Kaffees, in Kapseln vordosiert, anbietet (siehe oben). Zum Dessert eine »Crème brulée au café vert« oder »Brisé à la crème du café et au coulis du chocolat noir.«

DIE MUSEEN

Die Kaffeemuseen sind umso schätzenswerter, als sie sehr selten sind. Aus ihren Sammlungen strömt das Aroma des Kaffees von einstmals, liebevoll gesammelt und konserviert von einigen leidenschaftlichen Liebhabern.

ATELIER DU CUIVRE ET DE L'ARGENT
Viaduc des Arts, 109–113, avenue Daumesnil, 75012 **Paris**. Tel.: (01) 43 40 20 20
Dieses im renovierten Viaduct der Avenue Daumesnil gelegene Atelier, in dem die Künstler vor den Augen der Besucher arbeiten und wunderschöne Gegenstände für Tisch, Küche oder zur Dekoration herstellen, hat im ersten Stock ein kleines Museum »de l'Argenterie insolite« (ungewöhnliche Objekte aus Silber). Dort kann man prächtige alte Kaffeekannen aus Silber, darunter eine Aufsehen erregende Kaffeekanne Gabet, eine Dampfdruckkanne aus dem ausgehenden 19. Jahrhundert, bewundern.

MUSÉE DE L'ART DU CAFÉ
Adresse noch unbekannt. Informationen beim Cercle du l'art du café. Tel.: (05) 42 73 45 90
In über fünfundzwanzig Jahren hat der Senator Pierre Jeambrun eine außergewöhnliche Sammlung von Gegenständen rund um den Kaffee (Mühlen, Röstmaschinen, Plakate...) zusammengetragen. Unter den dreitausend Objekten sind sehr wertvolle Gegenstände, wie die Kaffeemühle, die Napoleon während seines Russlandfeldzuges benutzte, oder eine libanesische Mühle aus dem 18. Jahrhundert. Die Rösterei Molango hat vor kurzem diese einzigartige Kollektion erworben und präsentiert sie in diesem Museum, das 1997 seine Pforten öffnen sollte.

MUSÉE DE LA FERRONNERIE SECQ DES TOURNELLES
Rue Jacques-Villon, 76000 **Rouen**.
Tel.: (02) 35 88 42 92
Ein wunderschönes Museum, das eine sehr schöne Kaffeemühlensammlung beherbergt.

MUSÉE PEUGEOT
Carrefour de l'Europe, rue de Belfort, 25600 **Sochaux**. Tel.: (03) 81 94 48 21.

Hier findet man mehr als hundert der berühmten Kaffeemühlen, der der Konstrukteur Peugeot vom 19. bis 20. Jahrhundert herstellte.

BRAMAH TEA & COFFEE MUSEUM
The Clove Building, Maguire Street, Butlers Wharf, **London** SE1 2NQ.
Tel.: (171) 378 0222.
Edward Bramah, früher Tee- und Kaffeehändler und Autor eines wunderbaren Werks über Kaffeekannen, hat diese außerordentliche Sammlung von tausend alten und sehr wertvollen Tee- und Kaffeekannen und Bilddokumenten zusammengetragen. Von der antiken arabischen Kaffeekanne aus Kupfer bis zur ersten Espressomaschine Gaggia über Modelle aus dem 19. Jahrhundert, die wirkliche Schmiedekunstwerke sind, werden dreihundertfünfzig Jahre Kaffeegeschichte erzählt. Im Café des Museums kann man sehr guten Kaffee trinken und auch ein Paket frisch gemahlenen Arabicas mitnehmen.

DOUWE EGBERTS MUSEUM
Vleutensevaart 35, 3532 AD **Utrecht**.
Tel.: (30) 297 9111
(Besuche nur in Gruppen und nach Terminabsprache, dienstags und mittwochs)
Ein kleines Museum, das nicht nur dem Kaffee, sondern auch dem Tabak und dem Tee gewidmet ist (die drei Hauptprodukte der Gruppe Douwe Egberts) und einige wunderschöne Mühlen, Kaffeekannen und alte Kaffeeservice ausstellt, darunter das Service »Rozenburg« aus Eierschalenporzellan von 1901, das der Königin Emma gehörte, eine erstaunliche Kaffeekanne von 1860 mit einem Röster mit Ausschaltautomatik und eine wunderschöne Silberkaffeekanne, 1784 signiert von dem Goldschmied Jan de Wal, etc.

JOHANN JACOBS MUSEUM
Seefeldquai 17, PO Box 101, 8034 **Zürich**.
Tel.: (01) 388 61 51
In einem besonders schönen Haus gelegen, ist das Museum der Gruppe Jacobs Suchard ganz der Kulturgeschichte des Kaffees gewidmet.
Die prächtigen Sammlungen umfassen viele Gemälde und Stiche zum Thema und wunderschöne Porzellan- und Silberservice.
Das Museum beherbergt auch eine Bibliothek mit dreitausend Büchern zum Thema Kaffee, von denen eine ganze Reihe Originalausgaben bis auf das 16. Jahrhundert zurückgehen.
Das Museum organisiert regelmäßig Ausstellungen.

EINIGE NÜTZLICHE ADRESSEN

COMITÉ FRANÇAIS DU CAFÉ
3, rue de Copenhague, 75008 **Paris**.
Tel.: (01) 45 22 70 23.
Diese Vereinigung hat zum Ziel, die Werbung für kleine und mittlere Röstereien zu organisieren, und war von Anfang an bei der Kampagne für die »Kaffeepause« in den 60er Jahren mit dabei. Sie verbreitet alle Informationen über Kaffee, Videos (»Kaffeebohnen«, Dokumentarfilm über den Anbau von Kaffee; »Der Kaffee, vom Anbau zum Rösten«) etc. Das CFC organisierte auch die Ausstellung Kaffee, Kaffees, die allen Aspekten von der Pflanzung und bis zum Trinken gewidmet ist, 1995 im Grand Palais in Paris großen Erfolg hatte und seitdem in Frankreich von Ort zu Ort wandert.

ASSOCIATION DE CLIEU
Mme Frédéric Cotelle, avenue Gabriel-de-Clieu, 76370 **Derchigny-Graincourt**.
Tel.: (02) 35 83 61 38.
Eine Vereinigung, die von einer Nachfahrin Gabriel de Clieus, einem Adligen aus Dieppe, geleitet wird, der den Kaffee in den französischen Antillen Anfang des 18. Jahrhunderts einführte. Sie organisiert alle Arten von Veranstaltungen, die mit Kaffee und seiner Geschichte in Verbindung stehen, im Schloß von Derchigny, der Wiege der Familie.

CIRAD
(Centre de coopération internationale en recherche agronomique pour le développement)
BP 5035, 34032 **Montpellier** Cedex 1.
Tel.: (04) 67 61 58 00
Dieses große wissenschaftliche Zentrum entwickelt ein »Kaffeeprogramm« zur Agrarforschung und der Ausbildung von Angestellten und Technikern. Unter dieser Zielsetzung organisiert es Seminare für Kaffeeproben. Es vertreibt eine große Zahl von Veröffentlichungen zu diesem Thema und gibt die Zeitschrift »Plantations« heraus, wo alle für den Kaffeeanbau relevanten Fragen diskutiert werden.

INTERNET CAFÉ

Die Welt des Kaffees ist im Internet gut vertreten, wo es Hunderte von Adressen für das eine oder andere gibt.

Eine der nützlichsten ist die der **SPECIALITY COFFEE ASSOCIATION OF AMERICA**, die amerikanische Vereinigung der »Kaffeenarren« (siehe »Einige nützliche Adressen«).
http://www.scaa.org/

Eine der größten Spielereien ist die Datenbank **XEROX FOLKSONG** und seiner Sammlung von Liedern, die den Kaffee besingen. Manche Lieder kann man hören, wenn man eine Soundkarte besitzt.
http://www.xerox.com/digitrad?coffee

Eine der bekanntesten ist die **TROJAN ROOM COFFEE MACHINE**, wo man dauernd eine Kaffeekanne, die an der Universität von Cambridge benutzt wird, mittels einer Kamera, die ununterbrochen auf sie gerichtet ist, sieht; so wissen die Studenten, ob noch Kaffee da ist.
http://www.cl.cam.ac.ul./coffee/coffee.html

INTERNATIONAL COFFEE ORGANIZATION
22 Berners Street, **London** W1P4DD.
Tel.: (171) 580 85 91.
Eine internationale Organisation, die sich um die Einteilung der meisten Verbraucher- und Produzentenländer des Kaffees kümmert. Sie ist beauftragt, die wirtschaftlichen Beziehungen zwischen den beiden Parteien zu verbessern. Sie führt auch Buch über alle Zahlen der Kaffeeproduktion und des Kaffeeverbrauchs und veröffentlicht diese.

SPECIALITY COFFEE ASSOCIATION OF AMERICA
One World Trade Center Suite 800, **Long Beach**. CA 90831. Tel.: (310) 983 8090
Geschäftsleute und Liebhaber, die verrückt nach Kaffee sind, finden sich im Kern dieser Vereinigung, die Bücher (darunter ein Nachdruck der historischen »Bibel« »All About Coffee«, 1935 von William Ukers veröffentlicht), Videos (über alle Aspekte des Kaffees), Verzeichnisse, Broschüren, Plakate etc. vertreibt. Die SCAA gibt das Bulletin »In Good Taste« heraus und organisiert Konferenzen, Seminare und Reisen zu Plantagen.

LEXIKON FÜR KAFFEEKENNER

AMBER: siehe RÖSTUNG

ARABICA: Frucht des coffea arabica, einer der zwei großen Kaffeesorten. Das Gewächs stammt aus Äthiopien und liefert 75% des Kaffees für den Weltmarkt. Arabica ist der qualitativ beste und am wenigsten koffeeinierte Kaffee.

AROMA: der aus der Tasse aufsteigende Geruch und der Geschmack im Moment des Trinkens. Herausragendes Merkmal der Qualitätsbestimmung und des Kaffeegenusses.

AUFGUSS: Eine der vier Zubereitungsarten für Kaffee, wobei der Kaffee für einige Minuten zum heißen Wasser gegeben wird, ehe man ihn filtert. Wurde häufig mit einem Filter aus Stoff durchgeführt. Bei Kolbenkannen findet der Aufguss heute noch Anwendung.

BARISTA: in italienischen Kaffeebars der Mann an der Espressomaschine.

BICERIN: köstliche Spezialität aus Turin, bestehend aus einem Drittel Kaffee, einem Drittel Schokolade und einem Drittel Sahne.

BIO-KAFFEE: Ohne chemische Zusätze wie Dünger oder Pestizide angebauter Kaffee. Man sollte wissen, dass zahlreiche kleinere Pflanzer aus finanziellen Gründen ohnehin auf Chemie verzichten, ohne dass deswegen ihr Produkt das »Bio«-Etikett trägt.

BLOND: siehe RÖSTUNG

BLUE MOUNTAIN: berühmtester und teuerster Spitzenkaffee, wird in geringen Mengen in Jamaikas Blue Mountains angebaut. Ein sehr subtiler, leicht schokoladiger und stets pur getrunkener Kaffee.

BOHNE: Name des Kerns der Kaffeefrucht.

BOUN: in Äthiopien Bezeichnung für den Kaffeestrauch, seine Frucht und das daraus gewonnene Getränk, Äquivalent zum jemenitischen qishr (siehe gleiches Wort).

BRAUNER: schwärzester aus der breiten Palette Wiener Milchkaffees.

BRUINE KROEGEN: nennt man die alten Cafés Amsterdams wegen der schummrigen Beleuchtung und der dunklen Holzvertäfelung, ganz im Gegensatz zu den hellen geräumigen Cafés unserer Tage.

BRÜHEN: eine – und die schlechteste – Zubereitungsart für Kaffee, indem man ihn einfach kochen lässt. Bis zum XVIII. Jahrhundert die einzige Möglichkeit. Beim türkischen Mokka wird so rasch gebrüht, dass diese Zubereitung von Kennern zugelassen wird. In manchen Ländern wird langes Kochen noch häufig angewandt (Beispiel Norwegen).

CAFÉ BRÛLOT: ein wunderbares Rezept für Kaffee mit Schuss, eine Spezialität aus New Orleans. Kaffee wird über eine Mischung aus Cognac und Curacao mit Gewürzen gegossen und flambiert.

CAFÉ COMPLET: in Frankreich Kaffee mit Frühstückszutaten.

CAFÉ CRÈME: In Frankreich Espresso mit heißer Milch, ähnlich dem Cappuccino.

CAFÉ LIÉGOIS: in Frankreich kalter Kaffee auf Vanilleeis mit Sahnehaube.

CAFÉ RIOTE: bitterer, leicht salziger Kaffee aus der Gegend von Rio de Janeiro. War lange in New Orleans, der Türkei und Nordfrankreich geschätzt.

CAFÉ SERRÉ: nennt man in Frankreich einen Espresso mit wenig Wasser zubereitet. Intensiviert den Geschmack und verringert den Koffeingehalt.

CAFÉ VIENNOIS: heißt in Frankreich der Einspänner.

CAFÉTIERE NEAPOLITAINE: Filterkanne aus Metall, in Frankreich erfunden, in Neapel populär geworden. Man setzt sie aufs Feuer und dreht sie einfach um, sobald das Wasser heiß geworden ist, um es durch den Filter in die Kanne laufen zu lassen.

CAFFÈ AMERICANO: mit Wasser verlängerter Espresso, den man vor allem in den Vereinigten Staaten trinkt.

CAFFÈ CON PANNA: italienischer Espresso mit Schlagsahne.

CAFFÈ CORRETTO: italienischer Kaffee mit Schuss, meist mit Grappa (Trebernschnaps).

CAFFÈ D'ORZO: italienischer Ersatzkaffee aus gemahlener und gerösteter Gerste. Erlebte seine Blüte während des Zweiten Weltkrieges und wird heute wieder modern.

CAFFÈ FREDDO SHAKERETO: wunderbare italienische Erfindung für den Sommer. Gezuckerter Espresso wird mit gestoßenem Eis in einem Shaker zu kaltem Kaffeeschaum geschüttelt.

CAFFÈ MACCHIATO: wörtlich »gefleckter Kaffee«, bezeichnet in Italien einen Espresso mit ein paar Tropfen Milch.

CAFFÈ LATTE: Äquivalent zu unserem Milchkaffee, wird in Bars meist mit Espresso bereitet.

CAPPUCCINO CON PANNA: ein Cappuccino mit Sahnehaube.

CAPPUCCINO: italienisches, inzwischen weit verbreitetes Rezept. Espresso wird mit heißer, zum Teil mit Dampf aufgeschäumter Milch aufgegossen, mit etwas Kakao bestäubt.

CARACOLI: einzelne Bohne in einer Kaffeekirsche, in der normalerweise zwei vorhanden sind. Caracolis, die an jedem Strauch jeder Art und in jedem Anbaugebiet vorkommen können, sind bei Kennern sehr gesucht, enthalten sie doch Geschmack und Aroma zweier Bohnen in konzentrierter Form.

CEZVE: kleiner Metallbehälter mit langem Stiel für türkischen Mokka.

CONA: siehe Kaffeemaschine mit Unterdruck.

DE BELLOY: erste der traditionellen Filterkannen, die »de Belloy« war im XIX. Jahrhundert bekannt und wurde von Balzac und Brillat-Savarin geschätzt.

DOPPELTER: Espresso mit der zweifachen Menge Wasser.

DOPPIO: italienischer doppelter Espresso

EINSPÄNNER: heißt in Österreich schwarzer Kaffee, mit Sahnehaube im Glas serviert.

EISKAFFEE: Kaffee aus dem Kühlschrank oder mit Eiswürfeln oder Speiseeis gekühlt.

ELEKTRISCHE KAFFEEMASCHINE: wird allgemein zur bequemen Bereitung von Filterkaffee benutzt.

ENTKOFFEINIERT: Kaffee, dem durch verschiedene chemische Prozesse das Koffein entzogen wurde, selbst wenn der Vorgang auf Wasserbasis stattfindet. Geschmack und Aroma leiden darunter, beim Espresso etwas weniger.

EXPRESS: italienische Erfindung der 40er Jahre. Dabei wird der Kaffee mit hohem Druck (mindestens 14 bar) durch den Filter gepresst. Der Vorgang ergibt dicken Kaffee mit schönem nussfarbenem Schaum, stets mild und mit etwas weniger Koffein als Filterkaffee. Im allgemeinen bereitet man ihn mit 7 Gramm fein gemahlenem Pulver (Mischung aus Arabicas und Robustas oder gewaschenen bzw. Natur-Arabicas) zu und serviert ihn in feinen Porzellantassen.

FILTER: in italienischen Kaffeemaschinen, der neapolitanischen Kanne und den Espressomaschinen aus Metall, in elektrischen Kaffeemaschinen aus Papier, erlauben sie dem heißen Wasser das Pulver zu durchlaufen, ohne es aufzunehmen.

FILTERKAFFEE: Kaffee, bei dem heißes Wasser ohne Druck oder Unterdruck durch das in einem Filter liegende Pulver läuft.Wird mit Filterkannen oder Kaffeemaschinen verschiedenster Art erzeugt.

GEWASCHENER KAFFEE: Bohnen nach natürlicher und sorgfältigster Behandlung, schließt zahlreiche Wasch- und Sortiervorgänge ein.

GLORIA: französischer Name für einen Kaffee mit Schuss.

GRANITA DI CAFFÈ: italienischer Name für kalten Kaffee auf gestoßenem Eis, häufig mit Sahnehaube serviert.

GRÜNER KAFFEE: Kaffeebohnen vor der Röstung.

IBRIK: türkische Kanne aus Metall, in die der Mokka ohne Satz vor dem Servieren gefüllt wird. Manchmal wird der cezve irrtümlich als ibrik bezeichnet.

INSTANTKAFFEE: wurde 1900 vom japanischen Ingenieur Sartori Kato erfunden. Zu seiner Bereitung benötigt man keine Kaffeemaschine oder Filterkanne. Heute gibt es bereits Schnellkaffees aus 100% Arabicas und die Qualität wird ständig verbessert. Trotzdem ist klassicher Kaffee immer noch vorzuziehen.

ITALIENISCHE ART: Bezeichnung für nach italienischem Geschmack (also sehr dunkel) gebrannte und sehr fein gemahlene Kaffees, die man gerne für Espresso verwendet.

ITALIENISCHE FILTERKANNE: nennt man die metallenen Kaffeekannen, bei denen das Wasser durch Dampfdruck relativ schnell durch das Pulver gepresst wird. Ergibt einen Kaffee zwischen Filterkaffee und Espresso.

IRISH COFFEE: irische Art der Kaffeezubereitung, wobei Kaffee mit Whiskey und Zucker vermischt flambiert und mit einer Sahnehaube serviert wird. Wird mit einem Strohhalm durch die Sahne getrunken, wobei sich Sahne und Kaffee nicht vermischen sollten.

KAFFEE IN DER HÜLLE: Kaffeebohne während der Trocknung, bereits von Schale und Fruchtfleisch befreit, aber noch mit einer Pergamenthaut umgeben, die nach der Trocknung abgezogen wird.

KAFFEE IN SCHALE: Bezeichnung für die Kaffeekirschen während der Trocknung.

KAFFEE MIT SCHUSS: Kaffee mit Alkohol (Espresso mit Cognac verlängert, Irish Coffee, etc.)

KAFFEEMASCHINE MIT UNTERDRUCK: besteht aus zwei übereinander angeordneten Glasbehältern. Im oberen Behälter wird ein Vakuum erzeugt, welches das heiße Wasser durch den Filter mit Kaffee nach oben zieht. Eine der schönsten Arten, Kaffee zu bereiten. Im allgemeinen werden diese Kaffeemaschinen nach einer englischen Marke »Cona« genannt.

KAFFEESATZ: bleibt nach der Zubereitung übrig und wird auch zur Zukunfstdeutung verwendet.

KAFFEKASK: schwedischer Name für Kaffee mit Aquavit.

KAFFEPUNCH: dänischer Kaffee mit Schuss.

KAISERMELANGE: Wiener Zubereitung bei der geschlagenes Eigelb mit Zucker und Cognac vermischt und mit schwarzem Kaffee, evtl. etwas Milch übergossen wird.

KAPUZINER: österreichischer Name für Milchkaffee mit Sahne.

KARDAMOM: tropische Pflanze, deren eigenartig pfeffrig schmeckenden Kerne in manchen Ländern des mittleren Ostens (besonders in Ägypten und den Golfstaaten) zum Würzen des Kaffees verwendet werden.

KIRSCHE: Name der Kaffeefrucht, aufgrund ihrer Form und Farbe. Um an die Kaffeebohnen zu kommen, wird die Kirsche entkernt.

KOFFEIN: in der Kaffeebohne enthaltenes Stimulans. Der Koffeingehalt von Arabicas und Robustas schwankt von einfach zu doppelt, im Schnitt etwa 1,30% bis 2,50%. Im allgemeinen ist Koffein nur in hohen Dosen gefährlich (mehrere Dutzend Tassen pro Tag).

KOLBENKANNE: damit wird heute hauptsächlich Kaffee als Infusion zubereitet: Sobald das Kaffeepulver mit heißem Wasser übergossen ist, drückt man den Filter an einem Kolben nach unten und trennt so den Satz vom Kaffee.

KÖRPER: Ausdruck, der die Dichte und Dickflüssigkeit des Getränkes beschreibt, ebenso aber auch den Eindruck, den es im Mund hinterlässt sowie die Dauer des Geschmackserlebnisses. Ein körperreicher Kaffee ist dick mit lang anhaltendem Geschmack wie beispielsweise der Espresso.

LATTE MACCHIATO: italienisches Gegenstück zum Milchkaffee, nämlich Milch mit etwas Kaffee darin.

LUNGO: gestreckter Kaffee auf Italienisch.

MAHLEN: für türkischen Kaffee braucht man sehr fein gemahlenes Pulver, für Kolbenkannen gröberes – der Feinheitsgrad sollte stets der Art der Zubereitung angepasst sein, um ein optimales Ergebnis zu erreichen.

MARAGOGYPE: Arabica-Art mit sehr (beinahe doppelt) großen Bohnen und oft hervorragender Qualität, die in manchen Ländern angebaut wird.

MAROCCHINO: italienischer Name für caffè macchiato mit etwas Kakao.

MAZAGRAN: Glas mit dickem Porzellanstiel, in dem man manchmal Kaffee serviert. Früher auch der Name für eine französische Kaffeevariante mit kaltem Wasser oder Selters gestreckt.

MELANGE: österreichischer Name für halb Kaffee, halb Milch.

MILCHKAFFEE: häufigste Art des Kaffeegenusses, im XVII. Jahrhundert entstanden. Kann ungenießbar sein.

MILDS: Name für gewaschene Arabicas.

MISCHUNG: Bohnen- oder gemahlener Kaffee aus verschiedenen Sorten gemischt. Man war lange der Ansicht, dass nur eine Mischung verschiedener Kaffees ein gutes Getränk ergeben könne. Mischung und Röstung sind die Domänen des guten Kaffeebrenners.

MOKKA: Bezeichnung für Kaffees aus Äthiopien und dem Jemen, die früher im Hafen von Mokka verladen wurden. Ehe es asiatische und amerikanische Kaffees gab, war Mokka die Bezeichnung für schwarzen Kaffee, wie heute noch in Österreich.

MONSUN-KAFFEE: In Indien setzt man grünen Kaffee während der Trockung mehrere Wochen den Monsunwinden und -regen aus, um ihn anzufeuchten und ihm damit den speziellen Geschmack zu verleihen, den er früher beim langen Schiffstransport nach Europa erhielt.

NATUR-KAFFEE: Kaffeebohnen nach traditioneller Behandlung. Das bedeutet nur oberflächliches Waschen und Sortieren und garantiert nicht für Qualität.

NOISETTE: in Frankreich schwarzer Kaffeee (häufig Espresso) mit ein paar Tropfen Milch.

PACAMARA: Sehr gute Arabica-Hybrid-Sorte, Kreuzung zwischen den Sorten Paca und Maragogype, vor allem in Salvador angebaut.

PERKOLATION: jede Art einer auf Filtern basierender Kaffeezubereitung. Es gibt zwei Arten von Perkolation: einfache Perkolation (Filterkanne, elektrische Kaffeemaschine) oder Perkolation unter Druck (Unterdruckmaschine, Espressomaschine).

PERKOLATOR: Im Wortsinne ist der Perkolator eine Filtermaschine (vom lateinischen Wort percolare, filtern), also sind Filterkannen, elektrische Kaffeemaschinen oder Espressomaschinen Perkolatoren. Das Wort Perkolator wurde Anfang des Jahrhunderts für die ersten großen Kaffeemaschinen mit Dampfdruck verwendet, die man in den Cafés installierte. Manchmal nennt man auch Espressomaschinen so.

PORZELLAN: ideales Material für Kaffeetassen, weil es die Hitze hält und geschmacksneutral ist. Aus chinesischem und europäischem Porzellan der großen Manufakturen wurden wundervolle Kaffeeservices hergestellt.

POUSSE-CAFÉ: französischer Name für den Kaffee mit Schuss nach einem Essen.

QISHR: Aus getrockneten, entkernten und leicht gerösteten Kaffeefrüchten gebrühtes Getränk, das häufig im Jemen und in Äthiopien unter dem Namen boun getrunken wird.

RISTRETTO: wie café serré in Frankreich ein italienischer Espresso mit wenig Wasser, häufig so wenig, dass er gerade den Boden der Tasse bedeckt.

ROBUSTA: Kaffeesorte (gehört zu einer der beiden großen Arten von Kaffeepflanzen, der Coffea canephora), die 25% der Weltproduktion hervorbringt. Robuster, aber weniger fein als Arabica, scharf, manchmal bitter, viel Koffein.

RÖSTEREI: Laden, in dem Kaffee geröstet und verkauft wird.

RÖSTUNG: Brennen der grünen Kaffeebohnen bei einer Temperatur von etwa 200°C. Dabei erhält die Bohne ihre Farbe, vor allem aber auch Geschmack und Aroma. Der Grad der Röstung hängt vom Verbrauchergeschmack ab und ändert sich je nach Ländern – leicht gebrannt im Norden Europas, mittel in Frankreich und Amerika, stark in Italien. Immer mehr Röster bieten ihren Kunden verschiedene Stufen der Röstung an, je nach Kaffee. Da gibt es hell, Bernstein, Mönchsrobe, europäisch, französisch (sehr dunkelbraun), italienisch (beinahe schwarz).

SÄURE: von Kennern geschätzte Eigenschaft, besonders bei kenianischen Hochgewächsen ausgeprägt. Der Begriff wird vor allem von professionellen Verkostern angewandt, wohingegen der Einzelhändler lieber von säuerlich spricht – ein angenehmerer und auch den Tatsachen näher kommender Ausdruck.

SCHALE GOLD: Wiener Milchkaffee, in der Farbe hellgold.

SCHAUM: Schaum auf der Oberfläche des Espressos, bildet sich durch die Emulsion fettiger Bestandteile der Kaffeebohne.

SCHLAGSAHNE: krönt verschiedene, besonders italienische und Wiener Kaffee-Spezialitäten.

SCHNELLÖSLICHER KAFFEE: Instantkaffee, der erst zubereitet, dann gefroren, zerkleinert, erhitzt und schließlich wieder abgekühlt und vakuumverpackt wird.

SCHOKOLADIG: von Kaffeekennern gesuchte Geschmacksnote. Besonders bei den großen Arabicas wie dem Blue Mountain, dem Sigri aus Neuguinea oder dem australischen Skybury zu finden.

SCHWARZER KAFFEE: Kaffee ohne Milch.

SPITZENSORTEN: Wie beim Wein gibt es auch beim Kaffee Spitzengewächse. Es handelt sich dabei stets um Arabicas aus Hochlagen, mit Sorgfalt an- und ausgebaut, die stets eine eigene, je nach Erntejahr wechselnde Persönlichkeit besitzen.

TRADITIONELLE FILTERKANNE: Großmutters Filterkanne aus Emaille oder Porzellan. Das Wasser wird einfach oben in den Filteraufsatz gegossen und läuft in die Kanne.

TÜRKISCHER KAFFEE: auch als Mokka bekannt. Feinst gemahlener Kaffee wird rasch aufgekocht, dann mit dem Satz in eine Tasse gegossen. Türkischer Kaffee wird in verschiedenen Röstvarianten zubereitet (sehr hell in der Türkei, dunkel im Libanon).

VERKEHRT: sehr heller Milchkaffee in Wien.

VERLÄNGERTER KAFFEE: Kaffee (meist ein Espresso), dem man zur Milderung etwas Wasser beigibt.

ZARF: oft fein gearbeitete Hülse aus Metall für henkellose Tassen, wie man sie in der Türkei verwendet. Erlaubt zu trinken, ohne sich die Finger zu verbrennen.

ZICHORIE: Pflanze, aus deren gerösteter Wurzel Ersatzkaffee hergestellt wird.

BIBLIOGRAPHIE

ALLGEMEIN

L'Aventure du café, Felipe Ferré, Denoël, Paris, 1988.
Café, Dr. Eugen C. Bürgin, Sigloch, Deutschland, 1978.
Le Café, Jacques Félix H., PUF, Paris, coll. « Que sais-je ? », 1979.
Le Café, Philipe Jobin et Bernard Van Leckwyck, Nathan, Paris, 1988.
Du café à l'express, Francesco et Riccardo Illy, Abbeville, Paris, 1992 für die französische Übersetzung (Mondadori, Milan, 1989).
Geschichte des Kaffees, H. E. Jacob, Rowohlt Verlag, Hamburg.
Histoire du café, Frédéric Mauro, Desjonquères, Paris, 1991.
Geschichte des Kaffees und berühmte Cafés, Ulla Heise, Verlag Leipzig, Deutschland, 1987).
L'Homme et le Café, Élise Gaspard-David, Le Léopard d'or, Muséum de Lyon, 1992.
Le Livre de l'amateur de café, Michel Vanier, Robert Laffont, Paris, 1983.
Le Livre du café, Lucette Chabouis, Bordas, Paris, 1988.
Le Livre du café, A. Mignon, L. Quentin et S. Hochain, Gallimard, Paris, coll. « Découverte Cadet », 1988.
Le Café en Méditerranée, collectif, Institut de recherches méditerranéennes, Aix-en-Provence, 1981.
Les Cafés littéraires, Gérard-Georges Lemaire, Maeght, Paris, 1990.
Cafetières et machines à café, Edward Bramah, PML, 1991 für die französische Übersetzung (Lucchetti, Bergame, 1990).
Catalogue général des moulins de Peugeot Frères, 1840-1975, C. Monnier (57, rue du Stade, 25750 Arcey, France), 1993.
Civilisation matérielle, économie et capitalisme, XVe-XVIIIe siècles, t. I, *Les Structures du quotidien : le possible et l'impossible*, Fernand Braudel, Armand Colin, Paris, 1979.
Les Deux Magots, Arnaud Hofmarcher, Cherche-Midi, Paris, 1994.
Fazendas, les grandes demeures du Brésil, Fernando Tasso Fragoso Pires, Abbeville, Paris, 1995, für die französische Übersetzung (Abbeville Press, New York, 1995).
Le Goût des cafés, Marie-France Boyer, Thames & Hudson, Paris, 1994.
Histoire des cafés et des cafetiers, Jean-Claude Bologne, Larousse, Paris, 1993.
Hommage au chevalier de Clieu, Catherine de Beaunay-Cotelle, Association de Clieu, Derchigny-Graincourt (France), 1995.
Les Objets du café, Hélène Desmet-Grégoire, Presses du CNRS, Paris, 1989.
L'Orient des cafés, Gérard-Georges Lemaire, Éric Koehler, Paris, 1990.
Pionniers et planteurs de São Paulo, Pierre Monbeig, Presses de la Fondation nationale des sciences politiques, Paris, 1952.
Quelques cafés italiens, Patrick Mauriès, Quai Voltaire, Paris, 1992.

KAFFEE UND LITERATUR

Aziyadé, Pierre Loti, Calmann-Lévy, Paris, 1879, réédition « Pocket ».
Le Cheval d'orgueil, Pierre Jakez-Hélias, Plon, 1975, réédition « Pocket ».
Les Derniers Jours d'Emmanuel Kant, Thomas De Quincey, Ombres, « Petite Bibliothèque Ombres », 1996.
Le Désert des déserts, Wilfred Thesiger, Plon, Paris, coll. « Terre humaine », 1978 (für die franz. Übersetzung).
Germinal, Émile Zola, 1885, réédition Marabout.
La Ferme africaine, Karen Blixen, Gallimard, Paris, 1942, réédition « Folio ».
Max Havelaar, Multatuli (Eduard Douwes Decker) Actes Sud, 1991 (für die franz. Übersetzung)
Une mémoire pour l'oubli, Mahmoud Darwich, Actes Sud, 1994 (für die franz. Übersetzung).
Paris est une fête, Ernest Hemingway, 1964, rééd. Gallimard, coll. « Folio ».
Poisons, Léon-Paul Fargue, Le Temps qu'il fait, Cognac, 1991.
La Route des Indes, Paul Morand, 1936, réédition « Livre de poche ».
Théâtre, Carlo Goldoni, « Bibliothèque de la Pléiade », Gallimard, Paris, 1972.
Traité des excitants modernes, Honoré de Balzac (1839), réédition Babel/Actes Sud, 1994.
Voyage en Orient, Gérard de Nerval, 1851, in *Œuvres* (t. II), « Bibliothèque de la Pléiade », Gallimard, Paris,1961.

WISSENSCHAFTLICHE UND SACHBÜCHER

Autour du café : un paysage qui se construit et une société qui se fait, Chantal Blanc-Pamard, INRA, Paris, 1989.
Les Caféiers et les cafés dans le monde (t. I : *Les Caféiers;* t. II : *Les Cafés)*, R. Coste, Larose, Paris, 1955 et 1961.
Les Cafés produits dans le monde, Philippe Jobin, P. Jobin & Cie, Le Havre, 1992.
Paysanneries du café des hautes terres tropicales, Collectif, Karthala, Paris, 1994.
Planète Cafés, Barthélemy, Albin Michel/ Serengeti, Paris, 1994.

Alte Werke
All about Coffee, William H. Ukers, The Tea & Coffee Trade Journal Company, New York, 1935, réédition Speciality Coffee Association of America, 1993.
De l'origine et du progrès du café. Extrait d'un manuscrit arabe de la bibliothèque du roi, Antoine Galland, réédition La Bibliothèque, Paris, 1992.
Gastronomie pratique, Ali Bab, 1928, réédition Flammarion, Paris, « La Bibliothèque culinaire », 1993.
La Physiologie du goût, Brillat-Savarin, 1825, réédition Flammarion, « Champs ».

UND SONST

Das Café, vom Reichtum europäischer Kaffeehaus-Kultur, Walter Vogel, Christian Brandstätter, Wien, 1995.
Coffee (vol. I : *Chemistry*; vol. II : *Technology*; vol. III : *Physiology*; vol. IV : *Agronomy*; vol. V : *Related Beverages*; vol. VI : *Commercial and Technico-Legal Aspects.*), R. J. Clarke & R. Macrae, Elsevier Applied Science, New York, 1985-1990.
Coffee, a Connoisseur's Companion, Claudia Roden, Pavilion Books Limited, Londres, 1994.
The Coffee Companion, Jon Thorn, Apple Press, Londres, 1995.
Coffee Floats, Tea Sinks, through History and Technology to a Complete Understanding, Ian Berstein, Helian Books, Sydney, 1993.
Coffee Makers, 300 Years of Art and Design, Edward & Joan Bramah, Quiller Press Ltd, Londres, 1989.
The Complete Coffee Book, Sara Perry, Chronicle Books, 1991.
The East India Company Book of Coffee, Anthony Wild, Harper-Collins Publishers, Londres, 1994.
Espresso. Caffè Bars in Italien, Walter Vogel, Christian Brandstätter, Wien, 1993.
Europäische Kaffeehäuser, Geschichte und Geschichten, Rose-Marie Sommer-Bammel, Nicolaische Verlagsbuchhandlung Buermann GmbH, Berlin, 1988.
The Joy of Coffee, Corby Kummer, Chapters Publishing Ltd, Shelburne, 1995.
Starbucks Passion for Coffee, Dave Olsen, Sunset Books, 1994.

ZEITSCHRIFTEN

Dem Kaffee gewidmete Zeitschriften für Profis und Amateure gibt es praktisch nur in den Staaten, die seit zehn, fünfzehn Jahren eine enorme Begeisterung für Kaffee erleben. Wir haben jene gewählt die Kaffeefreunde erfreuen könnten, und reine Fachblätter ausgeklammert.

Coffee Companion
PO Box 796, Warrenville, IL 60555.
Tél. et Fax : 708 393 9010.
Eine ausgezeichnete und anregende Zeitschrift, die alle zwei Monate von dem formidablen Kenner Kevin Sinnott herausgegeben wird. Unterhaltende und lehrreiche Artikel über preiswerte Kaffeemühlen, Qualität des Kaffees in Europa, die ideale Dosis je nach Kaffeemaschine, Interviews mit Kaffee-Profis und Tests neuer Produkte.

Coffee Journal
Tiger Oak Publications Inc., 119 North Fourth Street, Suite 211, Minneapolis, MN 55401.
Tél. : (612) 338 4125.
Das neueste Fachmagazin (alle drei Monate) richtet sich ans breite Publikum: reich und aufwendig farbig bebildert und mit allgemein

interessanten Artikeln wie Tests neuer Kaffeemaschinen, Tips für gute Zubereitung, Rezepten, Führern durch die besten Cafés in Amerika, Reportagen aus den Anbaugebieten, Aufstellung der Kaffeeversandhäuser, Interviews, Theater- und Musikkritiken.

Coffee Talk Magazine
1306 Western, Ste 406, Seattle, WA 98101.
Tél. : (206) 382 2112.
Die Monatszeitschrift wendet sich an die Profis im weltweiten Kaffeegeschäft. Hier finden sie Nachrichten über Karrieren und Gesellschaften, über die Auswahl von Spitzenkaffee auswählt, technische Betrachtungen über verschiedene Espressomaschinen oder Verpackungstechniken, wirtschaftliche Informationen und Kleinanzeigen. Für den interessierten Laien ein Blick in die Welt des Kaffees.

Fresh Cup Magazine
PO Box 82817, Portland, OR 97282-0817.
Tél. : (503) 224 8544.
Seit 1992 möchte diese Monatszeitschrift das Sprachrohr der Industrie und des Handels mit Spitzenkaffee sein. Hier findet man ebenso Artikel über *espresso carts* (die kleinen Espresso-Wägelchen in den USA) wie über die beste Strategie zur Einrichtung einer Rösterei, über die Kunst der echten *baristas*, über zweifelhafte Hawai Konas, über Marketing und vieles mehr.

Le Grain de café
Comité français du café, 3, rue de Copenhague, 75008 Paris. Tél. : 45 22 15 42.
Diese Fachzeitschrift behandelt alle Gebiete – Wirtschaft, Technik, Industrie und Handel –, die den Röster angehen. Der Laie findet hier dennoch Interessantes über die Aktionen des französischen Verbandes für den Kaffee, über Ausstellungen, neue Bücher etc.

Tea & Coffee Trade Journal
Lockwood Trade Journal Co., Inc., 130 W. 42 St, New York, NY 10036. Tél. : (212) 391 2060.
Die seit 1901 in New York erscheinende Monatszeitschrift ist die Bibel der Fachleute. Heute ganz in Farbe, ist sie für die Fachwelt genauso interessant wie für die Kenner. In einer der letzten Ausgaben finden sich zum Beispiel ausführliche Artikel über die Tendenzen des Kaffeekonsums und der Weltproduktion, ein Artikel über den Kaffeeboom in Uganda, ein Portrait des besten Rösters in Istanbul, Kurukahveci, ein sehr intelligenter Beitrag über Verpackungen im XXI. Jahrhundert, ein Blick auf die Kardamomproduktion usw.

FOTONACHWEIS

Titel: Hintergrund: Bildarchiv; in der Mitte: Jérôme Darblay; S. 1 Pascal Potain; S. 2-3 Pascal Potain; S. 4-5 Patrice Pascal; S. 6 Ralph Gibson; S. 9 Roger-Viollet; S. 10 Hulton Deutsch/Sipa Press; S. 11 Daniel Boudinet/ Kultusministerium Frankreich; S. 12 B. Barbey/ Magnum; S. 13 Walter Vogel/ m. freundl. Genehmigung Edition Christian Brandstätter; S. 14 Georg Gerster/Rapho; S. 15 coll. Sirot/ Angel; S. 16 S. et M. Marechaux; S. 18 P. et M. Marechaux; S. 19 oben: franz. Nationalbibliothek; unten: J.-L. Charmet; S. 20 Édimedia; S. 21 The Chester Beatty Library, Dublin; S. 22 franz. Nationalbibliothek; S. 23 Giraudon; S. 25 oben: Giraudon; unten: franz. Nationalbibliothek; S. 27 P. et M. Marechaux; S. 29 oben: J.-L. Charmet; unten: RMN, Paris; S. 30 DR; S. 31 oben: Hulton Deutsch/Sipa Press; unten: DR; S. 33 Giraudon; S. 34 DR; S. 35 Roger-Viollet; S. 36-37 Ullstein Bilderdienst; S. 38 coll. Sirot/Angel; S. 39 oben und unten: Ullstein Bilderdienst; S. 40 DR; S. 41 Ullstein Bilderdienst; S. 42 Explorer; S. 43 Roger-Viollet; S. 44 coll. Gilberto Ferrez; S. 45 J. L. Coquerel/ musée de l'Ancien Havre; S. 46-47 J. L. Coquerel/musée de l'Ancien Havre; unten L'Illustration/Sygma; S. 48 ICO, London; S. 49 ICO, Londres; S. 50 P. et M. Marechaux; S. 52 S. et M. Marechaux; S. 53 ICO, London; S. 54 ICO, London; S. 55 Ph. Giraud/Terres du Sud; S. 56 DR; S. 57 Dominique Halleux/Bios; S. 58 ICO, London; S. 59 Alain Compost/Bios; S. 60 Alain Compost/Bios; S. 61 Luisa Ricciarini, Mailand; S. 62 ICO, London; S. 63 ICO, London; S. 64 R. Michaud/Rapho; S. 65 ICO, London; S. 66 Luisa Ricciarini, Mailand; S. 67 Moss J/P Resear/Explorer; S. 68 D. Halleux-Bios; S. 69 oben und unten: ICO, London; S. 70-71 P. et M. Marechaux; S. 72 DR; S. 73 ICO, London; S. 75 oben: Tea and Coffee; unten: Tapabor; S. 76 Walter Vogel/m. freundl. Genehmigung Edition Christian Brandstätter; S. 77 Christine Fleurent/TOP; S. 79 oben: Jérôme Darblay; unten: Christian Sarramon; S. 80 ICO, London; S. 81 René Burri/Magnum; S. 82 Walter Vogel/ m. freundl. Genehmigung Edition Christian Brandstätter; S. 83 H. R. Higgins, London; S. 84 Retrograph; S. 85 J. P. Dieterlen; S. 87 oben und unten: Roger-Viollet;rechts: Tapabor; S. 88 oben: Walter Vogel/ m. freundl. Genehmigung Edition Christian Brandstätter; unten: Retrograph; S. 90 musée de la Publicité, Paris; S. 91 F. Morellec; S. 92 Cafés Suavor; S. 94 Roger-Viollet; S. 95 F. Morellec; S. 96 Cafés Piansa, Florenz; S. 97 Romy Tembuyser, Bruxelles; S. 98 C Valentin/Visa; S. 100 Édimedia; S. 101 Patrice Pascal; S. 102 C. Valentin/Visa; S. 103 oben: ICO, London; unten: Retrograph; S. 105 Patrice Pascal; S. 106 Kharbine/Tapabor; S. 107 oben: Robert Doisneau/Rapho; unten: Retrograph; S. 108-109 Patrice Pascal; S. 110 Gilles de Chabaneix/ Maisons et Jardins; S. 112 DR; S. 113 Patrice Pascal; S. 114 Farabolafoto; S. 115 Walter Vogel/m. freundl. Genehmigung Edition Christian Brandstätter; S. 116-117 Patrice Pascal; S. 118 Jérôme Darblay; S. 119 ICO, Londres; S. 120 Roger-Viollet; S. 121 UPI/Bettmann; S. 123 P. et M. Marechaux; S. 124 P. et M. Marechaux; S. 126 RMN; S. 127 Galerie des Peintres Voyageurs, Paris; S. 128 Jérôme Darblay; S. 129 AKG, Paris; S. 130 Simon Upton/Kesniker Antika; S. 131 AKG, Paris; S. 132 Jérôme Darblay; S. 133 P. et M. Marechaux; S. 134-135 Roger-Viollet; S. 136 J. C. Aunos; S. 137 oben: J. C. Aunos; unten: DR; S. 138 DR; S. 139 Luisa Ricciarini, Milan; S. 140 Christian Sarramon; S. 141 Scala; S. 142 Aris Moscatelli; S. 143 CERA/Mailand; S. 144-145 Walter Vogel/ m. freundl. Genehmigung Edition Christian Brandstätter; S. 146 Luisa Ricciarini, Mailand; S. 147 Walter Vogel/ m. freundl. Genehmigung Edition Christian Brandstätter; S. 148 Giraudon; S. 149 Scala; S. 150 Jean Bernard/ musée des Beaux-Arts de Marseille; S. 151 oben: Giraudon; unten: AISA, Barcelona; S. 152 Top; S. 153 Johann Jacobs Museum, Zürich; S. 154 RMN; S. 155 Giraudon; S. 157 oben: AISA, Barcelona; unten: Nationalbibliothek; S. 158 Roger-Viollet; S. 159 The Bridgeman Art Library; S. 160 Artephot/A. Held; S. 161 Dagli Orti; S. 162 Roger-Viollet; S. 164-165 Roger-Viollet; S. 166 André Kertész/ Kultusministerium, Frankreich; S. 167 Robert Doisneau/Rapho; S. 168 oben: Christian Sarramon; unten links: François-Xavier Bouchart; unten rechts: Christian Sarramon; S. 169 AKG, Paris; S. 170 oben: Bildarchiv; unten: The Bridgeman Art Library; S. 171 Artothek; S. 172 oben: The Bridgeman Art Library; unten: AKG; S. 173 Berliner Museum; S. 174 AKG, Paris; S. 175 Artothek; S. 176 AKG, Paris; S. 177 Bettmann; S. 178 Walter Vogel/m. freundl. Genehmigung Edition Christian Brandstätter; S. 180 AISA, Barcelona; S. 181 DR; S. 182 Anzenberger/ Cosmos; S. 183 Azenberger/ Cosmos; S. 184-185 Scala; S. 186 RMN, Paris; S. 187 oben und unten: Christian Sarramon; S. 188 Roger-Viollet; S. 189 DR; S. 190 Johann Jacobs Museum, Zürich; S. 191 oben: Édimedia; unten: The Bridgeman Art Library; S. 192 Mary Evans/Explorer; S. 193 The Bridgeman Art Library; S. 194 Hulton Deutsch/Sipa Press; S. 195 Hulton Deutsch/ Sipa Press; S. 196 oben und unten: Archiv Photos; S. 197 DR; S. 198 AISA, Barcelona; S. 199 The National Archives, Washington; 200 coll. Cat's.

INDEX

Nur Angabe von Namen und Begriffen der ersten 200 Farbseiten. Die Namen im Anhang sind leicht zu finden.

DANKESCHÖN

Der Autor bedankt sich herzlichst bei allen Kaffee-Profis und Kaffeekennern, die ihm bei der Vorbereitung und der Redaktion des Buches von unschätzbarer Hilfe waren: Catherine Cotelle (Association de Clieu), Éric Duchossoy (Verlet), Michel Duchossoy, Geneviéve Jobin, Yves Jobin (Maison Jobin), Celsius A. Lodder (International Coffee Organization), Mara Mariano, Patrick Masson (Maison Jobin), Philippe Memponte (Faguais), Charles Paris (Maison Langlois), Christine Rault (Comité Francais du Café), Rémi Romieu (Brulerie des Ternes), Bruno Saguez (Lapeyronie), Pierre Verlet.

Dank auch meinen kaffeebegeisterten Freunden: Alain Borer (für sein Gedächtnis), Pierre Gazio (für seine wunderbaren Kaffees in Kairo), Antonia Lloyd-Jones (für ihre große Bildung und ihre guten Londoner Adressen), Francois L'Yvonnet (für seine Espressi, seine Kaffees mit Schuss und seine Bibliothek), Luciana Mottola-Colban, Filomena Mottola und Alessandra Cigala (allen dreien für ihre Kennerschaft und die guten Adressen in Italien).

Endlich und vor allem Dank an Ghislaine Bavoillot, ohne die dieses Buch nicht entstanden wäre, und die ganze Redaktionsmannschaft: Sophie Alibert, Catherine Ferré, Catherine Bray, Véronique Manssy, Anne-Laure Mojaisky, Marianne Perdu, Anne-Stephanie Trollé, Pascaline Sala, Anne Soto für die schöne Ikonographie des Künstlers Marc Walter.

Der Herausgeber möchte sich bei allen jenen bedanken, die mit ihm ihre Leidenschaft für dieses besondere Getränk teilten, besonders Corby Kummer, der bemerkenswerte römische Kostproben organisierte und außerdem Autor des besten Buches zum Thema »The Joy of Coffe« ist, und Anne-Catherine Grimal, die ihm die Köstlichkeit des Nespresso erschloss, sowie allen, die ihn den Geschmack des Kaffees und seine verschiedenen Zubereitungsarten entdecken ließen: Bruno Saguez (Lapeyronie), Geraldine Memponte (Faguais) und Ennio Ranabaldo (Lavazza).

Er bedankt sich auch bei Anna Bini und Roger Vergé, René Caquet, Michel Chabert, Joe Fitchett, Mara Mariano, Martino Montanarini und John Scott in Istanbul.

Sein Dank gilt auch Patrice Pascal, Misha de Potestad, Pascal Potain, Jean-Philippe Guillerme wie auch der Galerie Agathe Gaillard und den Editions du Chassé-Marée für ihre geschätzte Mitarbeit an der Illustration dieses Werkes, die dank der freundlichen Hilfe von Christian Asteix und der Firmen Femoka, Apilco, Gebrüder Mariage, Plaisait, orfévre, Conran Shop, Le Jacquard Francais, La Maison des Colonies und der Epicerie St. Louis realisiert werden konnte.